DR. REHBERGER

KOSTBARKEITEN AUS DER HAUSAPOTHEKE

KOSTBARKEITEN

aus der Hausapotheke

Dr. Ulrike Rehberger

TEXT VON DR. ULRIKE REHBERGER

HEILKRÄUTERILLUSTRATIONEN VON MAG. MARKUS ROSKAR

DIE ABGEBILDETEN FOTOS WURDEN VOM FOTOSTUDIO LIESL BIBER, BISAMBERG, AUFGENOMMEN

DANKSAGUNG

Ich danke dem Institut für Pharmakognosie in Wien, im Besonderen Herrn a.o. Univ.-Prof. Dr. J. SAUKEL und Herrn o. Univ.-Prof. Dr. W. KUBELKA für die freundliche Genehmigung der Veröffentlichung von Rezepten aus der Volksmedizin-Datenbank. Diese Datenbank basiert auf direkten Befragungen der Bevölkerung, die von Studenten im Rahmen ihres Pharmaziestudiums im gesamten österreichischen Bundesgebiet durchgeführt wurden. Die Rezepte finden Sie jeweils in den Kapiteln „Bewährte Hausmittel bei . . .".
Weiters danke ich für die Erlaubnis, im Arzneipflanzengarten des Instituts für Pharmakognosie im Josephinum zu fotografieren (Foto Nr. 1).

HINWEIS UND WARNUNG

Die Zubereitung und Anwendung der beschriebenen Rezepte erfolgt in Eigenverantwortlichkeit, da weder die Autorin noch der Verlag die möglichen Unverträglichkeiten oder sonstigen körperlichen Befindlichkeiten der Anwender kennen. Einige der beschriebenen Heilpflanzen können toxische Wirkung haben, wenn sie im Übermaß oder lange Zeit hindurch angewandt werden. Die empfohlenen Anwendungs- und Dosierungsvorschriften müssen daher genau eingehalten werden. **Das vorliegende Buch kann keinesfalls den Arztbesuch ersetzen.** Schwerwiegende Krankheiten oder lang anhaltende Beschwerden sind nicht für eine Selbstbehandlung geeignet. Sollten Sie, aus welchem Grund auch immer, bereits in ärztlicher Behandlung sein, so sprechen Sie die Anwendung von Heilkräutern mit ihrem Arzt ab.
Das Buch gibt den Wissensstand zum Zeitpunkt der Veröffentlichung wieder.

In der ab 1998 gültigen Rechtschreibung gesetzt.

Idee: Julius P. Breitschopf
Lektorat: Mag. Sonja Stopper

INHALT

GRUNDLAGEN

WAS KANN DIESES BUCH?

Dieses Buch soll dazu einladen, die Heilkräfte der Natur wieder zu entdecken und es soll einen Bezug zwischen der Heilpflanze und ihrer Wirkung herstellen. Es kann dadurch zu einem – vielleicht ganz neuen – Zugang zur Natur verhelfen, der durch Tipps zum Selbersammeln und Anbauen von Heilpflanzen erleichtert wird. Vor allem soll dieses Buch aber **Anleitungen** geben **zum Zubereiten und Anwenden von Heilkräutern und Hausmitteln bei leichteren Beschwerden,** die anhand von Beispielen in verständlicher Form ausgeführt werden. Für wichtig erachte ich weiters, auf Gefahren hinzuweisen, die beim Sammeln, Zubereiten oder bei der Anwendung von Heilkräutern auftreten können.

DIESES **BUCH KANN IHNEN NICHT** DEN WEG ZUM ARZT ERSPAREN! Schwerwiegende Krankheiten wie schwere Herz- Kreislauferkrankungen, Krebsleiden, Krankheiten, die mit starken Schmerzen einhergehen oder auch leichtere Beschwerden, die lange anhalten, müssen sorgfältig vom Arzt diagnostiziert und behandelt werden! Ebenso gehört die Behandlung mit Giftpflanzen oder deren Inhaltsstoffen in die Hände eines Arztes. Dieses Buch kann also weder für jede Krankheit ein Heilkraut liefern, noch eine vollständige Auflistung aller Heilpflanzen sein. Der Schwerpunkt liegt auf den bekanntesten und mild wirkenden pflanzlichen Heilmitteln. Hier ist „mild“ nicht misszuverstehen und als wirkungslos abzuwerten. Es bedeutet vielmehr, dass die Wirkung nicht abrupt, sondern meist erst nach einer längeren Anwendungszeit einsetzt, es aber auch nicht zu auffallenden Giftwirkungen kommt.
Daher scheinen manche Krankheiten in diesem Buch überhaupt nicht auf, beziehungsweise werden Giftpflanzen wie Tollkirsche, Maiglöckchen oder Fingerhut nicht behandelt.

IST ALLES NATÜRLICHE GESUND?

Die Technisierung unseres Lebens hat zweifellos zu vielen Verbesserungen, Erleichterungen und großen Errungenschaften geführt, auf die wir heute nicht mehr verzichten können und wollen. Doch der persönliche Bezug jedes Menschen zur Natur als Trägerin unschätzbarer, ursprünglicher Werte ist dabei sicher eine Zeit lang auf der Strecke geblieben. Diese lange Zeit praktizierter Geringschätzung und Missachtung der Natur kehrt sich heute bei vielen Menschen in eine große Sehnsucht um, alles, was bisher vernachlässigt wurde, nun umso intensiver nachzuholen. Man besinnt sich wieder der ursprünglichen – natürlichen – Werte, die viel zitierten Worte „Zurück zur Natur“ haben heute mehr Aktualität denn je. Es ist eindeutig eine Trendumkehr festzustellen, vor allem, wenn es darum geht, persönliche Bedürfnisse an Lebensmitteln – aber auch an Heilmitteln – zu decken.
Dieser Gesinnungswandel führte auch zu vermehrter Nachfrage nach Heilmitteln aus der Natur, die Anwendung von Heilkräutern wird immer beliebter. Die **Phytotherapie** – also die Behandlung von Krankheiten mit pflanzlichen Arzneien – erfährt heute eine gewaltige Renaissance, das Interesse an dieser Therapie ist stark im Steigen begriffen. Dies ist insofern leicht erklärbar, da es sich dabei

ja um die älteste Form der Behandlung von Krankheiten handelt und viele Pflanzen schon seit Menschengedenken als Heilmittel eingesetzt werden.
Doch darf man dabei nicht vergessen, dass die Natur auch stark wirksame Arzneistoffe hervorbringt, denken wir nur an die bereits erwähnten Heilpflanzen wie Tollkirsche, Fingerhut oder Maiglöckchen, die potentielle **Giftpflanzen** darstellen. Sie liefern sehr wichtige Stoffe, die in geringer Dosierung große Heilwirkung zeigen, doch gehört die Therapie mit solchen Giftpflanzen oder einzelnen Komponenten dieser Giftpflanzen in die Hände von Fachleuten. Von einer Selbstmedikation mit derartig starken Giftpflanzen ist daher unbedingt Abstand zu nehmen!

Der moderne, umweltbewusste Mensch, der eine Beziehung zur Natur neu aufgebaut hat, will sein Leben möglichst unverfälscht genießen. Vor allem Lebensmittel und Verzehrprodukte sollen naturbelassen sein. Die Lebensmittelproduzenten haben sich auf diese neuen Maßstäbe eingestellt und in vielen Geschäften werden Produkte angeboten, die mit Qualitätsbezeichnungen wie „aus kontrolliertem Anbau", „aus biologischem Anbau" oder „ohne künstliche Zusatzstoffe" versehen sind. Diese Qualitäten werden oft unter der Bezeichnung „ohne Chemie" zusammengefasst. Dies ist eine sehr weit verbreitete, aber irreführende Bezeichnung. Die Chemie ist eine Naturwissenschaft, die chemische Vorgänge beschreibt. Solche gibt es in der Natur sehr viele, denken wir nur zum Beispiel an die Verdauung oder die Reizweiterleitung im Nervensystem. Dies sind komplizierte, chemische Vorgänge, die täglich in unserem Körper passieren und ohne die gar kein Leben möglich wäre.
Das neue Umweltbewusstsein des modernen Menschen führt manchmal auch dazu, dass auf wichtige Errungenschaften moderner Technologien verzichtet wird. Diese Entwicklung ist sehr kritisch zu betrachten, da dabei die Gefahr besteht, dass wertvolle, fortschrittliche Methoden – gerade auf dem Gebiet der Medizin – nicht genutzt werden.

Es wäre zum Beispiel ein falsch verstandenes Naturbewusstsein, auf die von den Gesundheitsbehörden empfohlenen Impfungen – vor allem bei Kindern – zu verzichten. Dadurch bestünde die Gefahr, dass Krankheiten, die nicht zuletzt durch diese vorbeugenden Impfungen an Schrecken verloren haben, erneut ausbrechen und zur Gefahr werden können.

Wir müssen also die Errungenschaften moderner Technologien nutzen, dürfen uns dabei aber nicht von der Technik allein beherrschen lassen.

ÜBER DAS SAMMELN, TROCKNEN UND AUFBEWAHREN VON HEILKRÄUTERN

Vorsicht: Verwechslungsmöglichkeiten!

Es kann ein sehr schönes Erlebnis sein, sich in freier Natur auf die Suche nach Heilkräutern zu begeben. Es sollte aber jedem Menschen bewusst sein, dass damit auch große Gefahren verbunden sein können. Die wichtigste Voraussetzung zum selber Sammeln ist eine **sehr gute Pflanzenkenntnis**. Zum Erkennen von Pflanzen ist aber sehr viel Übung notwendig, denn das gleiche Heilkraut kann an verschiedenen Standorten etwas unterschiedlich ausgeprägt sein. Andererseits gibt es oft Pflanzenpaare, die einander sehr ähneln, aber völlig verschiedene Wirkungen besitzen. So könnten zum Beispiel bei nur oberflächlicher Pflanzenkenntnis die Blätter des Bärlauchs, der als Gemüse sehr geschätzt wird, mit den stark giftigen Maiglöckchenblättern verwechselt werden. Noch gefährlicher wäre eine Verwechslung des Bärlauchs mit der Herbstzeitlose, die tödlich ausgehen kann. Immer wieder treten im Frühjahr derartige Vergiftungsfälle auf, die im schlimmsten Fall Todesopfer fordern.

Anfängern wird das Erkennen und die Unterscheidung von giftigen und nicht giftigen Pflanzen oft Schwierigkeiten bereiten, beziehungsweise fehlt es ihnen am Bewusstsein, dass zu dem gewünschten Heilkraut ein giftiger Doppelgänger existiert.

Wenn Sie sich erst seit kurzem mit Heilkräutern beschäftigen, rate ich Ihnen deshalb dringend, diese nicht selber zu sammeln! Sie können ja die bereits getrockneten und geschnittenen Heilkräuter aus der Apotheke beziehen.

Grundlegende Richtlinien

Wenn Sie schon genügend Pflanzenkenntnis besitzen und sich zutrauen, die gewünschten Pflanzen eindeutig zu erkennen und von ähnlichen, aber giftigen oder kaum wirksamen zu unterscheiden, beachten Sie beim Sammeln einige grundlegende Richtlinien:

- Sammeln Sie nur an sauberen Standorten und nicht in der Nähe von stark befahrenen Straßen oder in der Nähe von gedüngten Feldern.
- Sammeln Sie nur den gewünschten Pflanzenteil und diesen von sauberen Pflanzen, denn das Sammelgut wird vor der Trocknung und Aufbewahrung nicht gewaschen (Ausnahme: unterirdische Teile).
- Beachten Sie bitte die Naturschutzvorschriften und rotten Sie nie einen Standort zur Gänze aus! Vom Aussterben bedrohte Arten sind in diesem Buch als „geschützt" oder „gefährdet" ausgewiesen und dürfen nicht gesammelt werden!

Vom richtigen Sammelzeitpunkt

Der ideale Sammelzeitpunkt ergibt sich automatisch aus der Art der verwendeten Pflanzenteile. Trotzdem möchte ich hier kurz darauf hinweisen:

- *Wurzeln* und andere unterirdische Teile (unterirdische Ausläufer, unterirdische Sprosse = Rhizome) werden zur Zeit der Pflanzenruhe, also im Spätherbst oder zeitigen Frühjahr, aber nur von kultivierten Pflanzen gesammelt.
- *Rinden* sammelt man im Frühjahr, weil sie sich dann am besten vom Holz ablösen lassen.
- *Blätter und Kräuter* werden zu Beginn oder während der Blühzeit,
- *Blüten* kurz nach dem Aufblühen und
- *Früchte und Samen* kurz vor der Vollreife (um Ernteverlust zu vermeiden) geerntet.

Trocknen und Aufbewahren

Getrocknete Pflanzen oder Pflanzenteile werden als **Droge** bezeichnet. Häufig wird auch das Wort **Arzneidroge** verwendet, das den Unterschied zur Rauschdroge besser hervorhebt.

Wie kommt man nun zur Arzneidroge?

Das Trocknen dient der Konservierung und hat nach dem Sammeln rasch und schonend zu geschehen. Dies erfolgt am besten an einem schattigen Platz, wo das Sammelgut in dünner Schicht zum Beispiel auf einem Sieb ausgebreitet wird. Ganze Pflanzen können auch gebündelt aufgehängt werden. Auf gute Luftzirkulation ist zu achten.

Die Aufbewahrung der getrockneten Pflanzen muss in luftdicht schließenden, vor Licht und Feuchtigkeit geschützten Gefäßen erfolgen. Als Materialien eignen sich sehr gut Holz, Glas oder Blech. Sammelgut, das ätherisches Öl enthält, darf nicht in Plastikbehältern aufbewahrt werden. Sorgfältig behandelte Pflanzen können ohne weiteres bis zu einem Jahr gelagert werden.

Vergessen Sie nicht, die Behälter ausreichend zu beschriften (Inhalt, Datum)!

Heilkräuter aus der Apotheke: kontrollierte Qualität

Wenn Sie nun nach bestem Wissen ihr Heilkraut gesammelt und getrocknet haben, so wissen Sie dennoch nicht, ob es die gewünschten Wirkstoffe in ausreichender Menge enthält. Eine grobe Richtlinie kann die Geruchsprobe geben, doch nicht jeder Wirkstoff ist mit einem charakteristischen Geruch ausgestattet.

Es gibt aber Qualitätsvorschriften für Arzneidrogen, die für jeden, der Arzneipflanzen verarbeitet oder verkauft, verbindlich sind. Diese Vorschriften finden sich im Arzneibuch und beziehen sich zum Beispiel auf Nachweisreaktionen für die in Arzneidrogen enthaltenen Wirkstoffe oder auf Mindestgehaltsforderungen dieser Stoffe. Das Arzneibuch stellt ein Gesetzeswerk dar und ist natürlich auch für Apotheker gültig. Sie garantieren damit für eine gute, gleich bleibende Qualität jeder Droge.

Die Apotheker halten außerdem viele Arzneidrogen vorrätig, an die man aus Naturschutzgründen nur sehr schwer herankommt. Viele Drogen aus der Apotheke stammen von Heilpflanzenkulturen, die für den allgemeinen Gebrauch angelegt werden und die natürlichen Standorte nicht belasten.

Insbesondere für Menschen, die noch keine gute Pflanzenkenntnis besitzen, ist es ratsam, sich die gewünschten Drogen aus der Apotheke zu besorgen. Die Apotheker garantieren für hohe Drogenqualität und sind darüber hinaus auch Fachleute auf dem Gebiet der Arzneipflanzen. Sie können ausreichend über die Anwendung von Heilpflanzen informieren.

ZUBEREITUNGEN AUS HEILKRÄUTERN

Abkochungen, Aufgüsse und Kaltauszüge („Tees“)

Abkochungen (Dekokte) werden zum Ausziehen (=Extrahieren) von derben Drogen wie Rinden, Wurzeln oder Hölzer oder für Drogen mit hitzebeständigen Inhaltsstoffen (Gerbstoffe, Saponine) hergestellt. Dazu wird die Droge mit kochendem Wasser übergossen und kurz weiter erhitzt.

Aufgüsse (Infusa) eignen sich für leicht extrahierbare Blätter und Blüten oder Pflanzen(teile) mit empfindlichen Wirkstoffen (zum Beispiel ätherische Öle). Die Droge wird mit kochendem Wasser übergossen und ca. 10–15 Minuten zugedeckt ziehen gelassen, dann abgeseiht.

Kaltauszüge oder Mazerate werden durch Ansetzen mit kaltem Wasser und längerem Stehen bei Raumtemperatur hergestellt. Für diese Art der Zubereitung kommen vorwiegend schleimhaltige Drogen in Frage. Auch bei Kräutern, die neben den eigentlichen Wirkstoffen einen unerwünschten, hohen Gerbstoffgehalt aufweisen (Bärentraube), wird man einen Kaltauszug vorziehen. Die (magenbelastenden) Gerbstoffe lösen sich kaum in kaltem Wasser. Nach dem Abseihen wird meist auf Trinktemperatur erwärmt.

Die übliche Dosierung für alle drei Zubereitungsformen liegt bei 1–2 Teelöffeln klein geschnittener Droge für einen Viertelliter Wasser.

Bei akuten Beschwerden sollte man bei Bedarf eine Tasse recht warm und schluckweise trinken, nach einer halben Stunde eventuell eine zweite Tasse. Kurmäßig sind zwei bis drei Tassen Tee, zwischen den Mahlzeiten getrunken, ausreichend. Auf spezielle Dosierungsvorschriften wird in den jeweiligen Kapiteln hingewiesen.

Sowohl Abkochungen als auch Aufgüsse können auch äußerlich in Form von Gurgellösungen, Mundspülungen, Umschlägen, Waschungen, Bädern oder Inhalationen angewendet werden.

Sirupe

Sirupe enthalten einen hohen Zuckeranteil und werden deshalb gerne von Kindern getrunken, bekannte Beispiele sind der Himbeersirup oder Spitzwegerichsirup. Der Zucker dient bei genügend hoher Konzentration außer der Geschmacksgebung auch der Haltbarkeit. Die Herstellung erfolgt durch Aufkochen von frischen Pflanzenteilen mit Zucker und Wasser oder durch Beimengung eines Pflanzenauszugs zu einem reinen Zuckersirup.

Tinkturen

Tinkturen sind Pflanzenauszüge, die in der Regel durch Ansetzen von Drogen mit 70%igem Alkohol meistens im Verhältnis 1:5 oder 1:10 hergestellt werden. Sie können innerlich als Tropfen (Enziantinktur) oder äußerlich für Einreibungen oder Umschläge (Arnikatinktur) angewendet werden.

Medizinische Weine

Für die Herstellung medizinischer Weine wird die entsprechende Droge mit einem guten, trockenen Weißwein angesetzt und einige Tage stehen gelassen, dann abgeseiht und in kleinen, gut schließenden Flaschen aufbewahrt. Diese Weine werden likörglasweise vorzugsweise zur Anregung der Verdauung (Engelwurzwein) eingenommen.

Salben

Für die Herstellung von Salben im eigenen Haushalt bieten sich als Grundlagen tierische Fette an, wobei am leichtesten zugänglich wohl das Schweineschmalz ist. Frische oder getrocknete Pflanzenteile werden mit dem Fett erhitzt, dann wird durch ein Tuch geseiht. Problematisch dabei ist aber die Haltbarkeit. Um Ranzigwerden zu verhindern, sollte jeweils nur eine kleine Menge hergestellt werden, die stets kühl zu lagern ist.

Da der Arbeits- und Zeitaufwand für eine kleine Menge Salbe verhältnismäßig groß ist, kann man sich auch moderne Salbengrundlagen aus der Apotheke besorgen. Diese besitzen den Vorteil einer längeren Haltbarkeit und können außerdem bezüglich des Wasser- und Fettgehalts variiert und so an verschiedene Hauttypen angepasst werden.

Inhalationen

Inhalationen sind bei chronischen Atemwegserkrankungen mit festsitzendem Schleim durchzuführen. Dazu wird aus einer oder mehreren ätherischölhaltigen Drogen eine größere Menge Tee bereitet und der Dampf eingeatmet. Meistens wird empfohlen, über den Teetopf und den Kopf ein großes Tuch zu geben, worunter der Dampf konzentriert wird. Bei dieser Methode wird allerdings meistens zu heiß inhaliert und es besteht Verbrennungsgefahr. Besser ist es daher, den Teetopf auf ein Tischchen zu stellen, sich in seine Nähe zu setzen und tief einzuatmen. Zur Konzentrierung des Dampfes kann ein großer, stabiler Karton oder auch ein Regenschirm hinter dem Teetopf aufgestellt werden. Häufig reicht es auch, das ätherische Öl nur durch das Teekochen im Raum zu verteilen. Diese äußerst milde Form der Inhalation eignet sich besonders für Kinder.

Natürlich kann auch das reine Öl in einen Topf mit kochendem Wasser gegeben und so inhaliert werden. Dabei ist aber zu beachten, dass das ätherische Öl auf diese Weise sehr schnell verdunstet und häufig nachgefüllt werden muss, was wiederum eine zu hohe Dosierung des Öls zur Folge haben kann (siehe auch Kapitel „Ätherische Öle" Seite 14).

Bäder

Für Teil(-seltener Voll-)bäder wird jeweils der entsprechende Tee zubereitet und direkt darin gebadet oder dem Badewasser beigefügt. Für einen Liter Badeflüssigkeit braucht man zirka einen Esslöffel Droge. Für Vollbäder bieten sich Fertigextrakte aus der Apotheke an, die mit der jeweils vorgeschriebenen Menge Wasser zu verdünnen sind.

Kräuterkissen

In ein Leinensäckchen werden frische oder getrocknete Kräuter gefüllt. Die Wirkung kommt durch flüchtige Bestandteile zustande, die eingeatmet werden. Sehr beliebt sind zum Beispiel Hopfenkissen, die als Einschlafmittel verwendet werden können.

Kräuteröle

Frische Pflanzenteile werden mit Olivenöl oder einem anderen hochwertigen Öl angesetzt und einige Wochen stehen gelassen. Nach dem Abseihen erfolgt die Aufbewahrung am günstigsten in dunklen Flaschen. Die so erhaltenen Pflanzenöle dienen der äußerlichen Anwendung (Johanniskrautöl zur Wundheilung oder Wacholderbeeröl als Einreibung bei Rheuma).

Wickel, Umschläge, Kompressen

Als Wickelmaterialien eignen sich am besten Tücher aus natürlichen Stoffen wie Baumwolle, Leinen, Seide oder Flanell. Diese werden mit dem Wickelzusatz versehen, wofür feste Substanzen oder Flüssigkeiten in Frage kommen. Es eignen sich grundsätzlich alle Heilpflanzen in verschiedensten Zubereitungsformen: als Tee, Tinktur, Salbe, Öl, Pulver oder auch in frischem Zustand als Kräutersäckchen oder Kräuterkissen. Auch Nutzpflanzen mit gutem Wärmespeichervermögen wie die Kartoffel, aber auch Topfen (Quark) kommen als Wickelzusätze in Frage.

Wickel können kalt oder warm angewendet werden. Die unspezifischen Wirkungen eines Wickels sind je nach Anwendungsart mit einem Kälte- oder Wärmeeffekt verbunden, sie reichen von Durchblutungsförderung, Ausleitung von Giftstoffen bis zu Anregung, Beruhigung und Entspannung. Die spezifischen Wirkungen kommen durch die Wickelzusätze zustande und bestehen zum Beispiel in einer Förderung der Wundheilung, Entzündungshemmung und Schmerzlinderung oder durch lokale Reizwirkung auch in einer Steigerung der Durchblutung. Gerne werden zum Beispiel kühlende Wadenwickel bei fiebernden Kindern oder Heublumenumschläge bei rheumatischen Beschwerden angewendet.

ÜBERSICHT ÜBER DIE WICHTIGSTEN WIRKSTOFFGRUPPEN AUS HEILPFLANZEN

Bei den Inhaltsstoffen von Heilpflanzen handelt es sich einerseits um Wirkstoffe und andererseits um Begleitstoffe. Letztere sind aber keineswegs bedeutungslos für die Wirksamkeit. Erst das Zusammenspiel aller Inhaltsstoffe verleiht der Heilpflanze ihre spezifische Wirkung.

Im Folgenden werden die wichtigsten Wirkstoffgruppen im Hinblick auf ihre Wirksamkeit bei bestimmten Erkrankungen kurz vorgestellt.

Ätherische Öle

Ätherische Öle sind Stoffgemische, die aus einer großen Zahl von flüchtigen Komponenten bestehen. Sie zeichnen sich durch einen charakteristischen Geruch aus, der durch die Kombination der zahlreichen Einzelstoffe zustande kommt.

Die Wirkungen sind vielfältig, je nach chemischer Zusammensetzung: antibakteriell wie Thymian oder Salbei; entzündungshemmend wie Kamille oder Arnika; krampflösend auf Magen, Darm, Galle und Leber wie Schafgarbe, Pfefferminze oder Wermut; blähungstreibend wie Kümmel oder Fenchel; wassertreibend wie Liebstöckel oder Wacholder; auswurffördernd (das Abhusten von Schleim erleichternd) wie Thymian, Quendel oder Anis.

In Apotheken sind die aus den jeweiligen Pflanzen isolierten Öle erhältlich, die vorwiegend zur Inhalation angewendet werden. Es gilt der Grundsatz:

JE WENIGER, DESTO BESSER!

Bei zu hoher Konzentration kann der gegenteilige Effekt von dem eintreten, was gewünscht wird. In kleinen Mengen wirken viele ätherische Öle auswurffördernd und haben einen günstigen Effekt auf die Tätigkeit der Flimmerhärchen. Dadurch erleichtern sie das Abhusten von zähem Schleim. In zu hohen Dosen kann es zu einer Einschränkung der Flimmerhaartätigkeit kommen und angestautes Sekret wird nicht mehr abtransportiert. Vor allem bei Asthmatikern, Kindern, Allergikern und empfindlichen Personen ist starke lokale Reizung möglich, die zu einer Verkrampfung der Bronchialmuskulatur führen kann. Bei Säuglingen können bestimmte Komponenten wie Menthol oder Eukalyptol selbst bei äußerlicher Anwendung (in Form von Salben) zu einer allergischen Reaktion oder sogar zu Atemnot führen.

Deshalb sollten Sie folgende Richtlinien beachten:

- Das ätherische Öl nicht zu nahe an die Schleimhaut bringen,
- vor allem bei akuten Infekten niedrig dosieren (hier ist die Schleimhaut ohnehin geschädigt),
- bei Säuglingen, Kindern und empfindlichen Personen mit besonderer Vorsicht anwenden.

Eine milde Alternative zur Inhalation mit reinen ätherischen Ölen ist die Verwendung der ätherischölhaltigen Drogen. Man bereitet zum Beispiel Pfefferminztee aus den Blättern zu und inhaliert diesen, dabei wird langsam aber kontinuierlich das ätherische Pfefferminzöl freigesetzt. Die Gefahr einer Überdosierung ist dabei nicht gegeben.

Eine innerliche Anwendung von ätherischölhaltigen Pflanzen soll generell nicht über längere Zeit erfolgen. Die empfohlenen Dosierungsvorschriften sind genau einzuhalten.

Es wird empfohlen, manche ätherischölhaltigen Pflanzen oder deren isolierte Öle aufgrund der Reizwirkung in der Schwangerschaft nicht innerlich anzuwenden (z. B. Rosmarin, Wacholder).

Glykoside

Dies ist eine sehr allgemeine Bezeichnung für alle Stoffe, die bei Aufspaltung unter Wasseraufnahme (Hydrolyse) in zwei Bestandteile zerfallen: in Zucker und Nicht-Zucker (= Aglykon).

Unter diesen Begriff fallen sehr viele unterschiedlich wirkende Stoffe, wie die stark wirkenden Herzglykoside des Fingerhuts, die schleimlösenden Stoffe der Primelwurzel (Saponinglykoside) oder die abführend wirkenden Stoffe des Faulbaums (Anthraglykoside). Auch Bitterstoffe oder Flavonoide liegen oft in Form von Glykosiden vor.

Saponine

Saponine sind pflanzliche Glykoside, die beim Schütteln mit Wasser einen beständigen Schaum geben. Der Name kommt von dieser oberflächenaktiven Eigenschaft, er leitet sich von Sapo, Seife, ab. Über eine leichte Reizwirkung auf den Magen wird die Absonderung aller Drüsen gesteigert, was sich auch in den Bronchien günstig bemerkbar macht. Saponindrogen, wie die Primelwurzel, werden daher häufig als Hustenmittel gebraucht.

Einige Saponindrogen besitzen aber auch eine wassertreibende Wirkung (Bruchkraut, Goldrute), andere können Ödeme ausschwemmen und entzündungshemmend wirken (Rosskastanie).

Saponine beeinflussen aber auch andere Wirkstoffe, indem sie deren Aufnahme in den Körper beschleunigen.

In größeren Mengen reizen Saponine die Magen- und Darmschleimhaut, sie sollten daher nicht in hohen Dosen eingenommen werden.

Schleimstoffe

Pflanzliche Schleime bestehen aus Kohlehydraten (Polysacchariden), die in Wasser stark aufquellen. Die Wirkung besteht in einer lokalen Reizmilderung, die Schleimstoffe legen sich an die Schleimhäute an und überziehen sie mit einem schützenden Film. Neueste wissenschaftliche Untersuchungen machen auch eine Verhinderung des Anhaftens von Bakterien als Wirkprinzip plausibel.

Eine Droge mit hohem Schleimgehalt ist zum Beispiel die Eibischwurzel, die Verwendung von Eibischteig bei Reizhusten ist weit verbreitet. Bei Entzündungen im Rachenraum wirken Schleimstoffe beruhigend auf die irritierte Schleimhaut, sodass ein bestehender Hustenreiz gedämpft wird. Auch Entzündungen oder Reizungen der Magenschleimhaut klingen unter der schützenden Schicht leichter ab. Aufgrund der quellenden Eigenschaften können sie auch als milde Abführmittel eingesetzt werden, wie dies beim Leinsamen gebräuchlich ist. Diese Wirkung kann sich aber nur bei ausreichender Wasserzufuhr entwickeln, andernfalls können Quellstoffe das Gegenteil bewirken und den Darm verstopfen.

Insbesondere für Schleimdrogen muss auf trockene Lagerung geachtet werden, denn bereits bei hoher Luftfeuchtigkeit quillt der Schleim und stellt damit einen guten Nährboden für Bakterien und andere Mikroorganismen dar.

Gerbstoffe

Gerbstoffe sind in der Lage, Eiweißstoffe der Haut oder Schleimhaut zu binden und sie in widerstandsfähige, unlösliche Stoffe zu überführen. Man spricht auch von adstringierender (= zusammenziehender) Wirkung. Das Wirkprinzip besteht darin, den auf der verletzten Haut oder Schleimhaut angesiedelten Bakterien den Nährboden zu entziehen. Gerbstoffdrogen werden vor allem äußerlich in Form von Gurgelmitteln, Umschlägen oder Bädern bei Entzündungen der Haut oder auch bei Hämorrhoiden angewendet (Eichenrinde). Innerlich kommen nur wenige zum Einsatz, wie etwa getrocknete Heidelbeeren bei Durchfällen.

In vielen Pflanzen sind sie als Begleitstoffe unerwünscht, weil sie eine starke Reizwirkung auf den Magen besitzen (Bärentraubenblätter). In solchen Fällen ist es empfehlenswert, den Tee kalt anzusetzen und vor dem Trinken nur kurz zu erwärmen. Dadurch gelangt nur ein Teil der Gerbstoffmenge in den Tee.

Flavonoide

Flavonoide zählen wohl zu den im Pflanzenreich am weitesten verbreiteten Inhaltsstoffen. Aufgrund der sehr unterschiedlichen chemischen und physikalischen Eigenschaften ist es nicht möglich, ein gemeinsames Wirkprinzip anzugeben.

Als Beispiele seien nur einige erwähnt: gefäßabdichtende Wirkung (Rosskastanie), krampflösende Wirkung (Schafgarbe, Kamille), milde Herzwirkung (Weißdorn).

Bitterstoffe

Bitterstoffe regen die Magensaftsekretion an und fördern die Verdauung. Ihre Haupteinsatzgebiete sind daher Appetitlosigkeit und Verdauungsanregung. Sie besitzen außerdem eine allgemein stärkende (tonisierende) Wirkung und wer-

Foto: Motiv aus dem Arzneipflanzengarten des Instituts für Pharmakognosie der Universität Wien im Josephinum; im Vordergrund rosa und weiß blühende Diptamstauden, die ihre attraktiven Blüten in voller Pracht zeigen.

oder Vorbeugung von Blutgerinnseln genutzt. Auch in Ratten- und Mäusebekämpfungsmitteln ist Dicumarol enthalten, die Tiere verbluten innerlich und verenden.

Furocumarine, die in einigen Doldenblütlern vorkommen, sind die Ursache der so genannten Wiesendermatitis. Nach Berührung mit dem Saft der betreffenden Pflanzen, zum Beispiel durch Lagern auf frisch gemähten Wiesen, wird die Haut an den Berührungsstellen gegen Sonnenlicht sensibilisiert und es kommt zu Hautrötungen und Entzündungen. Sehr stark sensibilisierend und hautreizend wirkt der Bärenklau, aber auch Engelwurz oder Schafgarbe können derartige Erscheinungen verursachen.

Alkaloide

Alkaloide werden der Vollständigkeit halber erwähnt, obwohl deren Anwendungsmöglichkeiten in diesem Buch nicht besprochen werden. Sie zählen zu den stärksten Giften unter den Naturstoffen und kommen im Pflanzen- und Tierreich in einer Fülle verschiedener Verbindungen vor. Bekannte Vertreter sind das Atropin aus der Tollkirsche oder das Aconitin aus dem Eisenhut, beide weisen in geringsten Mengen eine starke Giftwirkung auf das Zentralnervensystem auf.

DER KRÄUTERGARTEN

ALLGEMEINE HINWEISE

Unter Kräutern versteht man im botanischen Sinn kurzlebige, nicht verholzende Gewächse. Die Drogenbezeichnung „Kraut" meint die oberirdischen Teile einer Pflanze. In der Heilpflanzenkunde hat sich diese Bezeichnung für alle heilkräftigen Pflanzenarten eingebürgert und so ist sie auch in diesem Buch zu verstehen.

Beim Kultivieren von Kräutern soll man sich darüber klar sein, wie lange die Pflanze für ihre Entwicklung braucht und wann man mit der Ernte beginnen kann.

Einjährige Kräuter (Dill, Kerbel) blühen und fruchten innerhalb einer Vegetationsperiode (Wachstumsperiode). Spätestens bei Frosteintritt stirbt die Pflanze ab, durch die Verbreitung ihrer Samen wird der Fortbestand gewährt, jedoch müssen manche Kräuter jedes Jahr neu gesät werden.

Zweijährige Kräuter bringen im ersten Entwicklungsjahr Blätter und Triebe, im zweiten Jahr Blüten und Samen hervor (Königskerze = Wollblume).

Bei den *Mehrjährigen* kann das Blühen und Fruchten oft erst nach einigen Jahren eintreten, wiederholt sich dann aber jedes Jahr aufs Neue. Zu den mehrjährigen Kräutern zählen Stauden (Salbei, Thymian), Sträucher und Bäume.

Wie beim Sammeln von Heilkräutern in freier Natur, sollte man auch hier einige Ratschläge befolgen:

Um die Pflanzen am natürlichen Standort nicht auszurotten, ist von einem Verpflanzen aus der Natur in den eigenen Garten abzusehen. Es empfiehlt sich, Samenmaterial oder auch Stecklinge oder Pflänzchen aus dem Fachhandel zu beziehen.

Vor dem Anlegen eines Kräutergartens muss man sich zunächst einige grundlegende Dinge überlegen:

- ◆ Wie viel Platz steht zur Verfügung?
- ◆ Bleibt der gewünschte Standort von Umweltschadstoffen verschont?
- ◆ Ist die Erde in meinem Garten brauchbar oder muss ich den Boden erst auflockern oder durch Zusatz von Torf, Kompost oder organischen Düngern verbessern?
- ◆ Ist der vorgesehene Platz ausreichend sonnig?
- ◆ Ist in der Nähe der Beete ein Wasseranschluss vorhanden?
- ◆ Wie weit habe ich vom Haus zum Kräuterbeet zu gehen?

DER EIGENE KRÄUTERGARTEN – KEIN UNERFÜLLBARER WUNSCHTRAUM

Kräuterbeete

Bei ausreichendem Platzangebot kann das Anlegen von eigenen Kräuterbeeten erwogen werden, dabei gelten prinzipiell die gleichen Richtlinien wie für Gemüsebeete.

- ◆ Das Wichtigste ist die Wahl des *Standorts*, denn die meisten Kräuter brauchen einen vollsonnigen Platz. Eher schattenbedürftige Pflanzen können aber auch im sonnigen Beet untergebracht werden, wenn sie in den Hintergrund höherer Kräuter gepflanzt werden. Die Nähe von stark befahrenen Straßen und umweltbelastenden Industriebetrieben soll gemieden werden.

- Eine gute *Erde* soll locker, sandig, nur leicht lehmhaltig und nährstoffarm sein, weder zu sauer (durch Torf bedingt) noch zu basisch (durch Kalk bedingt) reagieren. Der Boden sollte von Anfang an vor allem durch Kompostzugabe verbessert und ausreichend gelockert werden. Handelsüblicher Blumenerde soll Sand und Kalk zugesetzt werden, da ihre Reaktion meist zum Sauren neigt. Die Verwendung von Gründüngungspflanzen, wie sie zum Beispiel Schmetterlingsblütler darstellen, ist empfehlenswert. Sie werden am besten in jeweils einem kleinen Teil des Gartens angepflanzt, der Rest steht für Ihre Heilkräuter zur Verfügung. So wird das Erdreich Stück für Stück gelockert und fruchtbar gemacht.
- Sehr gute Erde stellt die von frischen Maulwurfshügeln dar. Sie ist mager, gut durchgearbeitet und ziemlich frei von Unkrautsamen und Schädlingen.
- Die *Wege* zwischen den Beeten können befestigt werden, es genügen aber auch festgetretene Pfade. Sie sollten aber auf keinen Fall zu knapp bemessen sein, um ein bequemes Bearbeiten zur Pflege der Kräuter zu ermöglichen.
- Die *Beetbreite* sollte ebenfalls aus praktischen Gründen nicht über 1,2 m sein, um ohne Schwierigkeiten die Beetmitte erreichen zu können.

Reicht der Platz in Ihrem Garten für ein eigenes Kräuterbeet nicht aus, müssen Sie keineswegs auf den Heilkräuteranbau verzichten. Die meisten Kräuter brauchen nicht viel Platz und können ohne weiters am Rande eines Gemüsebeetes oder auch in einem Steingarten angepflanzt werden.

Aussaat, Pflege und Vermehrung

Bei den Beschreibungen der Heilpflanzen wird auf spezielle Bedürfnisse der jeweiligen Kräuter – betreffend den Standort, Boden oder die Lichtverhältnisse hingewiesen. Hier sollen nur einige grundlegende Hinweise gegeben werden.

Das Aussäen

Samen, die im Freiland ausgesät werden, sind stets gefährdet. Um die Aussaat vor Schimmel- und Fäulnispilzen zu bewahren, deren Sporen den Samen selbst anhaften können, wird die Saat mit einer dünnen Schicht gemahlener Holzkohle bestreut. Ein Glas oder ein Stück Folie, das rundum mit Erde befestigt wird, schützt die Saat vor Austrocknung, Vogel- und Schneckenfraß und begünstigt die Keimung. Kälteempfindliche Samen können auch in einer Saatschale vorgezogen werden.

Spezielle Keimungsbedingungen einzelner Arten – angeführt bei den jeweiligen Pflanzenbeschreibungen – sind zu beachten. Frostkeimer zum Beispiel müssen eine kurze Kälteperiode durchmachen, Lichtkeimer dürfen nicht ganz von Erde bedeckt sein, und Dunkelkeimer wiederum müssen mit Erde bedeckt sein, damit sie keimen.

Auspflanzen und Pflege

Sind aus den Samen bereits kleine Pflänzchen entstanden, werden diese vorsichtig nach erfolgter Abhärtung vereinzelt ausgepflanzt. Dabei gilt es, die zarten Pflänzchen vor allem vor zu starker Sonneneinstrahlung, heftigem Regen und

Wind zu schützen. Lose darüber gestreute Grashalme schwächen starke Sonnenstrahlen genügend ab, Steine oder kleine Aststücke bieten ausreichenden Halt für Sämlinge.

Vermehrung
Prinzipiell unterscheidet man zwei Arten der Pflanzenvermehrung: Vermehrung durch Samen oder vegetative Vermehrung durch Ausläufer oder Stecklinge.

Samenernte
Produziert eine Pflanze genügend Samen, die dann auch in ausreichender Zahl keimen und weiterwachsen, sorgt sie selbst für eine ständige Vergrößerung ihres Bestandes. Dies trifft für manche ein- und zweijährige, aber auch für einige ausdauernde Pflanzen zu. Viele ein- und zweijährige Heilkräuter aber verschwinden ganz aus dem Garten, wenn man nicht durch Ernte und erneutes Aussäen der Samen vorsorgt.

Nach der Ernte sollte sogleich die Beschriftung der Saat erfolgen, um sie zu einem späteren Zeitpunkt noch zuordnen zu können. Die Trocknung der Samen soll stets bei milder Wärme erfolgen. Nicht vergessen darf man die Reinigung der Samen von anhaftenden Pflanzenteilen und möglichen Verunreinigungen, die einen idealen Nährboden für Bakterien und Pilze bilden.

Die Aufbewahrung erfolgt an einem kühlen und trockenen Ort in Papiersäckchen, sodass die Samen atmen können. Im nächsten Frühjahr werden sie wieder ausgesät.

Vegetative Vermehrung
Sie kennen sicherlich Pflanzen, die im Garten einen großen Bestand bilden und sich immer weiter vermehren. Will man eine einzelne Pflanze ausreißen, bemerkt man, dass sie unterirdisch mit ihrer Nachbarpflanze verbunden ist, diese wiederum mit einer weiteren zusammenhängt, und so fort. Dies ist ein Beispiel für eine natürliche vegetative Vermehrung.

Solange diese ausdauernden Kräuter keine anderen Arten bedrängen und wir an einer ständigen Vergrößerung des Bestandes interessiert sind, greifen wir nicht ein. Es kann aber nötig sein, für eine Verjüngung zu sorgen, wenn der Bestand in der Mitte veraltet und geschwächt ist.

Die Technik der vegetativen Vermehrung können wir aber auch ganz gezielt einsetzen, wenn wir einen Wurzelstock zerteilen und die einzelnen Teile getrennt in Erde einsetzen. So wird zum Beispiel die Pfefferminze oder die große Brennessel vermehrt. Um die Wurzel- oder Rhizomstücke gegen Fäulnis zu bewahren, kann auch hier gemahlene Holzkohle eingesetzt werden, die auf die Schnittfläche aufgebracht wird.

Wilder Heilgarten

Als Alternative zur Beetkultur können Kräuter auch wild angepflanzt werden. Nach der Lockerung und Aufbereitung der Erde werden die Samen der gewünschten Heilpflanzen gleichzeitig ausgesät. Häufig siedeln sich auch noch andere wertvolle Pflanzen an, die den Kräuterbestand bereichern. Es entsteht eine bunte Kräuterwiese, die kaum einer weiteren Pflege bedarf. Auch ausdauernde Pflanzen müssen selbst nach Jahren nicht umgesetzt werden, wenn aus der Pflanzengruppierung eine Lebensgemeinschaft erwächst. Ein Eingreifen in den Bestand ist nur dann notwendig, wenn einzelne Kräuter gegen unseren Willen überhand nehmen.

Für diesen alternativen Kräuteranbau eignen sich zum Beispiel Grundstücksstreifen entlang von Gebäuden oder Schuppen, die nur schwierig zu bearbeiten sind.

Derartige Grundstücke sind oft bereits vor der Bearbeitung reich an Heilkräutern wie Brennessel, Schafgarbe, Kamille usw. Auch ein natürlich vorkommender Holunderstrauch oder Rosenstrauch passt ideal in unseren Wildgarten. Sind diese Bedingungen von Natur aus gegeben, lässt man nach der Aufbereitung einfach das natürliche Wachstum geschehen.

Der Heilkräutergarten im Zimmer

Besonders in städtischen Ballungszentren sind die Möglichkeiten, sich einen Kräutergarten anzulegen, sehr eingeschränkt. Eine gute Alternative zu Kräuterbeeten stellen Heilkräuter in Kübeln, Balkonkästen oder Blumentöpfen dar. Es eignen sich nahezu alle ein- und mehrjährigen Kräuterarten für die Kulturen in Schalen, Töpfen und Ampeln, wo die Pflanzen aber natürlich in ihrem Platz und in ihrer Nährstoffversorgung eingeschränkt sind. Deshalb ist besondere Pflege notwendig. Die Behälter müssen auf jeden Fall am Boden Abzugslöcher haben, um eine Vernässung zu verhindern. Über diese Abzugslöcher werden einige Tonscherben gelegt, darüber eine Schicht Kies mit Sandauflage oder Vlies, damit die Erde nicht ausgewaschen werden kann. Die Erde bis zirka 2 cm unter den Topfrand auffüllen, damit beim Gießen das Wasser nicht sofort überläuft. Als Substrat kann Fertig-Blumenerde, der etwas Sand und Kalk zugesetzt wird oder eine Mischung aus reifem Kompost mit Sand- und Torfzugaben empfohlen werden.

Bei der Kräuterkultur in Töpfen ist das regelmäßige Gießen äußerst wichtig. Wenn die Pflanzen nur einige Tage nicht gegossen werden, besteht bereits die Gefahr der Austrocknung. Im Fachhandel sind Vorrichtungen erhältlich, die ein Automatisieren der Wasserzufuhr ermöglichen.

Auch die Aufstellung der Töpfe oder Schalen in der Wohnung soll gut überlegt werden. Ganzjährige Zimmerkräuter sollen an hellen Fenstern stehen, sehr gut eignen sich auch Wintergärten für ein Kräuterarrangement. Auch kräftig wachsende Pflanzen wie Liebstöckel hätten hier Platz. Im Frühjahr können die Töpfe nach vorheriger Abhärtung ins Freie gestellt werden. Für die Kultur in Töpfen sind besonders geeignet: Melisse, Dost, Rosmarin, Thymian, Ysop, Lavendel, Salbei, Estragon, Dille, Kerbel, Basilikum oder auch Zimt unter geeigneten Bedingungen.

EINHEIMISCHE HEILPFLANZEN

In diesem Kapitel werden einerseits Heilpflanzen besprochen, die in unseren Breiten (Deutschland, Österreich) heimisch sind, aber auch solche, die ursprünglich aus anderen Gebieten (Mittelmeerregion) stammen und bei uns schon lange kultiviert werden oder sogar verwildert vorkommen.

ANIS

Pimpinella anisum – Doldenblütler

Pflanzenbeschreibung: 15–50 cm hoch, kleine Blüten in aus Döldchen zusammengesetzten Dolden, weiß, 5-zählig; Blätter wechselständig, Blattstiele am Grund scheidig, untere Laubblätter gestielt, ungeteilt, gezähnt, obere 2–3fach gefiedert mit lineal lanzettlichen Zipfeln, Früchte in Doppelachänen, die meist nicht zerfallen, verkehrt birnenförmig, ca. 2 mm lang und weich behaart sind
Vorkommen: beheimatet im Orient, vor allem im Mittelmeerraum kultiviert, in unseren Breiten nicht wild wachsend
verwendete Pflanzenteile: Früchte
Inhaltsstoffe (Wirkstoffe): hauptsächlich ätherisches Öl, daneben fettes Öl, Flavonoide, Zucker und Eiweiß
Zubereitungen: Tee, Schnaps
Anwendung:

- zur Schleimlösung
- als blähungstreibendes Mittel vor allem bei Kleinkindern
- in der Volksheilkunde zur Förderung der Milchsekretion
- als Gewürz

(siehe Seiten 92, 112, 120)
Kulturbedingungen: Aussaat Mitte April bis Anfang Mai auf kalkhaltigem Boden; liebt warmen, mäßig feuchten, sonnigen und windgeschützten Standort
Erntezeitpunkt: Ende Juli bis Anfang September werden die Pflanzen abgemäht und die Früchte durch Dreschen abgelöst

NEBENWIRKUNGEN / VORSICHTSMASSNAHMEN

→ sehr selten allergische Reaktionen möglich

VERWECHSLUNGSMÖGLICHKEITEN

→ sorgfältig bestimmen, Doldenblütler können leicht miteinander verwechselt werden; einige davon – wie der Wasserschierling – sind sehr giftig

ARNIKA, BERGWOHLVERLEIH

Arnica montana – Korbblütler

Pflanzenbeschreibung: ausdauernde Pflanze, bis 60 cm hoch, charakteristisch aromatisch duftend, 1 bis 3 große (6–8 cm im Querschnitt), gelborange blühende Körbe, die außen von Hüllblättern umgeben sind; im Zentrum des Körbchens Röhrenblüten, außen meist herabhängende Zungenblüten; Blütezeit Mai bis August; Rosettenblätter verkehrt eiförmig, Laubblätter gegenständig, breit elliptisch, nur 1–2 Paare pro Stängel

Vorkommen: im Gebirge auf mäßig trockenen, bodensauren Magerwiesen und -weiden
TEILWEISE GEFÄHRDET!
verwendete Pflanzenteile: Blüten
Inhaltsstoffe (Wirkstoffe): Sesquiterpene, ätherisches Öl, Flavonoide
Zubereitungen: Tinktur, Salbe, Tee zum Gurgeln oder für Umschläge
Anwendung:
- zur Desinfektion von Wunden
- als äußerliches entzündungshemmendes Mittel
- bei Rheuma
- bei stumpfen Verletzungen
- bei Verstauchungen
- auch als Gurgelmittel

(siehe Seiten 99, 140, 166, 168, 173, 177)
Kulturbedingungen: Kultur nicht möglich; Droge am besten aus der Apotheke beziehen
Erntezeitpunkt: Juni bis August

NEBENWIRKUNGEN / VORSICHTSMASSNAHMEN
→ nur äußerlich anwenden
→ Allergien sind möglich

VERWECHSLUNGSMÖGLICHKEITEN
→ *Ochsenauge* wird häufig mit Arnika verwechselt, unterscheidet sich von dieser aber eindeutig durch die wechselständige Beblätterung und die etwas dunkleren Blüten. Außerdem bevorzugt das Ochsenauge kalkhaltige Standorte und ist insgesamt sehr häufig anzutreffen.

AUGENTROST
Euphrasia officinalis – Rachenblütler

Pflanzenbeschreibung: zarte, bis ca. 10 cm hohe, einjährige Pflanze mit dünnen Wurzeln, typische Rachenblüte mit verwachsenen Blütenblättern, die den Eindruck eines geöffneten Rachens machen, Blüten mit violetter Zeichnung, tritt in vielen, ähnlichen und daher schwer zu unterscheidenden Arten auf, die Blätter sind gegenständig, sitzend, der Blattrand scharf gezähnt
Vorkommen: Der bei uns heimische Augentrost benötigt andere Wirtspflanzen, aus deren Wurzeln er Wasser ansaugt. Er stellt an den Boden selbst daher keine hohen Wasseransprüche. Als sehr lichtbedürftige Pflanze bevorzugt er offene Stellen, vor allem auf Wiesen und Weiden. Auf sehr nährstoffreichen Böden fühlt er sich nicht wohl, weil ihm andere, üppig wachsende Kräuter zu viel Licht nehmen.
verwendete Pflanzenteile: blühendes Kraut
Inhaltsstoffe (Wirkstoffe): ätherisches Öl, Gerbstoffe, Aucubin
Zubereitungen: Tee innerlich und äußerlich für Augenspülungen
Anwendung:
- vor allem äußerlich bei Bindehautentzündung und Lidrandentzündung
- innerlich zur Unterstützung der äußerlichen Anwendung
  (siehe Seite 176)

Kulturbedingungen: Schwierig, denn Augentrost ist einjährig, die Samen fallen im Herbst aus und brauchen tiefe Temperaturen um keimfähig zu werden. Die Keimung erfolgt meist im Frühling, die Hauptblüte findet im Spätsommer und Herbst statt.
Erntezeitpunkt: Juli bis Oktober, die meisten Arten kommen häufig vor und können unbedenklich gesammelt werden

NEBENWIRKUNGEN / VORSICHTSMASSNAHMEN

→ Risiken sind keine bekannt; die Wirksamkeit ist wissenschaftlich nicht ausreichend belegt, in der Volksmedizin erfreut sich Augentrost jedoch seit langem größter Beliebtheit.

BALDRIAN

Valeriana officinalis – Baldriangewächs

Pflanzenbeschreibung: Der Arzneibaldrian tritt in verschiedenen Formen auf, die sich vor allem im Wuchs und im Blattschnitt unterscheiden, die aber in ihrer Wirkung gleichwertig sind. Beim flüchtigen Hinschauen kann Baldrian für einen Doldenblütler gehalten werden, weil seine Blüten dichte Schirmrispen bilden, die den Dolden sehr ähnlich sind. Der ausdauernde Baldrian wird bis zu 2 m hoch und stellt eine insgesamt sehr kräftige Pflanze dar. Die Blüten sind ca. 5 mm breit und blassrosa, die Früchte haben einen fedrigen Flughaarkranz, der der Verbreitung dient. Die wechselständigen Blätter können bis zu 15 Fiederpaare aufweisen, die einzelnen Fiedern sind länglich; die Wurzel hat bereits kurz nach dem Ausreißen den intensiven, charakteristischen Baldriangeruch.
Vorkommen: meist an Bächen, Gräben, Flüssen, in Auwäldern, Hochstaudenfluren
verwendete Pflanzenteile: Wurzelstock mit Wurzeln
Inhaltsstoffe (Wirkstoffe): ätherisches Öl, Valepotriate, Valerensäuren
Zubereitungen: Tinktur, Tee
Anwendung:

- bei Nervosität
- bei Unruhezuständen
- als einschlafförderndes Mittel bei nervös bedingten Schlafstörungen (siehe Seiten 130, 141, 149, 159)

Kulturbedingungen: Samen im März bis April ins Frühbeet oder im Sommer direkt ins Freie säen, Samen nur andrücken und feucht halten, Baldrian ist ein Lichtkeimer. Aufzucht aus Jungpflanzen gelingt ebenfalls, dann ist eine einjährige Kultur möglich. Der Boden soll locker, nahrhaft und gut mit Wasser versorgt sein; legt man nur auf die Rhizomernte wert, werden die Blühtriebe entfernt.
Erntezeitpunkt: September bis Oktober oder März bis April, geerntet werden am besten die Wurzelstöcke zweijähriger Pflanzen, beim Graben der Wurzeln in freier Natur besteht die Gefahr der Ausrottung ganzer Bestände und auch die umliegende Vegetation wird zerstört, Wurzeln daher nur von kultivierten Pflanzen ernten.

NEBENWIRKUNGEN / VORSICHTSMASSNAHMEN

→ Nebenwirkungen sind nicht bekannt.

VERWECHSLUNGSMÖGLICHKEITEN

→ Blütenstand erinnert an Doldenblütler, aber Blütenröhre hier verlängert, Früchte fedrig

BÄRENTRAUBE

Arctostaphylos uva- ursi – Heidekrautgewächs

Pflanzenbeschreibung: ausdauernder, bis 10 cm hoher und bis 1 m langer, kriechender Zwergstrauch mit flach aufsteigenden Ästen, Laubblätter immergün, ganzrandig, kahl, wenige mm gestielt, Spreite 1–3 cm lang, unterseits nicht drüsig punktiert; Blüten weiß, glockig, nickend, Früchte rot
Vorkommen: Gebirgspflanze, meist ab 1500 m, in trockenen Föhrenwäldern, Latschengebüschen, Zwergstrauchheiden
GESCHÜTZT!
verwendete Pflanzenteile: Blätter
Inhaltsstoffe (Wirkstoffe): Arbutin
Zubereitungen: Tee (vorwiegend Kaltauszug)
Anwendung:
◆ bei Harnweginfektionen
(siehe Seite 127)
Kulturbedingungen: Kultur nicht möglich
Erntezeitpunkt: Mai bis Juli

NEBENWIRKUNGEN / VORSICHTSMASSNAHMEN

→ in der empfohlenen Dosierung (siehe Seite 127) kurmäßig nicht länger als eine Woche, maximal insgesamt 5 Wochen jährlich anwenden

→ aufgrund des Gerbstoffgehalts Magenreizung möglich, daher ist ein Kaltauszug einer Abkochung vorzuziehen

VERWECHSLUNGSMÖGLICHKEITEN

→ *Preiselbeerblätter* sind den Bärentraubenblättern ähnlich, Preiselbeerblätter sind aber unterseits drüsig punktiert und können einen schwach gezähnelten Blattrand aufweisen; sie enthalten die gleichen Wirkstoffe wie Bärentraubenblätter, aber in geringerer Konzentration (siehe Seite 67)

BÄRLAUCH

Allium ursinum – Lauchgewächs

Pflanzenbeschreibung: Bärlauch ist im Frühjahr für den Knoblauchgeruch der Laubwälder in niedrigen Lagen verantwortlich, er bildet dort ganze Bestände, die nach der Blütezeit aber vollständig einziehen. Die ausdauernden Pflanzen überwintern im Zwiebelstadium und schießen im nächsten Frühjahr aus dem Boden. Die ganze Pflanze wird ca. 10–50 cm hoch, die Blätter stehen meist zu zweien am Grunde des Stängels, sind zur Blütezeit lang gestielt, die glänzende Seite schaut nach oben, die matte nach unten (bei den sehr ähnlichen Maiglöckchenblättern ist es umgekehrt!); die Blätter riechen beim Zerdrücken knoblauch-

artig; die weißen Blüten stehen ausschließlich am Stielende in Form einer Scheindolde.
Vorkommen: häufig in feuchten Laubwäldern, Auwäldern, auf lockerem nährstoffreichem Boden
verwendete Pflanzenteile: Blätter, Zwiebel
Inhaltsstoffe (Wirkstoffe): ätherisches Öl
Zubereitungen: Presssaft aus Zwiebeln und Blättern; in der Küche als Salat und Gewürz, Zwiebel frisch oder getrocknet
Anwendung:
- aufgrund der antibakteriellen Wirkung bei Verdauungsstörungen (Gärungserscheinungen im Darm)
- gegen Blähungen und krampfartige Beschwerden
- als Gewürz
  (siehe Seiten 135, 139)

Kulturbedingungen: Samen Anfang März auf lockeren Boden säen oder im Frühsommer, wenn die Blätter zu welken beginnen, die Zwiebeln ausgraben und im Garten einsetzen. Bärlauch gedeiht sehr gut an schattigen Standorten mit feuchten Böden; das Beet soll möglichst frei von Pflanzen sein, die ein dichtes Wurzelsystem bilden. Es empfiehlt sich, nach dem Einziehen der Pflanzen die Erde über den Bärlauchzwiebeln mit einer Mulchschicht zu bedecken. Damit werden konkurrierende Pflanzen fern gehalten und gleichzeitig wird der Boden gedüngt.
Erntezeitpunkt: Blätter im zeitigen Frühjahr, Samen (für den Anbau) im Mai; beim Sammeln wegen der Verwechslungsgefahr mit Maiglöckchen stets auf Knoblauchgeruch testen!

NEBENWIRKUNGEN / VORSICHTSMASSNAHMEN

→ bei empfohlener Dosierung sind keine Nebenwirkungen bekannt

VERWECHSLUNGSMÖGLICHKEITEN

→ Immer wieder kommen Verwechslungen von Bärlauchblättern vor; einerseits mit Herbstzeitlosenblättern, die zu einer tödlichen Vergiftung führen, andererseits mit den ebenfalls sehr giftigen Maiglöckchenblättern. Beim Sammeln sollte man stets daran denken und sich die Merkmale dieser giftigen Pflanzen vor Augen führen:

Tabelle nach: Wolfgang Holzner, Das kritische Heilpflanzenbuch, Orac 1985.

	Bärlauch	Maiglöckchen	Herbstzeitlose
Blätter zur Blütezeit	deutlich lang gestielt	Blatt allmählich in einen Stiel verlaufend	ungestielt
	am Grund von einem kurzen scheidigen Häutchen umwachsen	bis hoch hinauf von mehreren rotpunktierten scheidigen Blättern umwachsen	Blätter kommen wie bei der Hyazinthe „umeinandergewickelt" aus dem Boden
	meist zu zweien am Grund des Stängels	fast immer zwei	viele
	vorne spitz	vorne spitz	vorne „kahnförmig", stumpf
Geruch beim Zerreiben der Blätter	knoblauchartig	geruchlos	schwach scharfherb
nach unten gerichtete Blattseite	matt	glänzend	matt
Blattnerven beim Betrachten des Blattes gegen das Licht	entfernte, dunkle Längsadern und feines dunkles Netz von schräg nach vorn gerichteten Seitenadern	dichte, helle Längsadern	entfernte, grobe, dunkle, nach unten vortretende Längsadern und feine waagrechte Queradern
Vorkommen	häufig in feuchten Laubwäldern, in Auwäldern, auf gut mit Wasser versorgtem, lockerem, nährstoffreichem Boden	Laubwälder, Kiefernwälder auf mäßig trockenem, auch magerem Boden, auf sonnigen Standorten	auf Fettwiesen, in Auwäldern, auf nassem (auch wechselfeuchtem), schwerem Boden

Wer den Bärlauch nicht eindeutig von Herbstzeitlose und Maiglöckchen unterscheiden kann, soll das Selbersammeln in seinem eigenen Interesse bleiben lassen.

BEIFUSS

Artemisia vulgaris – Korbblütler

Pflanzenbeschreibung: bis 1,5 m hohe, ausdauernde Pflanze; Blütenstand stark verzweigte Rispe aus kleinen, eiförmigen Körbchen, diese sind von Hüllblättern umgeben und enthalten meist etwas rötliche Blüten, Pflanze ähnelt

stark dem Wermut, ist aber weniger behaart und erscheint daher auch nicht so grau. Die Blätter sind gefiedert, die einzelnen Fiedern wieder eingeschnitten, die Endzipfel der Blätter spitz (Wermut abgerundet), Geruch und Geschmack sind nicht so bitter wie beim Wermut.
Vorkommen: sehr häufig an Ruderalstellen oder Ufergebüschen anzutreffen
verwendete Pflanzenteile: Kraut
Inhaltsstoffe (Wirkstoffe): ätherisches Öl
Zubereitungen: Tee
Anwendung:
- vor allem in der Volksmedizin ähnlich wie Wermut als appetitanregendes Mittel bei Verdauungsstörungen
- als Gewürz

Kulturbedingungen:
verbreitet sich stark als Unkraut
Erntezeitpunkt: zur Blütezeit von Juni bis August die Rispen ernten

NEBENWIRKUNGEN / VORSICHTSMASSNAHMEN
→ bei empfohlener Dosierung (Aufguss von 1 Teelöffel Kraut mit $^1/_4$ l Wasser, 1–2 Minuten ziehen lassen; 1–3 Tassen täglich) sind keine unerwünschten Wirkungen zu befürchten
→ vorsichtshalber soll Beifußtee in der Schwangerschaft nicht getrunken werden
→ Allergien sind möglich

VERWECHSLUNGSMÖGLICHKEITEN
→ ähnlich Wermut, dieser aber aufgrund der starken Behaarung grau erscheinend; riecht etwas aromatischer und nicht so bitter wie der Wermut, Blattabschnitte hier spitz

BEINWELL
Symphytum officinale – Rauhblattgewächs

Pflanzenbeschreibung: bis 100 cm hohe, von Grund an verzweigte, ausdauernde Pflanze; Stängel entspringt aus kräftiger, außen schwarzer, innen weißer Wurzel; Stängel und Blätter dicht rauhhaarig; Blätter lanzettlich, in den Stiel verschmälert, mittlere und obere Blätter bis zum nächsten Blatt als breite Flügel herablaufend; Blüten purpurn, gelblich oder weiß, glockig, in Trauben angeordnet
Vorkommen: an feuchten, nährstoffreichen Standorten wie Gräben, nasse Fettwiesen, Auwälder
verwendete Pflanzenteile: Wurzel, seltener Blätter und blühendes Kraut
Inhaltsstoffe (Wirkstoffe): Allantoin, Gerbstoffe, Schleime, **giftige Pyrrolizidinalkaloide**
Zubereitungen: Umschläge (mit der Abkochung), Salben, Einreibungen
Anwendung:
- nur Apothekenware oder Fertigpräparate anwenden
- nur äußerlich und nur auf intakter Haut als entzündungshemmendes Mittel
- bei Prellungen, Zerrungen, Verstauchungen
- nach Knochenbrüchen (fördert die Kallusbildung)
  (siehe Seite 168)

Erntezeitpunkt: nicht in freier Natur ernten, Droge in Deutschland aus der Apotheke beziehen (in Österreich ist sie nicht erhältlich); siehe Vorsichtsmaßnahmen

NEBENWIRKUNGEN / VORSICHTSMASSNAHMEN

→ NICHT innerlich anwenden!!
→ nur auf intakter Haut anwenden

In Österreich ist der Verkauf von Beinwell und -zubereitungen aufgrund des Gehalts an Pyrrolizidinalkaloiden (in Langzeitversuchen an Ratten lebertoxische und krebserregende Wirkung festgestellt) verboten. In Deutschland darf die pro Tag verabreichte Menge an Alkaloiden einen bestimmten Grenzwert nicht überschreiten. Außerdem gilt eine Anwendungsbeschränkung von 4–6 Wochen pro Jahr für die äußerliche Anwendung (vor einer innerlichen Anwendung raten alle Experten ab!). Aus diesen Gründen soll Beinwell nur in Apotheken bezogen beziehungsweise in Form von Fertigpräparaten angewendet werden, damit ist die Einhaltung der Grenzwerte garantiert.

VERWECHSLUNGSMÖGLICHKEITEN

→ Wald-Beinwell: dieser ist aber kleiner und seine Blätter laufen höchstens bis zur Mitte des Stängels herab

BENEDIKTENKRAUT (KARDOBENEDIKTENKRAUT)

Cnicus benedictus – Korbblütler

Pflanzenbeschreibung: bis 50 cm hohe, distelartige, einjährige Pflanze mit borstigem Stängel; ein Trichter von rötlichen, spinnwebartigen Hüllblättern umgibt den körbchenförmigen Blütenstand, der aus gelben Röhrenblüten besteht; die relativ großen Blätter sind im Umriss länglich, der Rand ist grob gezähnt (schrotsägezähnig) und läuft in Dornen aus, die Blattoberfläche ist meist zottig behaart und klebrig
Vorkommen: Mittelmeerraum und Vorderasien
verwendete Pflanzenteile: Kraut
Inhaltsstoffe (Wirkstoffe): Bitterstoffe (hauptsächlich Cnicin, ein Sesquiterpenbitterstoff); ätherisches Öl, Gerbstoffe
Zubereitungen: Tee
Anwendung:

◆ bei Verdauungsbeschwerden und Appetitlosigkeit
◆ zur Anregung der Magensaft- und Gallenproduktion (siehe Seite 108)

Kulturbedingungen: flächige Aussaat im Frühjahr oder Herbst an einen bleibenden Standort mit direkter Sonnenbestrahlung
Erntezeitpunkt: Juni bis August

NEBENWIRKUNGEN / VORSICHTSMASSNAHMEN

→ bei empfohlener Dosierung (siehe Seite 108) sind keine Nebenwirkungen zu erwarten
→ Allergie möglich, bei bekannter Allergie auf andere Korbblütler nicht anwenden

BIBERNELLE

Pimpinealla major (Groß-), P. saxifraga (Klein-Bibernelle)
Doldenblütler

Pflanzenbeschreibung: beide sind häufige, ausdauernde Pflanzen mit weißen Blüten in Dolden, Blätter gefiedert, Unterscheidungsmerkmale:
kleine Bibernelle: bis 50 cm hoch, Stängel fast voll, schwach gerillt, Blätter einfach gefiedert, je höher die Blätter am Stängel stehen um so mehr sind die Teilblättchen zerteilt, obere Blätter mit linealischen Abschnitten
große Bibernelle: bis 100 cm hoch, Stängel hohl, Blätter am Stängel den Grundblättern ähnlich.
Vorkommen: große Bibernelle: auf Wiesen, an Ufern, in lichten Wäldern, Hochstaudenfluren, an eher feuchten, oft schattigen Standorten; kleine Bibernelle: auf trockenen sonnigen Wiesen und Weiden; sehr häufig
verwendete Pflanzenteile: Wurzeln
Inhaltsstoffe (Wirkstoffe): ätherisches Öl
Zubereitungen: Tee, auch als Gurgelmittel, Tinktur
Anwendung:

- ◆ als hustenlinderndes, schleimlösendes Mittel
- ◆ vor allem in der Volksmedizin auch bei Halsentzündungen (siehe Seiten 99, 179)

Kulturbedingungen: Aufzucht aus Samen möglich, Ende März bis Anfang April direkt ins Freiland säen; Samen nur andrücken und feucht halten (Lichtkeimer); der Boden soll locker, tiefgründig und nicht zu trocken sein
Erntezeitpunkt: September bis November, ganze Pflanzen vor Vollreife ernten, zum Trocknen aufhängen

NEBENWIRKUNGEN / VORSICHTSMASSNAHMEN

→ bei empfohlener Dosierung (siehe Seite 99) sind keine Nebenwirkungen zu erwarten

VERWECHSLUNGSMÖGLICHKEITEN

→ Pastinak, ein gelbblühender Vertreter der gleichen Familie hat ähnliche Blätter, aber Teilblättchen stehen quer zur Mittelrippe
→ Wiesenknopf, ein Rosengewächs, wird häufig auch als Bibernelle bezeichnet, Verwechslung nur vom Namen her möglich

BIRKE, WEISSBIRKE UND MOORBIRKE

Betula pendula (= B. verrucosa = Weißbirke, Hängebirke)
und Betula pubescens (= Moorbirke) – Birkengewächse

Pflanzenbeschreibung: Bäume mit typischer weißer Borke; Hängebirke größer, mit herabhängenden Zweigen, die im jungen Zustand stark warzig, aber unbehaart sind; Moorbirke mit behaarten jungen Zweigen und etwas kleineren Blättern; Blattumriss bei beiden ungefähr dreieckig, Blattrand bei der Hängebirke einfach, bei der Moorbirke doppelt gesägt; Blüten in Kätzchen, Früchte geflügelt
Vorkommen: beide einheimisch, Hängebirke an trockenen Standorten, Moorbirke in feuchten Wäldern, Sümpfen und Mooren

MOORBIRKE GEFÄHRDET!
Weißbirke häufig
verwendete Pflanzenteile: junge Blätter; in der Volksmedizin auch Birkenwasser und Birkenteer
Inhaltsstoffe (Wirkstoffe): hauptsächlich Flavonoide
Zubereitungen: Tee aus den Blättern
Anwendung:
- Blätter als harntreibendes Mittel zur Erhöhung der Harnmenge
- zur Durchspülungstherapie bei Harnweginfektionen
- Birkenwasser zur Haarpflege

(siehe Seiten 126, 162, 175)

Erntezeitpunkt: Mitte Mai bis Mitte Juli

NEBENWIRKUNGEN / VORSICHTSMASSNAHMEN
→ bei der Anwendung von Birkenblättertee in der empfohlenen Dosierung (siehe Seite 126) sind keine Nebenwirkungen zu erwarten
→ Birkenwasser nicht unverdünnt einnehmen
→ Birkenteer kann Hautreizungen verursachen

BLUTWURZ (TORMENTILLE), AUFRECHTES FINGERKRAUT
Potentilla erecta – Rosengewächs

Pflanzenbeschreibung: ausdauernde Pflanze mit einem kräftigen, dicken Wurzelstock, der sich an frischen Bruchflächen rasch blutrot verfärbt; aus dem Wurzelstock wachsen mehrere zarte, verzweigte Stängel, die aufrecht oder aufsteigend bis 30 cm hoch werden können; alle Stängelblätter sitzend (höchstens untere Blätter kurz gestielt), fingerförmig geteilt, meist 5-zählig erscheinend, Blättchenrand gesägt; Blüte gelb mit meist 4 Kronblättern (im Unterschied zu anderen Fingerkräutern!), jeweils am Ende eines Stängelastes stehend
Vorkommen: weit verbreitet an trockenen und sonnigen Standorten, an Abhängen und Böschungen, auf Heiden, an Waldrändern, auf Magerwiesen und -weiden; häufig
verwendete Pflanzenteile: Wurzelstock
Inhaltsstoffe (Wirkstoffe): Gerbstoffe
Zubereitungen: Tee, Tinktur
Anwendung:
- innerlich bei Durchfällen
- als Gurgelmittel bei Entzündungen im Mund- und Rachenraum
- äußerlich bei schlecht heilenden Wunden
- bei Erfrierungen (Frostbeulen)
- bei Hämorrhoiden

(siehe Seiten 100, 117, 119, 170)

Kulturbedingungen: schwierig, man kann versuchen, die Pflanzen vom Wild-

Foto: Ein bunt gemischter Heilkräuterstrauß bestehend aus:
Salbei, Gänsefingerkraut, Käsepappel, Weißdorn, Liebstöckel, Pfefferminze, Schafgarbe, Ringelblume, Melisse, Heckenrose und Rosmarin.

1
2
3
4
5

standort in den Garten zu versetzen oder noch besser die Samen im Frühbeet vorzukultivieren; Blutwurz ist sehr lichtbedürftig, daher größere Pflanzen aus ihrer Nähe fern halten
Erntezeitpunkt: März und November

NEBENWIRKUNGEN / VORSICHTSMASSNAHMEN
→ bei empfohlener Dosierung (siehe Seite 100) sind keine Nebenwirkungen zu erwarten
→ bei Überdosierung kann es aufgrund des hohen Gerbstoffgehalts bei empfindlichen Personen zu Magenbeschwerden kommen

VERWECHSLUNGSMÖGLICHKEITEN
→ andere Fingerkräuter, diese haben jedoch alle 5-zählige Blüten

BRENNESSEL
Urtica dioca (große), Urtica urens (kleine Brennessel) – Brennesselgewächse

Pflanzenbeschreibung: ***große Brennessel:*** circa 150 cm (bis 250 cm) hohe, ausdauernde Pflanze mit gegenständigen, gestielten, eifömigen, grob gesägten Blättern, Endzahn deutlich länger als die benachbarten Zähne; Pflanze zweihäusig (männliche und weibliche Blüten auf getrennten Individuen), Blüten in Rispen; ***kleine Brennessel:*** bis 60 cm hoch, einjährig; Laubblattspreite rundlich – eiförmig bis breit – elliptisch, Endzahn nicht länger als die benachbarten Zähne; Rispen mit männlichen und weiblichen Blüten; beide Pflanzen mit Brennhaaren ausgestattet, die bei Berührung Histamin in die Haut abgeben, das zu unangenehmem Brennen führt
Vorkommen: überall wild wachsend, an nährstoffreichen Böden in der Nähe des Menschen (Ruderalstellen), auf Schutthalden, an Wegrändern, in Gärten und Auwäldern; stickstoffzeigend
verwendete Pflanzenteile: Blätter, Kraut, Wurzeln, selten auch die Samen
Inhaltsstoffe (Wirkstoffe): viel Chlorophyll (Blattgrün), Flavonoide, Sitosterin
Zubereitungen: Tee, Saft
Anwendung:
- junge Pflanzen als Wildgemüse
- im biologischen Landbau zur Schädlingsbekämpfung (Brennesseljauche) und als Kompostierungsmittel (sie wächst auf Müll oder Holzabfällen und trägt zu deren Verrottung bei)
- zur Gewinnung von Chlorophyll

medizinische Anwendung:
- zur Erhöhung der Harnmenge
- zur unterstützenden Behandlung von Beschwerden beim Wasserlassen
- zur Durchspülung bei entzündlichen Erkrankungen der ableitenden Harnwege und zur Vorbeugung und Behandlung von Nierengrieß

Pflanzenabbildung:
1 Baldrian, 2 Bibernelle, 3 Blutwurz (Tormentille), 4 Brombeere, 5 Eibisch
(Maßstab siehe Seite 17)

- zur Anregung des gesamten Körperstoffwechsels; in Teemischungen für Frühjahrs- und Herbstkuren
- unterstützend bei rheumatischen Beschwerden (auch äußerlich)
- Brennessel – Haarwasser zur Haarpflege
- in der Volksmedizin bei vielen anderen Beschwerden
  (siehe Seiten 127, 130, 139, 146, 162, 163, 165, 179)

Kulturbedingungen: Die ausdauernde große Brennessel wird durch Teilung der Wurzelstöcke vermehrt; die einjährige kleine Brennessel kann aus Samen aufgezogen werden; stickstoffreicher Boden fördert das Wachstum beider Arten, ein idealer Standort wäre im Halbschatten, ist aber nicht unbedingt notwendig.
Erntezeitpunkt: Blätter und Kraut von April bis August, Wurzeln von September bis Oktober; nur an sauberen Standorten, am besten im eigenen Garten sammeln; die große Brennessel sollte nicht intensiv gesammelt werden, sie stellt eine wichtige Nahrungsquelle für Schmetterlingsraupen dar.

NEBENWIRKUNGEN / VORSICHTSMASSNAHMEN

→ Nebenwirkungen sind nicht zu befürchten
→ bei Wasseransammlungen infolge eingeschränkter Herz- oder Nierenfunktion darf jedoch keine Durchspülungstherapie durchgeführt werden (Herz und Niere sind mit der normalen Flüssigkeitszufuhr bereits überfordert)

BROMBEERE

Rubus fruticosus – Rosengewächs

Pflanzenbeschreibung: Die Brombeere tritt in vielen sehr ähnlichen Formen auf. Es handelt sich stets um dornige, bis zu 3 m hohe Sträucher, die überwinternde Schösslinge (= vegetative, nicht blühende Sprosse, die erst im zweiten Jahr Blühtriebe haben) hervorbringen. Blätter wechselständig, zumindest obere dreizählig, mit gesägtem Blättchenrand; Blüten mit 5 weißen oder rosafarbenen Blütenblättern und zahlreichen Staubblättern; Frucht aus zahlreichen zusammenhängenden Steinfrüchten bestehend, blau bis schwarz oder schwarzrot, glänzend, zusammen mit dem Blütenboden abfallend.
Vorkommen: wild wachsend in Hecken, Gebüschen an Waldrändern, Feldrainen und Mauern, auf Schuttplätzen; durchgehend vom Flachland bis zum Gebirge
verwendete Pflanzenteile: Blätter und Früchte
Inhaltsstoffe (Wirkstoffe): Blätter: Gerbstoffe, etwas Vitamin C; Früchte: Fruchtsäuren, Mineralstoffe, Vitamine
Zubereitungen: Tee aus den Blättern, Saft aus den Früchten
Anwendung:

- als Haustee anstelle von schwarzem Tee
- als Teegrundlage für Mischungen (gemeinsam mit Himbeer- und Erbeerblättern)
- bei leichten Durchfällen
- zum Gurgeln bei entzündeter Mund- und Rachenschleimhaut
  (siehe Seite 117)

Kulturbedingungen: jungen Strauch aus dem Fachhandel beziehen, es sind auch dornenlose Sorten erhältlich; wuchert stark durch Bildung von Schösslingen
Erntezeitpunkt: Blätter Mai bis August, Früchte August bis Oktober

NEBENWIRKUNGEN / VORSICHTSMASSNAHMEN
→ ohne Nebenwirkungen

BRUCHKRAUT

Herniaria glabra (kahles), H. hirsuta (behaartes Bruchkraut) – Nelkengewächse

Pflanzenbeschreibung: sehr unauffällige, dem Boden anliegende, bis 2 cm hohe (bis 30 cm im Querschnitt), mehrjährige Pflanze; Blätter gegenständig, nur bis 8 mm lang, ganzrandig, entweder kahl (kahles Bruchkraut) oder behaart (behaartes Bruchkraut); grüne, winzige Blüten (bis 1 mm), dicht geknäuelt in den Laubblattachseln, kaum sichtbar.
Vorkommen: an trockenen, sandigen Stellen, auf Äckern und Brachen, an Ruderalstellen
STARK GEFÄHRDET (Behaartes Bruchkraut)!
verwendete Pflanzenteile: Kraut
Inhaltsstoffe (Wirkstoffe): Saponine, Flavonoide, Cumarine
Zubereitungen: Tee
Anwendung:
- als harntreibendes und krampflösendes Mittel für die Harnwege
- auch als Bestandteil von Blutreinigungstees
  (siehe Seiten 126, 127)

Kulturbedingungen: kahles Bruchkraut einjährig, Aussaat in Rillen an bleibenden Standort; behaartes Bruchkraut mehrjährig, Vorzucht in Samenschalen; beide Arten sind Lichtkeimer, daher nicht ganz mit Erde bedecken
Erntezeitpunkt: Juli bis September

NEBENWIRKUNGEN / VORSICHTSMASSNAHMEN
→ in der angegebenen Dosierung (siehe Seite 126) sind keine Nebenwirkungen zu befürchten

EIBISCH

Althaea officinalis – Malvengewächs

Pflanzenbeschreibung: bis 1,5 m hohe mehrjährige Staude, Stängel und Blätter samtig behaart, obere Blätter im Umriss eiförmig, schwach dreilappig bis unzerteilt, untere Blätter handförmig gelappt; Blüten bis 20 mm lang, weiß bis hellrosa
Vorkommen: selten auf salzigen Böden und feuchten Wiesen, empfehlenswert: aus der Apotheke zu beziehen.
GESCHÜTZT!
verwendete Pflanzenteile: Wurzeln (höchster Schleimgehalt), Blätter (bzw. Blüten)
Inhaltsstoffe (Wirkstoffe): Schleimstoffe, Stärke (Wurzeln)
Zubereitungen: Tee zum Trinken und Gurgeln, Sirup
Anwendung:
- innerlich zur Hustenreizlinderung
- als Gurgelmittel
- für Bäder bei Wunden
  (siehe Seiten 89, 98, 110, 177)

Kulturbedingungen: Aussaat auf kalkreichem, humosem, feuchtem Boden in warmer Lage, anspruchslos
Erntezeitpunkt: Wurzeln von Oktober bis November, Blüten von Juli bis August, Blätter von April bis Mai (vor Eintritt der Blüte)

NEBENWIRKUNGEN / VORSICHTSMASSNAHMEN
→ es sind keine Nebenwirkungen bekannt
→ auf trockene Lagerung ist zu achten, bei feuchter Lagerung schimmeln die Blätter

EICHE
Quercus robur (Stieleiche), Qu. petraea (Traubeneiche) – Buchengewächse

Pflanzenbeschreibung: einheimische Bäume, bis 50 m hoch, einzeln stehend oder in Mischwäldern; Blätter buchtig gelappt; Stieleiche mit fast sitzenden Blättern und gestielten Fruchtständen, Traubeneiche mit gestielten Blättern und sitzenden Fruchtständen.
Vorkommen: Stieleiche vorzugsweise an feuchten, oft mageren Böden; Traubeneiche eher an trockenen Standorten
verwendete Pflanzenteile: die glatte, glänzende, borkenfreie Rinde (= Spiegelrinde) junger Zweige und Stockausschläge
Inhaltsstoffe (Wirkstoffe): Gerbstoffe
Zubereitungen: Abkochungen für Bäder
Anwendung:
- bei entzündlichen Hauterkrankungen
- zum Gurgeln bei Mund- und Rachenentzündungen
- bei Entzündungen im Genital- und Analbereich (Hämorrhoiden)
  (siehe Seiten 119, 169, 170, 175, 177)

Kulturbedingungen: Eichen werden für die Gewinnung der Rinde in eigenen Kulturen gehalten; dazu werden die Bäume stark zurückgeschnitten, bleiben niedrig und aus den Baumstümpfen wachsen viele neue, dünne Äste (= Stockausschläge), deren Rinde verwendet wird.
Erntezeitpunkt: im Frühjahr von jungen Ästen oder Stockausschlägen, deren Durchmesser maximal 6 cm beträgt

NEBENWIRKUNGEN / VORSICHTSMASSNAHMEN
→ Nebenwirkungen sind nicht bekannt
→ von einer innerlichen Anwendung ist aufgrund der starken Reizwirkung auf den Magen Abstand zu nehmen

EISENKRAUT
Verbena officinalis – Eisenkrautgewächs

Pflanzenbeschreibung: bis 100 cm hohe Pflanze mit steifem, rauhem, vierkantigem Stängel mit starr abstehenden, nackten Ähren mit kleinen, rötlichen oder blassblauen Blüten; Stängelblätter gegenständig, im unteren Abschnitt gestielt und fast ungeteilt, oben sitzend, meist dreispaltig geteilt, Zipfeln mit gesägtem Rand

Vorkommen: ausdauerndes Unkraut, an Mauern, Wegrändern, an Schuttplätzen und Hecken
verwendete Pflanzenteile: blühendes Kraut
Inhaltsstoffe (Wirkstoffe): Iridoid-Glykoside, Flavonoide, Bitterstoffe, Gerbstoffe, Spuren von ätherischem Öl
Zubereitungen: Tee
Anwendung:
vorwiegend in der Volksmedizin:
- bei Husten und Erkältungskrankheiten
- bei Magen- Darm-Störungen
- als wassertreibendes Mittel
- als Haustee

Kulturbedingungen: Aussaat an einen sonnigen Standort; mehrjährig, anspruchslos

NEBENWIRKUNGEN / VORSICHTSMASSNAHMEN
→ Nebenwirkungen sind nicht bekannt

VERWECHSLUNGSMÖGLICHKEITEN
→ Unter den Bezeichnungen „duftender Verbena Tee" oder „echter Verbenentee" sind die Blätter des Zitronenstrauchs gemeint (Lippia triphylla)

ENGELWURZ (ANGELIKA)

Angelica archangelica – Doldenblütler

Pflanzenbeschreibung: bis 3 m hoher, zweijähriger, kräftig würzig riechender Doldenblütler mit hohlem, gerilltem Stängel; kleine, gelbliche bis grünlich gelbe Blüten in 20–40-strahligen Doppeldolden (halbkugelig) angeordnet, Hüllblätter fehlen, Hüllchenblätter vorhanden; unbehaarte Blätter mit runden Stielen mit großen, bauchigen Scheiden, an Unterseite blaugrün, 2–3fach gefiedert.
Vorkommen: heimisch in Nord- und Osteuropa, in den Sudeten und Karpaten; bei uns als Arznei- und Gewürzpflanze kultiviert und zum Teil verwildert
verwendete Pflanzenteile: Wurzel
Blätter und Blattstiele als Gewürz
Inhaltsstoffe (Wirkstoffe): ätherisches Öl, Bitterstoffe, Gerbstoffe, Furanocumarine
Zubereitungen: Tee, Medizinalwein, Bad
Anwendung:
- als verdauungsförderndes und appetitanregendes Mittel
- als blähungstreibendes Mittel
- bei Völlegefühl und leichten krampfartigen Magen-Darm-Beschwerden
- als Bad bei Rheuma
  (siehe Seiten 108, 109, 112)

Kulturbedingungen: auf nahrhaftem, tiefgründigem humosem Boden anbauen, nur frische Samen verwenden; Freilandpflanzung von März bis April, an feuchten, auch halbschattigen Standorten, genügend Platz einplanen
Erntezeitpunkt: Wurzeln September bis Oktober

NEBENWIRKUNGEN / VORSICHTSMASSNAHMEN

→ aufgrund der Steigerung der Magensaftproduktion nicht bei bestehender Magenübersäuerung und bei Magen- und Darmgeschwür anwenden
→ reines ätherisches Öl nicht innerlich anwenden
→ bei längerer Einnahme pralles Sonnenlicht meiden, Furanocumarine machen lichtempfindlich und können zu Hautreizungen führen

VERWECHSLUNGSMÖGLICHKEITEN

→ sorgfältig bestimmen, es gibt ähnliche, giftige Doldenblütler; sehr gefährlich wäre eine Verwechslung mit dem Wasserschierling, dieser kommt vorwiegend auf ausgesprochen nassen Standorten vor; Engelwurz daher nicht an diesen Standorten sammeln.

ENZIAN

Gentiana lutea (gelber Enzian) und andere (punktierter, Purpur- und Ostalpen-Enzian) – Enziangewächse

Pflanzenbeschreibung: bis 140 cm hohe, kräftige, ausdauernde, unverzweigte Gebirgspflanze mit kahlem, hohlem Stängel; untere Blätter kurz gestielt, obere sitzend, gegenständig angeordnet, eiförmig, ganzrandig, bläulich grün, 5–7 Nerven deutlich sichtbar; goldgelbe Blüten (beziehungsweise schmutziggelbe beim punktierten, purpurne beim Purpur- und Ostalpen-Enzian) in den Achseln der oberen Blätter in dichten Scheinquirlen; Wurzel lang und kräftig; eine ausgewachsene Pflanze in der Natur ist 10–15 Jahre alt oder noch älter
Vorkommen: auf kalkreichen Magerwiesen und in Hochstaudenfluren der Alpen.
GEFÄHRDET!
verwendete Pflanzenteile: Wurzel
Inhaltsstoffe (Wirkstoffe): Bitterstoffe
Zubereitungen: Tee, Tinktur
Anwendung:

- als appetitanregendes Mittel
- zur Verdauungsförderung
- bei Völlegefühl und Blähungen
- bei mangelnder Magensaftbildung
- als Stärkungsmittel

(siehe Seiten 106, 107, 121, 145)

Kulturbedingungen: Vermehrung durch Aussaat auf tiefgründigem Boden, braucht tiefe Temperaturen für die Keimung (Frostkeimer); für den Hausgebrauch aufgrund der langen Kulturzeit (Wurzelernte von etwa fünfjährigen Pflanzen) nicht lohnend
Erntezeitpunkt: Aufgrund der großen Gefährdung, der schwierigen Kultivierung und der Verwechslungsmöglichkeit mit dem sehr giftigen Germer empfiehlt es sich, die Enzianwurzel nur aus der Apotheke zu beziehen, diese stammt aus Kulturen.

NEBENWIRKUNGEN / VORSICHTSMASSNAHMEN

→ bei empfohlener Dosierung (siehe Seiten 106, 107) sind keine Nebenwirkungen zu befürchten

→ aufgrund der Steigerung der Magensaftproduktion nicht bei bestehender Magenübersäuerung und bei Magen- und Darmgeschwüren anwenden
→ bei besonders empfindlichen Personen können Kopfschmerzen auftreten

VERWECHSLUNGSMÖGLICHKEITEN
Verwechslungen mit dem sehr giftigen Germer sind möglich! Dieser unterscheidet sich zwar im blühenden Zustand eindeutig vom Enzian. Da die Enzianwurzel aber nicht zur Blütezeit gesammelt wird, müssen die Blätter sorgfältig bestimmt werden.

	Enzian	**Weißer Germer**
Blütenstand	Scheinquirlen	endständige Rispe
Blütenfarbe	gelb (bzw. schmutziggelb oder purpurn)	weißgrün
Blattstellung	gegenständig	schraubig in Dreierwirteln
Blatt	glänzend	typischer Enzianglanz fehlt
	unbehaart	unterseits behaart
Wurzel	dick, braun	dünn
	bitter schmeckend	nicht bitter schmeckend

Schon der Verzehr eines fingernagelgroßen Stückes der Germerwurzel führt zu schwerwiegenden Vergiftungen (Erbrechen, Muskelkrämpfe, Blutdruckabfall, Koma).

ERDBEERE

Fragaria vesca – Rosengewächs

Pflanzenbeschreibung: bis 20 cm hohe Staude, bildet zahlreiche lange Ausläufer, die am Boden kriechen und sich bewurzeln; Blüten mit 5 weißen Kronblättern, 5 grünen Kelchblättern und ganzrandigen Außenkelchblättern, zahlreiche Staubblätter; Laubblätter langgestielt, 3-zählig, Blättchen sitzend, Rand gesägt, oberseits hellgrün und unterseits weiß bis graugrün behaart; Fruchtboden vergrößert sich nach der Blüte, wird fleischig und entwickelt sich zur Erdbeere, die eine „Scheinfrucht“ darstellt und die eigentlichen kleinen Früchte (Nüsschen) trägt
Vorkommen: in lichten, nicht zu trockenen Laub- und Nadelwäldern, in Waldschlägen und an Waldrändern; bis hinauf an die Waldgrenze der Berge
verwendete Pflanzenteile: Blätter, Früchte (selten Wurzel)
Inhaltsstoffe (Wirkstoffe): Gerbstoffe, wenig ätherisches Öl, Vitamin C
Zubereitungen: Tee
Anwendung:
- junge Blätter als Haustee
- als Gurgelmittel bei entzündeten Schleimhäuten
- bei leichten Durchfällen
- Früchte als Wildobst und zur Marmeladenherstellung (siehe Seite 117)

Kulturbedingungen: ganze Pflanze einsetzen, vermehrt sich durch Ausläufer
Erntezeitpunkt: Blätter April bis Mai, Früchte Juli bis August

NEBENWIRKUNGEN / VORSICHTSMASSNAHMEN

→ Manche Menschen reagieren auf frische Erdbeeren allergisch und bekommen juckende Hautausschläge; sie müssen daher die Walderdbeeren meiden; ein Tee aus den Blättern wird von diesen Menschen aber meistens gut vertragen.

VERWECHSLUNGSMÖGLICHKEITEN

→ sehr ähnlich ist die ***Scheinerdbeere,*** die häufig kultiviert wird; ihre Blütenblätter sind jedoch gelb und ihre Außenkelchblätter dreilappig (Erdbeere ganzrandig), die Früchte sind kugelig und leuchtend rot und sehen den Erdbeeren sehr ähnlich, sind jedoch von fadem Geschmack

ERDRAUCH

Fumaria officinalis – Erdrauchgewächs

Pflanzenbeschreibung: 15 bis 30 cm hohe, einjährige, zierliche Pflanze, die blaugrün bereift und unbehaart ist; Stängel hohl, dünn, zart und stark verästelt; Blätter wechselständig, im unteren Stängelabschnitt gestielt, im oberen sitzend; Blätter doppelt bis dreifach gefiedert mit kleinen, schmalen Fiederabschnitten; kräftig purpurrosa, zygomorphe (einfach symmetrische) Blüten bis 9 mm (inklusive Sporn), in allseitswendiger Traube, an der Spitze mit einem schwarz-roten Fleck, oberstes Kronblatt gespornt.
Vorkommen: auf nährstoffreichen, lehmigen, frischen Äckern, in Weingärten, auf Schuttstellen und Brachland
verwendete Pflanzenteile: Kraut
Inhaltsstoffe (Wirkstoffe): Alkaloide (in sehr geringen Mengen), Flavonoide, Pflanzensäuren, Schleimstoffe
Zubereitungen: Tee, auch Fertigpräparate erhältlich
Anwendung:

- bei krampfartigen Beschwerden im Bereich der Gallenblase und der Gallenwege
- bei krampfartigen Beschwerden im Magen-Darm-Trakt
  (siehe Seite 123)

Kulturbedingungen:
Erntezeitpunkt: blühendes Kraut von Juni bis Juli sammeln und gebüschelt an einem schattigen Ort trocknen

NEBENWIRKUNGEN / VORSICHTSMASSNAHMEN

→ die enthaltenen Alkaloide sind zwar als giftig einzustufen, sie sind jedoch in sehr geringen Mengen enthalten, sodass bei der angegebenen Dosierung (siehe Seite 123) keine Nebenwirkungen zu befürchten sind
→ bei Überdosierung können Bauchschmerzen auftreten

FAULBAUM

Frangula alnus – Kreuzdorngewächs

Pflanzenbeschreibung: bis 4 m hoher Strauch oder kleiner Baum, Zweige ohne Dornen; Rinde mit zahlreichen grauweißen Lentizellen (Entlüftungsgewebe)

besetzt, ansonsten glatt, außen graubraun und glänzend, innen rötlich; Blätter wechselständig, Stiel bis 15 mm lang, Spreite ganzrandig, elliptisch mit deutlichem Hauptnerv und 7–9 Paaren parallelen Seitennerven, die unterseits stark hervortreten; unscheinbare Blüten, die zu 2–6 in den Achseln der Laubblätter stehen und etwa 5 mm lang gestielt sind; Steinfrüchte zunächst grün, dann rot, reif schwarz, bis 10 mm im Durchmesser, giftig
Vorkommen: in Auwäldern, Erlenbrüchen, Sümpfen, auf mageren Standorten, auch in Gebüsch- und Waldgesellschaften
verwendete Pflanzenteile: Rinde, die ein Jahr gelagert wurde
Inhaltsstoffe (Wirkstoffe): Anthraderivate
Zubereitungen: Tee
Anwendung:
- ◆ Abführmittel (Wirkungseintritt 6–8 Stunden nach der Einnahme)
- ◆ bei allen Erkrankungen, bei denen eine leichte Darmentleerung erwünscht ist (Hämorrhoiden, Analrisse)
  (siehe Seiten 115, 119)

Erntezeitpunkt: Ende Mai bis Ende Juli; es empfiehlt sich aber, die Faulbaumrinde aus der Apotheke zu beziehen, da sie hier garantiert vorschriftsmäßig gelagert wurde

NEBENWIRKUNGEN / VORSICHTSMASSNAHMEN

- → nur die mindestens ein Jahr gelagerte Rinde verwenden, frische Rinde führt zu Erbrechen und Durchfällen
- → als Abführmittel nicht für den Dauergebrauch bestimmt, dies kann zu einer Verstärkung der Darmträgheit führen
- → nicht in der Schwangerschaft und Stillzeit anwenden
- → generell dürfen Abführmittel nicht bei Darmverschluss angewendet werden

VERWECHSLUNGSMÖGLICHKEITEN

- → *Kreuzdorn* ähnlich, von diesem werden die reifen Beeren und auch die Rinde als Abführmittel verwendet; die Zweige des Kreuzdorns laufen in einen geraden Dorn aus, seine Blätter stehen gegenständig und weisen einen gesägten Blattrand auf; die Blüten stehen in Trugdolden

FENCHEL

Foeniculum vulgare – Doldenblütler

Pflanzenbeschreibung: meist 1–2 m hohe, mehrjährige Pflanze von blaugrüner Farbe; Laubblätter wechselständig mit großen Blattscheiden, stark zerteilt, Blattzipfel schmal bis haarförmig; gelbe Blüten in vielstrahligen Doppeldolden, die bis 15 cm im Durchmesser betragen, Hülle und Hüllchen fehlen; Doppelfrüchte bis 12 mm lang mit deutlichen Längsrippen, meist in Teilfrüchte zerfallen; charakteristischer, würzig süßer Geruch.
Vorkommen: heimisch im Mittelmeergebiet, bei uns kultiviert, selten verwildert
verwendete Pflanzenteile: Früchte, Blätter als Gewürz und Gemüse (Gemüsefenchel ist eine eigene Kultursorte mit verdickten Laubblattscheiden)
Inhaltsstoffe (Wirkstoffe): hauptsächlich ätherisches Öl (ähnlich Anis), daneben fettes Öl, Zucker und Eiweiß

Zubereitungen: Tee, aromatische Wässer, Sirup, Honig
Anwendung:
- als schleimlösendes Mittel
- als blähungstreibendes Mittel, vor allem bei Kindern
- bei leichten, krampfartigen Magen-Darm-Beschwerden
- äußerlich für Augenwaschungen
- als Gewürz

(siehe Seiten 92, 103, 112, 158, 176)

Kulturbedingungen: Aussaat auf nährstoffreiche, kalkhaltige Böden; an warmen, vollsonnigen Standorten; Winterschutz notwendig! Für eine Kultur in Töpfen gut geeignet
Erntezeitpunkt: Mitte Juli bis Mitte September. Arzneilich verwendeter Fenchel stammt ausschließlich aus Kulturen (China, Bulgarien, Ungarn, Ägypten)

NEBENWIRKUNGEN / VORSICHTSMASSNAHMEN
→ in seltenen Fällen kann es zu allergischen Reaktionen kommen

VERWECHSLUNGSMÖGLICHKEITEN
→ sorgfältig bestimmen, Doldenblütler können leicht miteinander verwechselt werden; einige davon – wie der Wasserschierling – sind sehr giftig

FIEBERKLEE (BITTERKLEE)

Menyanthes trifoliata – Fieberkleegewächs

Pflanzenbeschreibung: bis 1 m langer, kriechender Wurzelstock, der sich an den Knoten bewurzelt und sie im Boden befestigt; das Ende dieser Grundachse richtet sich auf, wird bis 30 cm hoch und trägt gestielte Laubblätter, die dreigeteilt (kleeblattähnlich) sind, die Blättchen sind ganzrandig, fast sitzend, elliptisch bis verkehrt eiförmig, bis 10 cm lang und sehr bitter; die weißen Blüten stehen in einer lang gestielten Traube, die Krone ist trichterförmig ausgebreitet, bis 15 mm im Durchmesser und innen dichtbärtig
Vorkommen: an Teich- und Seeufern, in Sümpfen und Mooren, in Schwingrasen und auf nassen Wiesen.
GESCHÜTZT!
verwendete Pflanzenteile: Blätter
Inhaltsstoffe (Wirkstoffe): Bitterstoffe, Gerbstoffe
Zubereitungen: Tee
Anwendung:
- als appetitanregendes Mittel
- zur Anregung der Verdauung
- in der Volksmedizin bei Fieber

(siehe Seite 107)

Kulturbedingungen: im sumpfigen Gelände oder Teich, Vermehrung durch Rhizome
Erntezeitpunkt: Juni bis August; nicht in freier Natur sammeln!

NEBENWIRKUNGEN / VORSICHTSMASSNAHMEN
→ in der empfohlenen Dosierung (siehe Seite 107) sind keine Nebenwirkungen bekannt

FRAUENMANTEL

Alchemilla vulgaris – Rosengewächs

Pflanzenbeschreibung: Aggregat vielgestaltiger, ähnlicher Arten; bis 50 cm hohe, ausdauernde Pflanzen; Blätter im Umriss fast kreisrund, bis 8 cm groß, handförmig geteilt, gefaltet, Blattrand gesägt, meist dicht behaart; in der Mitte des Blattes meist ein Wassertropfen, der von der Pflanze abgegeben wird; gelblich grüne, unscheinbare Blüten, (keine Krone), in dichten Knäueln stehend
Vorkommen: in Gebüschen, lichten Wäldern, auf Wiesen, an Bachufern, Wald- und Straßenrändern
verwendete Pflanzenteile: Kraut
Inhaltsstoffe (Wirkstoffe): Gerbstoffe, Bitterstoffe, wenig ätherisches Öl
Zubereitungen: Tee
Anwendung:

- ◆ zur unterstützenden Therapie bei akuten Durchfallerkrankungen und Magen-Darm-Störungen
- ◆ in der Volksmedizin häufig bei Frauenleiden wie Wechselbeschwerden oder zu starker Monatsblutung
- ◆ äußerlich für Sitzbäder
  (siehe Seiten 148, 150, 151)

Kulturbedingungen: Anbau möglich, zu einem schnelleren Ertrag kommt man durch Einsetzen von Jungpflanzen; Vermehrung durch Aussaat oder Teilung der Stöcke; gedeiht an sonnigen und schattigen Standorten, an Mauern, Säumen oder als Bodendecker unter Bäumen oder Sträuchern
Erntezeitpunkt: während der Blüte von Mai bis August

NEBENWIRKUNGEN / VORSICHTSMASSNAHMEN

→ Nebenwirkungen sind nicht bekannt

GÄNSEFINGERKRAUT

Potentilla anserina – Rosengewächs

Pflanzenbeschreibung: meist ca. 20 cm hohe Pflanze mit ausdauerndem Wurzelstock, aus dem sich eine Blattrosette und liegende, rankende, an den Knoten sich bewurzelnde Ausläufer bilden; Laubblätter gefiedert mit bis zu 12 Fiederpaaren, Blättchen unterseits silbrig behaart, Rand scharf gesägt; Blüten endständig, lang gestielt, mit 5 leuchtend gelben Kronblättern, die fast doppelt so lang wie die Kelchblätter sind, zahlreiche Staubblätter.
Vorkommen: in feuchten Gräben, auf Wiesen, an Weg- und Straßenrändern und auf Ödland
verwendete Pflanzenteile: Kraut
Inhaltsstoffe (Wirkstoffe): Gerbstoffe, Bitterstoffe, Flavonoide
Zubereitungen: Tee
Anwendung:

- ◆ als Gurgelmittel bei Entzündungen der Mund- und Rachenschleimhaut
- ◆ zur unterstützenden Therapie bei akuten, unspezifischen Durchfallerkrankungen mit leichten, krampfartigen Magen-Darm-Beschwerden
- ◆ bei krampfartigen Menstruationsbeschwerden
  (siehe Seiten 100, 117, 139, 148)

Kulturbedingungen:
anspruchslos, Vermehrung durch Ausläufer
Erntezeitpunkt: zur Blütezeit die Fiederblätter; rasch trocknen bei einer Temperatur unter 45 °C

NEBENWIRKUNGEN / VORSICHTSMASSNAHMEN

→ bei einem Reizmagen können bereits bestehende Beschwerden verstärkt werden

GOLDRUTE

Solidago virgaurea – Korbblütler

Pflanzenbeschreibung: bis 100 cm hohe, ausdauernde Pflanze; Laubblätter wechselständig, untere gestielt, obere fast sitzend, länglich – elliptisch, entfernt gezähnt; Körbchen traubig oder rispig angeordnet mit dachziegelartigen Hüllblättern, Zungenblüten deutlich länger als die Hülle, überragen die Röhrenblüten weit
Vorkommen: auf trockenen Wiesen und Kahlschlägen, in lichten Wäldern, an sonnigen Hügeln, Berghängen und Straßenböschungen, am Waldrand
verwendete Pflanzenteile: Kraut
Inhaltsstoffe (Wirkstoffe): ätherisches Öl, Gerbstoffe, Bitterstoffe, Saponine und Flavonoide
Zubereitungen: Tee
Anwendung:
- zur Durchspülungstherapie bei entzündlichen Erkrankungen der ableitenden Harnwege
- bei Harnsteinen und Nierengrieß, auch zur Vorbeugung
- vorwiegend in der Volksmedizin zur Anregung des Stoffwechsels und bei Rheuma und Gicht
- auch in einem Kombinationspräparat, das gegen Rheuma eingesetzt wird, enthalten
  (siehe Seite 126)

Kulturbedingungen: Samen direkt ins Freiland aussäen oder in Saatschale vorziehen, anspruchslos
Erntezeitpunkt: während der Blüte von Juli bis September

NEBENWIRKUNGEN / VORSICHTSMASSNAHMEN

→ Nebenwirkungen sind nicht bekannt
→ bei Wasseransammlungen infolge eingeschränkter Herz- oder Nierenfunktion darf keine Durchspülungstherapie durchgeführt werden (Herz und Niere sind mit der normalen Flüssigkeitszufuhr bereits überfordert!)

VERWECHSLUNGSMÖGLICHKEITEN

→ ***Kanadische*** und ***Riesengoldrute,*** haben aber ähnliche Wirkung

HAGEBUTTE

Rosa canina – Rosengewächs

Pflanzenbeschreibung: bis 3 m hoher Strauch; Blätter wechselständig, aus 5–7

Fiederblättchen mit gesägtem Rand; Blüten 5-zählig, hell rosarot, aus der Blütenachse entwickeln sich die roten „Scheinfrüchte" (Hagebutten), die im Inneren mit Borstenhaaren ausgestattet sind (Juckpulver!) und die eigentlichen Früchte, nämlich zahlreiche steinharte Nüsschen enthalten
Vorkommen: in Hecken, Gebüschen, an Waldrändern und Weidefluren; häufig
verwendete Pflanzenteile: Scheinfrüchte mit oder ohne Nüsschen (fälschlich als Samen bezeichnet)
Inhaltsstoffe (Wirkstoffe): viel Vitamin C, andere Vitamine, Mineralstoffe, Fruchtsäuren
Zubereitungen: Tee, Marmelade
Anwendung:
- ◆ bei Erkältungskrankheiten, auch zur Vorbeugung
- ◆ leicht abführende Wirkung
- ◆ für Frühjahrskuren
  (siehe Seite 96)

Kulturbedingungen: vom Wildstandort versetzen
Erntezeitpunkt: Früchte nach dem ersten Frost (Oktober bis November)

NEBENWIRKUNGEN / VORSICHTSMASSNAHMEN
→ sehr selten, bei Dauergebrauch allergische Hautreaktionen

HAUHECHEL
Ononis spinosa – Schmetterlingsblütler

Pflanzenbeschreibung: bis 60 cm hoher dorniger Halbstrauch; aus einer langen, kräftigen Pfahlwurzel entwickelt sich der aufrechte, einreihig behaarte, verzweigte Stängel; 3-zählige, gezähnte Blätter mit Nebenblättern; rosarote Schmetterlingsblüten in lockeren, traubigen, beblätterten Blütenständen
Vorkommen: an sonnigen, trockenen Plätzen, an Wald-, Weg- und Ackerrändern
verwendete Pflanzenteile: Wurzel
Inhaltsstoffe (Wirkstoffe): ätherisches Öl, Flavonoide, Gerbstoffe
Zubereitungen: Tee
Anwendung:
- ◆ zur Durchspülung bei entzündlichen Erkrankungen der ableitenden Harnwege
- ◆ zur Vorbeugung und Behandlung von Nierengrieß
  (siehe Seite 127)

Kulturbedingungen: Samen an bleibenden Standort aussäen
Erntezeitpunkt: Wurzel März bis April und von September bis Mitte November

NEBENWIRKUNGEN / VORSICHTSMASSNAHMEN
→ Nebenwirkungen sind keine zu erwarten
→ bei Wasseransammlungen infolge eingeschränkter Herz- oder Nierenfunktion darf keine Durchspülungstherapie durchgeführt werden (Herz und Niere sind mit der normalen Flüssigkeitszufuhr bereits überfordert)

HEIDELBEERE

Vaccinium myrtillus – Heidekrautgewächs

Pflanzenbeschreibung: meist ca. 30 cm hoher Halbstrauch; Stängel kräftig, aufrecht bis aufsteigend, verzweigt; zumindest die jüngeren Zweigachsen scharfkantig und grün; Blätter hellgrün, spitz, wechselständig, kurz gestielt, eiförmig bis elliptisch und fein gesägt, Blüten einzeln in den Achseln der Laubblätter, nickend, kugelig – krugförmig, grünlich, meist rötlich überlaufen; Früchte blauschwarz, meist bereift, Fruchtfleisch und -saft violett, stark färbend
Vorkommen: in schattigen, bodensauren Wäldern (auch Fichtenstreu säuert den Boden zumindest oberflächlich an), Torfmooren und Zwergstrauchheiden
verwendete Pflanzenteile: Blätter, getrocknete Früchte
Inhaltsstoffe (Wirkstoffe): hauptsächlich Gerbstoffe, auch Flavonoide, Mineralstoffe, Fruchtsäuren
Zubereitungen: Tee
Anwendung:

- getrocknete Beeren bei unspezifischen, akuten Durchfallerkrankungen
- bei Entzündungen der Mund- und Rachenschleimhaut
- in der Volksmedizin Blätter auch zur unterstützenden Behandlung bei Zuckerkrankheit; dazu wäre eine Langzeiteinnahme erforderlich, die aber die Gefahr einer chronischen Vergiftung mitbringt und daher abzulehnen ist
- frische Beeren wirken leicht abführend
  (siehe Seiten 100, 117, 118, 120, 121, 157, 177)

Kulturbedingungen: sehr schwierig, saurer Boden Voraussetzung
Erntezeitpunkt: Blätter und reife Beeren von Juli bis August

NEBENWIRKUNGEN / VORSICHTSMASSNAHMEN

→ bei Verwendung der Beeren sind keine Nebenwirkungen zu erwarten
→ bei höherer Dosierung oder längerem Gebrauch der Blätter kann es zu chronischen Vergiftungserscheinungen kommen

VERWECHSLUNGSMÖGLICHKEITEN

→ ***Rauschbeere*** ähnlich, diese hat aber stumpfe, blaugrüne und nicht gezähnte Blätter, die Äste sind rund und braun, die Blüten weißlich rosa; Rauschbeeren sind außerdem innen farblos; Rauschbeere steht im Verdacht giftig zu sein, eventuell ist für die Vergiftung aber ein in den Beeren gelegentlich schmarotzender Pilz verantwortlich; dies könnte auch erklären, warum es nur in manchen Fällen zu Vergiftungserscheinungen kommt

HEUBLUMEN

Die Drogenbezeichnung (Flos Graminis = Heublumen) fasst Vertreter verschiedener Familien zusammen, vorwiegend aus der Familie der Süßgräser

Pflanzenbeschreibung: verschiedene Grasblüten, die als Nebenprodukt bei der Heuernte anfallen
Inhaltsstoffe (Wirkstoffe): keine genauen Angaben möglich; Gerbstoffe, ätherisches Öl, Cumarine
Zubereitungen: Bäder, Umschläge

Anwendung:
- zur lokalen Durchblutungssteigerung
- bei Rheuma
- zur Beruhigung und Entspannung verkrampfter Muskulatur
- zur Schmerzlinderung
  (siehe Seiten 133, 140, 144, 165, 168, 173)

Erntezeitpunkt: geerntetes Heu wird durch mehrfaches Sieben von groben Stängelteilen, dann von Sand, Erde und Staub befreit und trocken aufbewahrt

NEBENWIRKUNGEN / VORSICHTSMASSNAHMEN

→ in sehr seltenen Fällen kann es zu allergischen Hautreaktionen kommen; Personen, die an Heuschnupfen leiden, reagieren vor allem auf den Blütenstaub allergisch, feuchte Anwendungen von Heublumen jedoch werden auch von Allergikern meist gut vertragen

HIMBEERE

Rubus idaeus – Rosengewächs

Pflanzenbeschreibung: bis 2 m hoher Strauch, der wie die Brombeere überwinternde, vegetative Triebe bildet; Achse mit zarten, schwarzpurpurnen Stacheln; Blätter 3–7-zählig gefiedert, Blättchen eiförmig, unterseits weißfilzig behaart, Rand gesägt; Blüten 5-zählig in lockeren Trauben; Früchte rot (Sammelsteinfrucht wie Brombeere)
Vorkommen: auf Waldschlägen und -säumen, in lichten Wäldern, an Waldrändern und Böschungen
verwendete Pflanzenteile: Blätter, Früchte
Inhaltsstoffe (Wirkstoffe): in den Blättern Gerbstoffe; in den Früchten Fruchtsäuren, Vitamine, Mineralstoffe
Zubereitungen: Tee
Anwendung:
- als Haustee in Kombination mit Erdbeer- und Brombeerblättern
- bei leichten Durchfällen
- als Gurgelmittel bei Schleimhautentzündungen im Mund- und Rachenbereich
- als Wildobst
  (siehe Seiten 117, 152)

Kulturbedingungen: Jungpflanzen aus dem Fachhandel beziehen, für reichen Fruchtertrag alte Fruchtstände abschneiden
Erntezeitpunkt: Blätter von Mai bis Juni; Früchte von Juli bis August

NEBENWIRKUNGEN / VORSICHTSMASSNAHMEN

Nebenwirkungen sind nicht bekannt

HIRTENTÄSCHEL

Capsella bursa pastoris – Kreuzblütler

Pflanzenbeschreibung: bis 70 cm hohes, zweijähriges Kraut; Blattrosette aus schrotsägeförmigen Blättern; Stängel verzweigt oder einfach mit wenigen, sitzenden Blättern; blüht und fruchtet das ganze Jahr hindurch, Blüten klein,

4-zählig, Früchte gestielt, dreieckig mit geraden oder etwas konvexen Rändern, 5–10 mm lang.
Vorkommen: als Unkraut in Gärten, auf Äckern und Schuttplätzen, an Wegen und Böschungen, auf Wiesen und in Mauern (auch zwischen Pflastersteinen)
verwendete Pflanzenteile: Kraut
Inhaltsstoffe (Wirkstoffe): vorwiegend Flavonoide
Zubereitungen: Tee
Anwendung:
- bei Nasenbluten
- bei übermäßiger Monatsblutung
- äußerlich bei oberflächlichen, blutenden Hautverletzungen (siehe Seite 150)

Kulturbedingungen: Anbau einfach auf offenen Boden, größere, schattenspendende Pflanzen fern halten
Erntezeitpunkt: unbedenklich ganzes Jahr über möglich; nur an sauberen Stellen (in Kleefeldern, auf brachliegenden Äckern) und nur pilzfreie Individuen sammeln!

NEBENWIRKUNGEN / VORSICHTSMASSNAHMEN
→ Nebenwirkungen sind nicht bekannt

HOLUNDER
Sambucus nigra (schwarzer), Sambucus racemosa (roter Holunder)
Geißblattgewächse

Pflanzenbeschreibung: bis 7 m hoher Strauch; Mark der Äste weiß; Laubblätter (wie Rinde) eigenartig riechend, lange vor den Blüten erscheinend, gefiedert mit eiförmigen, gesägten, bis circa 10 cm langen Blättchen; Blüten weiß, bis 8 mm im Durchmesser, eigenartig riechend, in bis zu 20 cm breiten Schirmrispen; Frucht schwarz, bis 6 mm im Durchmesser mit dunkel purpurnem Saft
Vorkommen: an nährstoffreichen, gut mit Wasser versorgten Böden in der Nähe menschlicher Siedlungen
verwendete Pflanzenteile: Blüten, Früchte
Inhaltsstoffe (Wirkstoffe): ätherisches Öl, Flavonoide, Gerbstoffe, Schleime
Zubereitungen: Tee aus den Blüten; Saft aus den Früchten
Anwendung:
- bei fieberhaften Erkältungskrankheiten als schweißtreibendes Mittel
- auch zur Vorbeugung gegen Erkältungskrankheiten (siehe Seiten 95, 105, 134, 182)

Kulturbedingungen: am besten Jungpflanzen aus dem Fachhandel beziehen und in eine Ecke des Gartens oder in die Nähe des Komposthaufens setzen; Holunder braucht lockeren, gut mit Wasser und Nährstoffen versorgten Boden
Erntezeitpunkt: Schirmrispen ab Mitte Mai bis Ende Juli ernten, von den ge-

Foto: Kräutertees
Wollblumen(Königskerzen)tee (vorne) ist ein gutes Hustenmittel, Malvenblütentee (links) liefert eine reizmildernde Gurgellösung und Hagebuttentee (rechts) ist aufgrund seines Vitamin-C-Gehalts in Grippezeiten sehr zu empfehlen.

NEBENWIRKUNGEN / VORSICHTSMASSNAHMEN

→ in der angegebenen Dosierung sind keine Nebenwirkungen zu befürchten (siehe Seite 142)

HUFLATTICH

Tussilago farfara – Korbblütler

Pflanzenbeschreibung: Sprosse mit Schuppenblättern erscheinen zeitig im Frühjahr vor den Laubblättern; diese körbchentragenden Sprosse sind im blühenden Zustand bis 15 cm, im fruchtenden bis 40 cm lang; Körbchen von dachziegelartigen Hüllblättern umgeben, außen mit gelben Zungen- und innen mit gelben Röhrenblüten;Laubblätter bis 20 cm lang, lang gestielt, handförmig lappig, grob gezähnt, oben dunkelgrün, unterseits weiß filzig (Filz abwischbar), von rehlederartiger Konsistenz und mit kurzen, schwärzlichen Zahnspitzen
Vorkommen: bevorzugt auf lehmigen, tonigen Böden, meist auf Ödland, auf Schuttplätzen, an Böschungen, auf Eisenbahndämmen, auch an Acker- und Wegrändern
verwendete Pflanzenteile: Laubblätter
Inhaltsstoffe (Wirkstoffe): Schleimstoffe; **in Spuren** können **giftige Pyrrolizidinalkaloide** enthalten sein (leberschädigend, im Tierversuch in sehr hohen Dosen krebserregend)
Zubereitungen: Tee, Saft
Anwendung:

◆ bei Husten, Heiserkeit und leichten Entzündungen der Mund- und Rachenschleimhaut
(siehe Seite 90)

Erntezeitpunkt: nicht in freier Natur ernten, Droge in Deutschland, NUR aus der Apotheke beziehen (in Österreich ist sie nicht erhältlich); siehe Vorsichtsmaßnahmen

NEBENWIRKUNGEN / VORSICHTSMASSNAHMEN

→ Der Huflattich ist heute sehr in Verruf geraten, da er in Spuren stark giftige Alkaloide enthalten kann. Eine österreichische Verordnung bestimmt, dass Huflattich nicht in den österreichischen Handel kommen darf, außer es wird nachgewiesen, dass er frei von diesen Alkaloiden ist. In der Praxis bedeutet dies, dass Huflattich in Österreich nicht erhältlich ist.

→ In Deutschland wurden Grenzwerte für diese Alkaloide festgesetzt. Die Einhaltung dieser Grenzwerte ist bei der Apothekenware gewährleistet. Sowohl die Droge, als auch Säfte und andere Zubereitungen dürfen daher NUR IN APOTHEKEN gekauft werden. Weiters gilt eine zeitliche Begrenzung der Anwendung von maximal 4–6 Wochen pro Jahr. Die tägliche Drogenmenge soll maximal 6 g (ungefähr 5–6 Teelöffel) betragen.

→ Ein Selbersammeln der Blätter birgt zweierlei Gefahren in sich: Es können in freier Natur Pflanzen mit erhöhtem Gehalt an Alkaloiden vorkommen, was man den Pflanzen aber nicht ansieht. Außerdem – und darin liegt eine sehr große Gefahr – werden die Blätter des Huflattichs häufig mit den Blättern der Pestwurz oder anderen Arten verwechselt, die einen viel höheren Alkaloidgehalt aufweisen als der Huflattich selbst. Alle Vergiftungsfälle, die in Zusammenhang mit dem Huflattich berichtet wurden, beruhten auch auf derartigen Verwechslungen.

Die Forschung hat sich dieser Problematik angenommen und Huflattichpflanzen gesucht, die frei von diesen giftigen Alkaloiden sind. Diese Pflanzen wurden tatsächlich gefunden und durch Gewebekulturtechniken vermehrt. Sie stellen heute bereits das Ausgangsmaterial für alkaloidfreie Huflattichzubereitungen dar. Schon bald wird es wieder genügend alkaloidfreie Huflattichblätter am Markt geben.

VERWECHSLUNGSMÖGLICHKEITEN

→ verschiedene ***Pestwurzarten:***
diese blühen wie der Huflattich vor dem Blattaustrieb, haben ebenfalls einen blattlosen Stängel, der aber zahlreiche Körbchen trägt, die nur von einer Reihe von Hüllblättern umgeben sind und nur aus Röhrenblüten bestehen (diese weiß bei der weißen, rötlich bei der gewöhnlichen und der Alpen – Pestwurz); Blätter ähnlich den Huflattichblättern

→ ***weiße Pestwurz:***
Blätter bis 40 cm im Durchmesser, im Umriss rundlich, mit ungleichmäßig, doppelt gezähntem Blattrand, Zähne meist grün, fast stachelspitzig, Blatt unterseits graufilzig, Vorkommen in feuchten Wäldern

→ ***gewöhnliche Pestwurz:***
Blätter bis 60 cm im Durchmesser, im Umriss rundlich, unterseits zunächst grauwollig, dann verkahlend, Blattrand gleichmäßig, scharf gezähnt; Vorkommen an Ufern fließender Gewässer

→ ***Alpenpestwurz:***
Blätter bis 30 cm, im Umriss 3-eckig, herzförmig zugespitzt, Rand bogenförmig, knorpelig gezähnt; Vorkommen im Flussgeröll der Gebirge

→ ***kahler*** und ***grauer Alpendost:***
beide besitzen sowohl grundständige als auch stängelständige Blätter und blühen im Sommer, wenn die Laubblätter bereits entwickelt sind; diese sind bei beiden herz- bis nierenförmig, bis 30 cm groß;
kahler A.: 30–80 cm hoch, Blätter gestielt und nicht geöhrt, Blattunterseite graugrün und nicht behaart, Blattrand regelmäßig gezähnt; *grauer A.:* 60–200 cm hoch, Blätter sitzend oder gestielt und dann deutlich geöhrt, Blattunterseite filzig abwischbar, Blattrand unregelmäßig gezähnt

ISLÄNDISCHES MOOS

Cetraria islandica –Flechte

Pflanzenbeschreibung: kein Moos, sondern Bodenflechte, die bis 12 cm hoch wird und von geweihartig verzweigter Wuchsform ist; Oberseite oliv- bis braungrün, Unterseite weißgrün bis hell bräunlich und oft weiß gefleckt
Vorkommen: im Gebirge und im Flachland, auf Heiden und in Wäldern
verwendete Pflanzenteile: ganze Pflanze
Inhaltsstoffe (Wirkstoffe): vorwiegend Schleim, auch bittere Flechtensäuren
Zubereitungen: Tee, Sirup
Anwendung:

- zur Reizmilderung bei trockenem Reizhusten

- als Gurgel- und Spülmittel bei entzündeteten Mandeln oder Zahnfleischentzündungen
- bei Magen-Darm-Beschwerden wie Appetitlosigkeit und als kräftigendes, stärkendes Mittel
  (siehe Seiten 91, 98)

Erntezeitpunkt: Spätsommer bis Herbst

NEBENWIRKUNGEN / VORSICHTSMASSNAHMEN

→ Nebenwirkungen sind nicht bekannt

JOHANNISKRAUT, TÜPFELHARTHEU

Hypericum perforatum – Johanniskrautgewächs

Pflanzenbeschreibung: bis 60 cm hohe ausdauernde Pflanze mit im oberen Teil stark verzweigtem Stängel, dieser rund, hohl mit 2 gegenüberliegenden Längsleisten; Blätter gegenständig, bis 3 cm lang, breit-eiförmig bis schmal-länglich, ganzrandig, durchscheinend punktiert, am Rand mit schwarzen Drüsenpunkten; Blüten 5-zählig, Kelchblätter zugespitzt, Kronblätter bis 15 mm lang, goldgelb und schwarz punktiert, Knospen beim Zerquetschen dunkelrot
Vorkommen: auf Waldschlägen und -säumen, an Wegrändern, auf Magerweiden; häufig
verwendete Pflanzenteile: Kraut
Inhaltsstoffe (Wirkstoffe): Hypericin, weiters ätherisches Öl, Flavonoide
Zubereitungen: Tee, Öl
Anwendung:

innerlich:
- bei leichten Depressionen
- bei Angst- und Unruhezuständen
- bei nervöser Erschöpfung
- bei nervösen Wechselbeschwerden
- Öl innerlich bei Magen-Darm-Störungen zur Verdauungsanregung

äußerlich:
- Johanniskrautöl zur Behandlung von Verbrennungen und Wunden nach Verletzungen
- als Einreibung bei Muskelschmerzen
  (siehe Seiten 130, 140, 143, 146, 147, 149, 167, 174, 175)

Kulturbedingungen: am besten in Saatschalen vorziehen, Keimung erfolgt 3–4 Wochen nach der Aussaat; bevorzugt trockenen Boden und sonnige Standorte; es empfiehlt sich, den Standort immer wieder zu wechseln, um so einem möglichen Schädlingsbefall vorzubeugen
Erntezeitpunkt: Juni bis Juli

NEBENWIRKUNGEN / VORSICHTSMASSNAHMEN

→ bei empfindlichen Personen kann es zu einer erhöhten Lichtempfindlichkeit kommen, daher sollen diese nach Einnahme von Johanniskrautzubereitungen die pralle Sonne meiden
→ ansonsten gut vertäglich, auch bei längerer Anwendung

VERWECHSLUNGSMÖGLICHKEITEN

mit anderen Johanniskräutern möglich:

→ ***gefl**ecktes Johanniskraut* hat zumindest im mittleren Stängelbereich 4 schmale Kanten, die Kelchblätter sind breiter und stumpfer als beim echten Johanniskraut

→ *Flügel-Johanniskraut:*
Stängel geflügelt, mit 4 breiten Kanten; Kelchblätter schmal, aber nicht so fein zugespitzt wie beim echten Johanniskraut

KALMUS

Acorus calamus – Aronstabgewächs

Pflanzenbeschreibung: bis 120 cm hoch; verzweigtes, bis 3 cm dickes, kriechendes Rhizom, aus dem die sehr langen, schwertförmigen, am Grunde rötlich bis violetten Blätter gebildet werden; kolbenförmiger, bis 8 cm langer Blütenstand
Vorkommen: ursprüngliche Heimat Ostasien; bei uns heute eingebürgert; in Sümpfen, an Ufern stehender Gewässer, auch im Wasser; **selten**
verwendete Pflanzenteile: Rhizom
Inhaltsstoffe (Wirkstoffe): ätherisches Öl, Bitterstoffe, wenig Gerbstoffe
Zubereitungen: Tee (vorzugsweise Kaltauszug), Bad
Anwendung:

- bei Magen-Darm- und Gallen-Beschwerden
- bei Appetitlosigkeit und Blähungen
- zur allgemeinen Kräftigung des Verdauungstrakts
  (siehe Seiten 107, 140, 145, 157, 163)

Kulturbedingungen: Anbau auf nassen Boden, am besten am Rand eines Gartenteichs oder auf gut feucht gehaltenen Gartenboden möglich; Vermehrung durch Rhizomstückchen
Erntezeitpunkt: Oktober/November oder vor dem Blattaustrieb im März/April; nicht in freier Natur sammeln!

NEBENWIRKUNGEN / VORSICHTSMASSNAHMEN

→ nicht für den Dauergebrauch bestimmt
→ nicht in der Schwangerschaft und Stillzeit einnehmen

KAMILLE (ECHTE KAMILLE)

Matricaria chamomilla – Korbblütler

Pflanzenbeschreibung: bis 50 cm hohe, einjährige Pflanze; wechselständige, stark zerteilte Blätter mit linealischen Abschnitten, Blätter geruchlos; Körbchen einzeln an den Enden der verzweigten Sprossspitzen, kegelförmig, hohl, Körbchenboden kahl, mit gelben, innenstehenden Röhrenblüten und weißen, außen stehenden Zungenblüten, die länger als die Hülle sind und meist nach unten hängen; Körbchen mit typischem Kamillengeruch; Früchte ohne Pappus (= Flugorgan)
Vorkommen: auf Äckern, Schuttplätzen und Brachland, an Weg- und Ackerrändern, auf Böschungen und in Getreidefeldern

verwendete Pflanzenteile: Blütenkörbchen
Inhaltsstoffe (Wirkstoffe): ätherisches Öl, Flavonoide, Sesquiterpene
Zubereitungen: Tee, alkoholische Zubereitungen, Salbe, Bad
Anwendung:

äußerlich:

- bei Haut- und Schleimhautentzündungen
- bei Erkrankungen im Anal- und Genitalbereich in Form von Bädern
- zum Gurgeln und Spülen bei Erkrankungen der Mundhöhle und des Zahnfleisches
- zum Inhalieren bei Erkältungskrankheiten
- für Augenumschläge

innerlich:

- bei akuten Magenbeschwerden
- bei Magenverstimmung
- bei chronischen Entzündungszuständen der Magenschleimhaut (Gastritis)
- bei Blähungen
- in südlichen Ländern ist auch der Gebrauch als Beruhigungsmittel bei Erwachsenen üblich

(siehe Seiten 95, 99, 103, 109, 110, 112 . . . (siehe Register))

Kulturbedingungen: einjährig, Anbau von Samen im Frühling oder Herbst; Lichtkeimer, günstig als Mischkultur zwischen anderen Kulturpflanzen (zum Beispiel Salat)
Erntezeitpunkt: während der Blüte von Mai bis September

NEBENWIRKUNGEN / VORSICHTSMASSNAHMEN

→ bei bekannter Allergie auf Korbblütler nicht verwenden, nicht als Haustee über lange Zeit (Monate bis Jahre) trinken

VERWECHSLUNGSMÖGLICHKEITEN

es gibt andere Kamillenarten, die zum Teil Allergien hervorrufen können:

→ *strahlenlose Kamille* mit grünlichen Röhrenblüten und ohne Zungenblüten; Körbe mit Kamillengeruch
→ *geruchlose Kamille*: alle Teile (fast) geruchlos, Korbboden nicht hohl
→ *Hundskamille*: Blütenkörbchen und Blätter aromatisch; Röhrenblüten gelb, Körbchenboden behaart

KNOBLAUCH

Allium sativum – Lauchgewächs

Pflanzenbeschreibung: meist ca. 80 cm hoch, aus einer Zwiebel wächst ein beblätterter, aufrechter, runder, bis 0,5 cm dicker Blütenschaft; Blätter breit lineal, zugespitzt, ganzrandig, bis 1 cm breit; einfache Blütenhülle (nicht in Kelch und Krone gegliedert) rosa bis purpurfarben, lang gestielt, Blüten in einer Dolde, gesamter Blütenstand von Hochblatt umgeben; Zwiebelkuchen unterseits mit Wurzeln, darauf eiförmige Hauptzwiebel, um diese gekrümmte Nebenzwiebeln (= Knoblauchzehen), diese von trockenhäutigen Niederblättern gemeinsam umhüllt und jede Zehe außerdem von einer Hülle umgeben
Vorkommen: bei uns nicht heimisch, nur in Kulturen

verwendete Pflanzenteile: Knoblauchzehen
Inhaltsstoffe (Wirkstoffe): vorwiegend Allicin
Zubereitungen: Saft; Knoblauchzehen frisch oder getrocknet; zahlreiche („geruchlose") Fertigpräparate erhältlich
Anwendung:
- als antibakterielles Mittel bei Gärungserscheinungen im Darm
- bei Blähungen und krampfartigen Zuständen
- zur Vorbeugung und Behandlung von Alterungsprozessen des Gefäßsystems (Arteriosklerose)
- zur Senkung des Cholesterinspiegels im Blut
- zur unterstützenden Behandlung von hohem Blutdruck und bei allgemeiner Schwäche und Leistungsminderung
- als Gewürz

(siehe Seiten 134, 135, 137, 138, 171)

Kulturbedingungen: Zwiebel im März/April in gut gedüngten, schweren, lehmigen, feuchten Boden an sonnigen, windgeschützten Standort setzen
Erntezeitpunkt: Ende Juli bis September/Oktober

NEBENWIRKUNGEN / VORSICHTSMASSNAHMEN
→ bei sehr hohen Dosen sind Magen-Darm-Störungen möglich

KÖNIGSKERZE (WOLLBLUME)

Verbascum phlomoides (gewöhnliche), V. densiflorum (großblütige Königskerze) – Rachenblütler

Pflanzenbeschreibung: bis 200 cm hohe, zweijährige Pflanze; im ersten Jahr ausgedehnte Blattrosette mit stark behaarten, derben, langen Blättern; daraus entwickeln sich die Sprosse mit derbem, wollig behaartem Stängel; Laubblätter sitzend, am Stängel herablaufend; Blüten sitzen an langen Blütenständen in Büscheln zu 2–5 Blüten vereinigt, Blütenkrone bis 60 mm im Durchmesser, 5-zählig, Krone leuchtend gelb, Staubblätter nicht alle gleich ausgebildet;
gewöhnliche K.: Grundblätter deutlich gestielt; Stängelblätter nicht bis zum nächsten Blatt herablaufend, Laubblätter undeutlich gekerbt
großblütige K.: Grundblätter sitzend, Laubblätter meist bis zum nächsten Blatt herablaufend, Laubblätter deutlich gekerbt.
Vorkommen: gewöhnliche K. an trockenen Ruderalstellen, schottrigen Ufern; großblütige K. an meist steinigen Ruderalstellen, Waldschlägen, Böschungen und Dämmen
verwendete Pflanzenteile: Blüten ohne Kelchblätter
Inhaltsstoffe (Wirkstoffe): Schleim, Saponine
Zubereitungen: Tee, Öl
Anwendung:
- bei festsitzendem Husten, reizmildernd
- Öl in der Volksmedizin bei Ohrenschmerzen, Furunkeln und Ekzemen im Ohr

(siehe Seite 90)

Kulturbedingungen: Samen können direkt ins Freiland gesät werden, besseres Gedeihen erzielt man aber durch Vorziehen in Saatschale, Samen keimen sehr leicht; Standort sonnig, nicht zu feucht; blüht auch in größerem Blumentopf

Erntezeitpunkt: meist an Standorten zu finden, die starken Umweltbelastungen ausgesetzt sind; durch Sammeln der Blüten wird die Samenproduktion und damit die Vermehrung unterbunden, daher nicht in freier Natur sammeln; von kultivierten Pflanzen Blüten am besten am späten Vormittag, wenn sie frisch erblüht sind, sammeln (nur Kronblätter mit den daran angewachsenen Staubblättern); rasch und unter Belüftung bei maximal 50 °C trocknen, sonst verfärben sich die Blüten braun; nach dem Trocknen sofort in gut schließende Gefäße geben

NEBENWIRKUNGEN / VORSICHTSMASSNAHMEN

→ in der angegebenen Dosierung (siehe Seite 90) sind keine Nebenwirkungen zu befürchten

KREN (MEERRETTICH)

Armoracia rusticana – Kreuzblütler

Pflanzenbeschreibung: ausdauernde, sehr lange, mehrköpfige walzen- oder rübenförmige Wurzel, bildet zunächst große, lang gestielte, längliche, gekerbte Blätter aus; Blühschaft mit lineallanzettlichen, ungestielten Blättern besetzt; weiße Blüten in einer Rispe.
Vorkommen: Heimat ist wahrscheinlich das südöstliche Russland, alt eingebürgerte Kulturpflanze, häufig verwildert
verwendete Pflanzenteile: Wurzel
Inhaltsstoffe (Wirkstoffe): Senföl abspaltende Glykoside, Vitamin C
Zubereitungen: fein gerieben, pur oder mit Zucker vermischt; in der Volksmedizin als Meerrettichketterl (Wurze in Scheiben schneiden und auffädeln)
Anwendung:

innerlich:
- ◆ bei Infektionen der Niere und ableitenden Harnwege
- ◆ bei Husten- und Erkältungskrankheiten
- ◆ als Gewürz

äußerlich:
- ◆ in der Volksmedizin als Breiumschlag oder Halsketterl bei Schmerzen, Fieber und Erkältungskrankheiten
  (siehe Seite 128)

Kulturbedingungen: Vermehrung durch Stecklinge; Boden soll tiefgründig, nährstoffreich, humos und ausreichend feucht sein
Erntezeitpunkt: Ende Oktober bis Anfang November, sobald das Laub abwelkt

NEBENWIRKUNGEN / VORSICHTSMASSNAHMEN

→ stark haut- und schleimhautreizend

KÜMMEL

Carum carvi – Doldenblütler

Pflanzenbeschreibung: bis 80 cm hohe, zweijährige Pflanze mit kleinen, weißen (selten rosafarbenen) Doldenblüten, fehlende Hüll- und meistens auch Hüllchenblätter; Laubblätter wechselständig, stark zerteilt, zumindest unterstes Blättchenpaar der Stängelblätter quer zur Mittelrippe, also kreuzweise gestellt;

Blätter und Blüten ohne, Früchte bereits im unreifen Zustand mit Kümmelgeruch; Früchte in Teilfrüchte zerfallend
Vorkommen: auf Fettwiesen und -weiden, Grasplätzen, an Wegrändern, Böschungen und Bahndämmen; häufig kultiviert
verwendete Pflanzenteile: Früchte
Inhaltsstoffe (Wirkstoffe): ätherisches Öl
Zubereitungen: Tee, Schnaps
Anwendung:

- ◆ am stärksten wirksames pflanzliches blähungstreibendes Mittel
- ◆ bei Völlegefühl
- ◆ krampfartigen Magen-Darm-Störungen
- ◆ bei Verdauungsbeschwerden der Säuglinge
  (siehe Seiten 111, 120, 152)

Kulturbedingungen: zweijährig, frühe Aussaat (März) auf nahrhaften, ausreichend mit Wasser versorgten Boden; als Lichtkeimer kaum mit Erde bedecken; bildet im ersten Jahr Rosetten aus, die sehr langsam wachsen, blüht im zweiten Jahr oder bei geringer Nährstoffversorgung auch erst später; Nachbarschaft von Fenchel meiden; auch für eine Kultur in Töpfen geeignet
Erntezeitpunkt: von Juli bis September unreife Dolden ernten, reifen lassen, abrebeln und trocken aufbewahren (Papiersäckchen)

NEBENWIRKUNGEN / VORSICHTSMASSNAHMEN

→ Nebenwirkungen sind keine bekannt
→ wie bei allen ätherischölhaltigen Pflanzen ist eine Überdosierung zu vermeiden

VERWECHSLUNGSMÖGLICHKEITEN

→ sorgfältig bestimmen, es gibt viele ähnliche Doldenblütler, manche von ihnen sind giftig; am ähnlichsten ist dem Kümmel die ***wilde Möhre***, die aber behaarte und flächige Blätter (Fiederblättchen setzen nicht quer an der Mittelrippe an) und stark borstige Früchtchen hat; der dichte Blütenstand der wilden Möhre bildet im späteren Stadium eine typische Vogelnestform aus

LAVENDEL

Lavandula angustifolia – Lippenblütler

Pflanzenbeschreibung: bis zu 100 cm hohe, ausdauernde Pflanze mit schmalen, lanzettlichen, ganzrandigen, bis 4 cm langen, unterseits eingerollten, graugrünen Blättern, die am vierkantigen Spross kreuzgegenständig angeordnet sind; violette Lippenblüten auf langen Stängeln in dichten Quirlen zu Scheinähren angeordnet
Vorkommen: im westlichen Mittelmeergebiet heimisch, bei uns häufig kultiviert
verwendete Pflanzenteile: Blüten
Inhaltsstoffe (Wirkstoffe): vorwiegend ätherisches Öl, auch Gerbstoffe
Zubereitungen: Tee, Bad
Anwendung:

- ◆ als beruhigendes Mittel bei Unruhezuständen, Einschlafstörungen
- ◆ bei nervös bedingten Magen-Darm-Erscheinungen

- bei Appetitlosigkeit, Blähungen
- als erfrischendes Bad bei niedrigem Blutdruck
  (siehe Seiten 137, 142, 147, 149, 159)

Kulturbedingungen: trockene, kalkhaltige Böden; sonnige Standorte; auch für eine Kultur in Töpfen gut geeignet
Erntezeitpunkt: kurz vor dem Aufblühen Blühtriebe abschneiden und zum Trocknen aufhängen; die trockenen Blüten abrebeln

NEBENWIRKUNGEN / VORSICHTSMASSNAHMEN
→ Lavendelblüten sind unbedenklich anzuwenden
→ Vorsicht bei der innerlichen Anwendung von reinem Lavendelöl

LEIN
Linum usitatissimum – Leingewächs

Pflanzenbeschreibung: bis 70 cm hohe, zarte einjährige Pflanze; Blätter wechselständig, schmallanzettlich, bis 30 mm lang, bis 6 mm breit; Blüten endständig, 5-zählig, himmelblau, selten weiß, bis 15 mm lang; Frucht erbsengroße Kapsel, die bis 10 braune, glänzende, flache, bis 8 mm lange Samen trägt
Vorkommen: selten an Schuttplätzen, aus Kulturen; verwildert
verwendete Pflanzenteile: Samen und das aus den Samen gewonnene Öl
Inhaltsstoffe (Wirkstoffe): vorwiegend Schleim, auch fettes Öl
Zubereitungen: Tee, Breiumschlag
Anwendung:
Leinsamen
- ganz oder geschrotet mit ausreichend Flüssigkeit als Abführmittel bei chronischer Darmträgheit
- Tee innerlich bei entzündlichen Magen-Darm-Krankheiten
- Tee zum Gurgeln bei entzündeter Mund- oder Rachenschleimhaut und bei Zahnfleischentzündungen
- als Breiumschlag bei Furunkeln und Geschwüren

Leinöl
- äußerlich bei trockener, schrundiger Haut
- auch zur unterstützenden Therapie bei Schuppenflechte und trockenen Hautausschlägen
  (siehe Seiten 96, 114, 140, 172, 173)

Kulturbedingungen: einjährig; Aussaat Mitte April in humosen, nicht zu sauren, tiefgründigen Boden, an einem vollsonnigen Standort
Erntezeitpunkt: September; auf trockene Lagerung achten!

NEBENWIRKUNGEN / VORSICHTSMASSNAHMEN
→ Samen stets mit ausreichender Menge Flüssigkeit einnehmen
→ nicht bei Darmverschluss einnehmen (gilt generell für alle Abführmittel)

LIEBSTÖCKEL
Levisticum officinale – Doldenblütler

Pflanzenbeschreibung: bis 200 cm hohe, ausdauernde Pflanze, die intensiv nach Maggi riecht; gelbliche Blüten in Dolden, zahlreiche Hüll- und Hüllchenblätter meist nach unten geschlagen; untere Blätter groß (ca. 20 cm), lang gestielt

mit breiter Scheide am Stängelgrund, obere Blätter kürzer gestielt, Blätter 2–3fach gefiedert mit breit eiförmigen Zipfeln; Früchte kahl
Vorkommen: beheimatet in Südpersien, bei uns häufig kultiviert
verwendete Pflanzenteile: Wurzel, Blätter
Inhaltsstoffe (Wirkstoffe): ätherisches Öl
Zubereitungen: Tee, medizinischer Wein; Blätter auch als Gewürz
Anwendung:
- als Gewürz
- zur Durchspülung bei Entzündungen der ableitenden Harnwege
- auch zur Vorbeugung gegen Nierengrieß

(siehe Seiten 126, 147)

Kulturbedingungen: Aufzucht aus Jungpflanzen oder Samen möglich
Erntezeitpunkt: Wurzeln von zweijährigen Pflanzen ausgraben; Blätter können bereits im ersten Jahr geerntet werden

NEBENWIRKUNGEN / VORSICHTSMASSNAHMEN
→ in der angegebenen Dosierung sind keine Nebenwirkungen bekannt
→ wegen der Reizwirkung des ätherischen Öls soll Liebstöckel aber nicht bei entzündlichen Nierenerkrankungen sowie bei eingeschränkter Nierenfunktion angewendet werden
→ bei Wasseransammlungen infolge eingeschränkter Herz- oder Nierenfunktion darf keine Durchspülungstherapie durchgeführt werden (Herz und Niere sind mit der normalen Funktion bereits überfordert)
→ vorsichtshalber sollen Liebstöckelzubereitungen auch nicht in der Schwangerschaft anwendet werden

VERWECHSLUNGSMÖGLICHKEITEN
→ vorsichtig bestimmen (Geruchsprobe), es gibt viele ähnliche Doldenblütler, einige davon sind giftig

LINDE

Tilia cordata (Winterlinde), Tilia platyphyllos (Sommerlinde) und Hybride – Lindengewächse

Pflanzenbeschreibung: Winterlinde bis 30, Sommerlinde bis 40 m hoher Baum, beide mit rundlichen Blättern mit herzförmigem Blattgrund, Rand gesägt; Blüten in wenigblütigen Trugdolden, deren Stiel mit dem pergamentartigem Hochblatt verwachsen ist; Sommerlinde durch größere Blätter, reichblütigere Trugdolden, frühere Blütezeit und die weiße Farbe der Haarbüschel (Winterlinde braune Haarbüschel) an der Laubblattunterseite unterschieden
Vorkommen: Winterlinde in eher trockenen, Sommerlinde in eher feuchten Wäldern, beide häufig als Zierbaum kultiviert
verwendete Pflanzenteile: Blütenstände einschließlich Hochblatt
Inhaltsstoffe (Wirkstoffe): ätherisches Öl, Flavonoide, Schleim und Gerbstoffe
Zubereitungen: Tee
Anwendung:
- bei fieberhaften Erkältungskrankheiten
- auch zur Vorbeugung als abwehrsteigerndes Mittel, meistens in Kombination mit einer Schwitzkur

(siehe Seiten 95, 154)

Erntezeitpunkt: Blüten mit Hochblättern von Juni bis Juli, am besten einige Tage nach dem Aufblühen

NEBENWIRKUNGEN / VORSICHTSMASSNAHMEN
→ Nebenwirkungen sind keine bekannt
→ jede Schwitzkur belastet den Kreislauf, die Wirkung des Lindenblütentees tritt aber auch ohne Schwitzkur ein

LÖWENZAHN

Taraxacum officinale – Korbblütler

Pflanzenbeschreibung: bis 80 cm hoher, ausdauernder Korbblütler; kräftige Pfahlwurzel bis 30 cm lang; Stängel blattlos, röhrenförmig, hohl mit weißem Milchsaft; Laubblätter in grundständiger Rosette, tief zerteilt, schrotsägeförmig, bis 25 cm lang; Körbe endständig, die das Körbchen umgebenden Hüllblätter linealisch zugespitzt, zurückgeschlagen, Körbchen nur aus gelben Zungenblüten bestehend; Früchte mit fallschirmartigem Anhängsel (= gestielter Pappus)
Vorkommen: auf Wiesen und Feldern, in Gärten, sehr anpassungsfähig, häufig
verwendete Pflanzenteile: Wurzel; junge Blätter als Salat; Blüten in der Volksmedizin
Inhaltsstoffe (Wirkstoffe): Bitterstoffe, Vitamine, Triterpene, Sterole, Carotinoide, Flavonoide, Mineralstoffe (Kalium), wenig ätherisches Öl, Inulin
Zubereitungen: Tee, Saft
Anwendung:
◆ vorwiegend bei Leber- und Gallenleiden
◆ auch bei Appetitlosigkeit, Völlegefühl, Blähungen
◆ als wassertreibendes Mittel
◆ unterstützend bei Rheuma
(siehe Seiten 122, 123, 127, 162)
Kulturbedingungen: anspruchslos, kann aber ohne Probleme an allen sauberen Standorten gesammelt werden
Erntezeitpunkt: im Frühjahr die Wurzeln ausstechen

NEBENWIRKUNGEN / VORSICHTSMASSNAHMEN
→ in der üblichen Dosierung sind keine Nebenwirkungen bekannt
→ Kinder sollen die frischen Stängel nicht lutschen, es kann zu Übelkeit und Erbrechen kommen

LUNGENKRAUT

Pulmonaria officinalis – Rauhblattgewächs

Pflanzenbeschreibung: bis 30 cm hohe, ausdauernde Pflanze; Stängel und Blätter rauh behaart; Blätter sitzend, länglich, oft mit weißen Flecken, Herbstlaubblätter oft überwinternd; mehrere radiäre Blüten am Stängelende, Kronblätter zuerst rosa, dann blau und/oder violett.
Vorkommen: in schattigen, nicht zu trockenen Laubwäldern, in Gebüschen und Hecken
verwendete Pflanzenteile: Kraut
Inhaltsstoffe (Wirkstoffe): Schleimstoffe, Flavonoide, Allantoin, Kieselsäure, Mineralstoffe, Gerbstoffe

Zubereitungen: Tee
Anwendung:
- früher aufgrund der gefleckten Blätter, die an menschliche Lungen erinnern bei Lungenkrankheiten
- heute nur mehr in der Volksmedizin bei verschleimtem Husten; als reizmilderndes Mittel bei entzündeten Schleimhäuten im Magen-Darm-Bereich und Mund- und Rachenbereich
- da die Wirksamkeit nicht ausreichend belegt ist, wird von einer Anwendung abgeraten; für die angeführten Beschwerden gibt es wirksamere und gut untersuchte Mittel

Kulturbedingungen: am besten Pflanzen vom Wildstandort in den Garten versetzen
Erntezeitpunkt: Kraut von Mai bis Juli, auch noch im September und Oktober

NEBENWIRKUNGEN / VORSICHTSMASSNAHMEN
→ bei Dauergebrauch sind Nebenwirkungen nicht auszuschließen

MAJORAN

Majorana hortensis – Lippenblütler

Pflanzenbeschreibung: bis 50 cm hohe, stark aromatisch duftende, einjährige Pflanze mit vierkantigem, verzweigtem dünnem Stängel und kreuzgegenständiger Beblätterung; Blätter elliptisch, graufilzig, ganzrandig, sitzend oder kurzgestielt; hellrote, weiße Blüten in dichten, eiförmigen Scheinähren in den Achseln der Deckblätter
Vorkommen: beheimatet im östlichen Nordafrika, häufig kultiviert
verwendete Pflanzenteile: Kraut
Inhaltsstoffe (Wirkstoffe): ätherisches Öl
Zubereitungen: Tee, Salbe
Anwendung:
- bei Magen-Darm- und Gallen-Beschwerden
- in der Volksmedizin bei Blähungen und Schnupfen der Kinder (siehe Vorsichtsmaßnahmen)

Kulturbedingungen: Aussaat im März ins Frühbeet, oder Vorkeimung in einer Saatschale, die jungen Pflänzchen ab Mai ins Freie setzen; sie wachsen sehr langsam, daher ist es einfacher, Jungpflanzen vom Fachhandel zu beziehen und einzusetzen; der Boden soll leicht, aber nährstoffreich sein; Majoran ist sehr kälteempfindlich, daher sonnigen und windgeschützten Standort wählen; für eine Kultur in Töpfen gut geeignet, Winterschutz nötig
Erntezeitpunkt: Ende Juli bis Anfang August, während der Blüte

NEBENWIRKUNGEN / VORSICHTSMASSNAHMEN
→ Überdosierung und zu langer Gebrauch können zu Kopfschmerzen und Benommenheit führen
→ reines ätherisches Öl vorsichtshalber nicht anwenden
→ obwohl in der Volksmedizin Majoran erfolgreich und ohne Probleme ange-

wendet wird, wird heute vorsichtshalber von einer Anwendung besonders bei Säuglingen und Kleinkindern abgeraten

MALVE, KÄSEPAPPEL

Malva sylvestris (große Käsepappel, Wildmalve), Malva neglecta (Weg-Malve, kleine Käsepappel) – Malvengewächse

Pflanzenbeschreibung: große Käsepappel meist ca. 80 cm hoch; Blätter lang gestielt, handförmig gelappt, bis handtellergroß, beiderseits behaart; Blüten 5-zählig, mit Außenkelch-, Kelch- und bläulichen bis rosaroten Kronblättern, diese bis 30 mm lang, tief ausgerandet und mit dunklen Längsstreifen versehen, Staubblätter am Grund zu einer Röhre verwachsen, Früchte aus einem Kranz dicker Scheiben bestehend, die bei der Reife auseinander fallen. Kleine Käsepappel ähnlich, nur bis ca. 25 cm hoch, Blätter nur einige Zentimeter lang, Blüten maximal 20 mm lang
Vorkommen: an trockenen, warmen, nährstoffreichen Stellen in der Nähe von menschlichen Siedlungen: an Wegrändern, auf Schuttplätzen, in Weingärten, an sonnigen Hängen und auf Mauern
verwendete Pflanzenteile: Blätter, Blüten
Inhaltsstoffe (Wirkstoffe): Schleimstoffe, wenig ätherisches Öl und Gerbstoffe
Zubereitungen: Tee zum Trinken, Gurgeln, Baden und für Umschläge
Anwendung:

- zur Reizlinderung bei Schleimhautentzündungen im Mund- und Rachenraum sowie
- im Magen-Darm-Bereich (Gastritis)
  (siehe Seiten 90, 98, 110, 151, 170)

Kulturbedingungen: Samen direkt ins Freie säen, an günstigen Standorten mehrjährig
Erntezeitpunkt: Juni bis August, Blüten mit Kelch, aber ohne Stiel; nur an sauberen, trockenen Standorten sammeln

NEBENWIRKUNGEN / VORSICHTSMASSNAHMEN

→ Nebenwirkungen sind nicht bekannt
→ nur an sauberen Standorten sammeln und auf trockene Lagerung achten, da die Droge leicht schimmelt

MARIENDISTEL

Silybum marianum – Korbblütler

Pflanzenbeschreibung: bis 120 cm hohe, distelartige, stachelige, ausdauernde Pflanze; Laubblätter sehr groß, wechselständig, weiß gefleckt, glänzend, kahl und dornig gezähnt; dunkel purpurrote Blüten in endständigen bis 5 cm hohen Körben, Hüllblätter stachelspitzig; Früchte mit harter, glänzender, schwarzer Schale, zunächst mit seidiger Haarkrone (Pappus), die abgeworfen wird
Vorkommen: beheimatet im mediterranen Raum, in Ruderal- und Ackerunkrautfluren; sehr selten, unbeständig, verwildert
verwendete Pflanzenteile: Früchte, seltener Blätter
Inhaltsstoffe (Wirkstoffe): Silymarin (Gemisch verschiedener Flavonoide), Bitterstoffe, wenig ätherisches Öl und Harze

Zubereitungen: Tee, zahlreiche Fertigpräparate
Anwendung:
- bei Früchte (beziehungsweise Blätter) bei Verdauungsbeschwerden
- bei Leber- und Gallenbeschwerden
- zur Anregung der Gallentätigkeit
- Zubereitungen aus den Früchten weisen eine Leberschutzwirkung auf und werden unter anderem bei Pilzvergiftungen eingesetzt
  (siehe Seite 122)

Kulturbedingungen: wird einjährig angebaut, in nahrhaften, tiefgründigen, feuchten Boden, in sonniger, windgeschützter Lage
Erntezeitpunkt: Blätter zur Blütezeit (Juni bis September), Früchte im Herbst

NEBENWIRKUNGEN / VORSICHTSMASSNAHMEN
→ Nebenwirkungen sind nicht bekannt

MÄDESÜSS (SPIERSTAUDE)

Filipendula ulmaria – Rosengewächs

Pflanzenbeschreibung: bis zu 2 m hohe, ausdauernde Staude mit oft rötlich überlaufenem Stängel; Blätter mit Nebenblättern am Blattgrund, Grundblätter mit 5 großen Fiederpaaren; Stängelblätter wechselständig, Blätter unterbrochen gefiedert (mit kleineren Blättchen zwischen den bis 8 cm langen großen Blättchen), Blättchen unterseits silbrig behaart, Blättchenrand gezähnt; zahlreiche kleine, weiße Blüten in zusammengesetzten Blütenständen am Stängelende
Vorkommen: auf feuchten bis nassen Fettwiesen, an Ufergebüschen und Sümpfen
verwendete Pflanzenteile: vorwiegend Blüten, seltener blühendes Kraut
Inhaltsstoffe (Wirkstoffe): Salicylsäureverbindungen, Schleim, Gerbstoffe, Flavonoide, wenig ätherisches Öl
Zubereitungen: Tee
Anwendung:
- bei fiebrigen Erkältungskrankheiten
- zur Erhöhung der Harnmenge
- in der Volksmedizin auch bei Rheuma und Gicht
- eine Anwendung auch bei leichten Schmerzen ist möglich
  (siehe Seiten 95, 144, 161)

Kulturbedingungen: Aufzucht aus Samen möglich, auch Zierarten erhältlich; an sonnigem Standort, aber auf feuchtem Boden
Erntezeitpunkt: von Juni bis August, wenn die Blüten voll entfaltet sind, obere Pflanzenteile sammeln und zum Trocknen aufhängen; um die abfallenden Blüten aufzufangen, Tuch unterlegen

NEBENWIRKUNGEN / VORSICHTSMASSNAHMEN
→ in der angegebenen Dosierung (siehe Seite 95) sind keine Nebenwirkungen zu befürchten
→ bei Überdosierung kann es zu Magenbeschwerden und Übelkeit kommen

VERWECHSLUNGSMÖGLICHKEITEN
→ ***Knollen-Spierstaude:*** nur bis 80 cm hoch; Grundblätter mit bis zu 25 Paaren von großen Blättchen, diese nur bis 2 cm lang; Wurzel knollig verdickt;

Knollen-Spierstaude kommt auf mäßig trockenen bis feuchten Magerwiesen vor und ist gefährdet

MELISSE

Melissa officinalis – Lippenblütler

Pflanzenbeschreibung: bis 70 cm hohe, ausdauernde Pflanze mit vierkantigem, meist stark verzweigtem Stängel mit kreuzgegenständiger Beblätterung; Blätter circa 8 cm lang, Rand gekerbt, Nervatur netzig; weiße bis weißlich gelbe, 1 cm große Lippenblüten in den Achseln der oberen Laubblätter in Scheinquirlen angeordnet
Vorkommen: Heimat im östlichen Mittelmeergebiet; bei uns kultiviert und mitunter verwildert
verwendete Pflanzenteile: Blätter
Inhaltsstoffe (Wirkstoffe): ätherisches Öl
Zubereitungen: Tee, Bad, medizinischer Wein und andere alkoholische Zubereitungen
Anwendung:

innerlich:

- als beruhigendes Mittel bei nervös bedingten Einschlafstörungen
- bei nervösen Magen-Darm-Störungen
- zur Appetitanregung

äußerlich:

- in einem Fertigpräparat enthalten, das gegen Fieberblasen eingesetzt wird (Wirkung gegen Viren und Bakterien)
  (siehe Seiten 109, 111, 142, 148, 149, 150)

Kulturbedingungen: Samen in Saatschalen vorziehen oder Jungpflanzen aus dem Fachhandel beziehen
Erntezeitpunkt: vor der Blütezeit im Mai oder Juni

NEBENWIRKUNGEN / VORSICHTSMASSNAHMEN

→ Nebenwirkungen sind nicht bekannt

MISTEL

Viscum album – Mistelgewächs

Pflanzenbeschreibung: auf Bäumen schmarotzender, reichverästelter, rundlich bis kugeliger, immergrüner Busch; Rinde gelbgrün; Blätter gegenständig, ledrig, verkehrt länglich eiförmig; zweihäusig (es gibt rein männliche und rein weibliche Sträucher); Blüten unscheinbar bleichgelb, stehen endständig dicht gedrängt; Beeren (nur auf weiblichen Sträuchern) weiß, grünlich weiß oder gelblich weiß
Vorkommen: schmarotzt auf weichholzigen Laubbäumen und Nadelbäumen, fast nie auf Eichen oder Edelkastanien

Foto: Trocknen und Verarbeiten von Kräutern
Frische Kräuter werden zum Trocknen aufgehängt, dann zerkleinert und aufbewahrt.

- als erfrischende, durchblutungsfördernde Einreibung
- auch bei Rheuma, stumpfen Verletzungen und Muskelschmerzen
- Harz in der Volksmedizin zur Herstellung von Zugsalben
  (siehe Seite 102)

NEBENWIRKUNGEN / VORSICHTSMASSNAHMEN

→ Vorsicht bei der Anwendung der reinen ätherischen Öle; vor allem für Kinder sind Inhalationen mit den (frischen) Nadeln vorzuziehen; ätherisches Öl und Harz nicht innerlich anwenden

ODERMENNIG

Agrimonia eupatoria (echter), Agrimonia procera (Duft-Odermennig) – Rosengewächse

Pflanzenbeschreibung: echter Odermennig bis 100 cm (Duft-Odermennig bis 180 cm) hohe, ausdauernde Pflanze mit nur wenig verzweigtem, behaartem Stängel; Laubblätter unterbrochen gefiedert, unterseits dicht graufilzig (nur locker behaart beim Duft-Odermennig), schwach riechend (Duft-Odermennig stark riechend), ähriger Blütenstand mit gelben bis 8 mm beziehungsweise 10 mm breiten Blüten; Früchte mit Widerhaken
Vorkommen: echter Odermennig auf trockenen, selten gemähten Wiesen, an Waldrändern und Waldschlägen; Duft-Odermennig an frischen Waldrändern, auf feuchten Magerwiesen
verwendete Pflanzenteile: Kraut
Inhaltsstoffe (Wirkstoffe): Gerbstoffe, Triterpene, wenig ätherisches Öl
Zubereitungen: Tee
Anwendung:
- bei leichten Durchfällen
- bei Gallestauungen
- bei Appetitlosigkeit
- als Gurgelmittel bei Entzündungen der Mundschleimhaut oder des Zahnfleisches
- für Umschläge bei leichten, oberflächlichen Hautentzündungen
  (siehe Seiten 100, 117, 122)

Kulturbedingungen: Aussaat auf gut durchlässigen Boden in voller Sonne, gedeiht aber auch in kurzem Gras; Vermehrung auch durch Wurzelstockteilung im Herbst möglich
Erntezeitpunkt: Juni / Juli (bis September)

NEBENWIRKUNGEN / VORSICHTSMASSNAHMEN

→ Nebenwirkungen sind nicht zu befürchten

PFEFFERMINZE

Mentha x piperita – Lippenblütler

Pflanzenbeschreibung: bis circa 30–80 cm hohe Pflanze, bildet zahlreiche unterirdische und oberirdische Ausläufer; Spross vierkantig mit kreuzgegenständiger Beblätterung, oft rötlich überlaufen; Blätter länglich – elliptisch, bis 7 cm lang, Blattrand grob gezähnt; Lippenblüten in dichten, endständigen Ähren

Vorkommen: In England entstandene Hybride, stammt nur aus Kulturen, kommt nicht wild vor
verwendete Pflanzenteile: Blätter
Inhaltsstoffe (Wirkstoffe): ätherisches Öl, vorwiegend aus Menthol bestehend
Zubereitungen: Tee, Tropfen (ätherisches Öl mit Alkohol verdünnt)
Anwendung:
- ◆ innerlich bei Magen-Darm-Beschwerden wie Übelkeit, Erbrechen, Blähungen, Krämpfen
- ◆ zur Erhöhung der Gallenproduktion
- ◆ reines ätherisches Öl und Spiritus auch äußerlich als Einreibung (siehe Seiten 102, 109, 121, 122, 147)

Kulturbedingungen: Hybridpflanze, Vermehrung nur durch Wurzelstockteilung möglich
Erntezeitpunkt: kurz vor der Blüte, von Juni bis August

NEBENWIRKUNGEN / VORSICHTSMASSNAHMEN
→ Nebenwirkungen sind nicht bekannt, Dauergebrauch ist jedoch nicht empfehlenswert

VERWECHSLUNGSMÖGLICHKEITEN
→ verwandte, wild wachsende Minzen unterscheiden sich durch einen anderen, weniger angenehmen Geruch und Geschmack
→ *Krause Minze* (nur aus Kulturen) sehr ähnlich, aber Blätter mit ungleich grob gesägtem (gekraustem) Blattrand; Krauseminzöl wirkt nicht kühlend im Gegensatz zum Pfefferminzöl; Anwendung ähnlich wie Pfefferminze, aber blähungstreibende Wirkung im Vordergrund

PREISELBEERE
Vaccinium vitis idaea – Heidekrautgewächs

Pflanzenbeschreibung: bis 30 cm hoher Zwergstrauch mit wintergrünen, verkehrt eiförmigen, unterseits drüsig punktierten Blättern, deren Rand meist deutlich nach unten umgerollt ist; Blüten glockig, Früchte rot
Vorkommen: in mageren, trockenen Nadelwäldern, auf Magerweiden, Zwergstrauchheiden
verwendete Pflanzenteile: Blätter, Früchte
Inhaltsstoffe (Wirkstoffe): Arbutin, in den Früchten Vitamin C
Zubereitungen: Tee aus den Blättern; Früchte als Wildobst und für Marmeladenzubereitung
Anwendung:
- ◆ bei Harnweginfektionen (siehe Seite 128)

Kulturbedingungen: Kultur schwierig und kaum lohnend; Kultursorten im Fachhandel erhältlich
Erntezeitpunkt: Blätter von Mai bis Juni, Früchte von August bis Oktober

NEBENWIRKUNGEN / VORSICHTSMASSNAHMEN
→ Blätter kurmäßig nicht länger als eine Woche anwenden
→ Kaltauszug aus den Blättern ist einer Abkochung vorzuziehen

VERWECHSLUNGSMÖGLICHKEITEN
Bärentraube (siehe Pflanzenbeschreibung Seite 26)

QUENDEL

Thymus serpyllum (Sand-Quendel), Thymus pulegioides (Arznei-Quendel, Feldthymian) – Lippenblütler

Pflanzenbeschreibung: sehr variabler, meist niederliegender Halbstrauch, Stängel unter dem Blütenstand vierkantig; Blätter kreuzgegenständig, eiförmig, ganzrandig, bis 1 cm lang und flach ausgebreitet, oftmals behaart; Lippenblüten endständig, purpurrot; ganze Pflanze intensiv duftend
Vorkommen: an trockenen, steinigen Standorten, auf Felsen und Mauern, an Böschungen und Wegrändern, auf trockenen, sonnigen Waldwiesen
verwendete Pflanzenteile: Kraut
Inhaltsstoffe (Wirkstoffe): ätherisches Öl
Zubereitungen: Tee
Anwendung:
- bei trockenem Reizhusten
- zur Verdauungsanregung, bei krampfhaften Magen-Darm-Beschwerden (siehe Seiten 103, 152)

Kulturbedingungen: Vermehrung aus Ablegern oder durch Stockteilung möglich; mehrjährig; Boden soll leicht und locker sein; Standort trocken, warm und sonnig, Steingartenpflanze; eignet sich auch gut für eine Kultur in Töpfen
Erntezeitpunkt: während der Blüte, von Mai bis September

NEBENWIRKUNGEN / VORSICHTSMASSNAHMEN
→ Nebenwirkungen sind bei bestimmungsgemäßem Gebrauch (siehe Seite 152) nicht zu erwarten

RIBISEL, SCHWARZE (JOHANNISBEERE)

Ribes nigrum – Stachelbeergewächs

Pflanzenbeschreibung: bis 150 cm hoher Strauch, ohne Stacheln; Blätter wechselständig, gestielt, grob gesägt, 3–5-lappig, mit Öldrüsen besetzt, charakteristischer Geruch beim Zerreiben; gelblich grüne, 5-zählige Blüten in Trauben, die spätestens nach der Blüte hängen, Kelchblätter drüsig punktiert; Früchte schwarz
Vorkommen: Heimat wahrscheinlich europäisch asiatisches Waldgebiet; bei uns häufig in Gärten, selten verwildert in Auwäldern und Sumpfwiesen
verwendete Pflanzenteile: Blätter, Früchte
Inhaltsstoffe (Wirkstoffe): in den Blättern wenig ätherisches Öl, Gerbstoffe, Vitamin C, Flavonoide; in den Früchten vor allem Vitamin C
Zubereitungen: Tee (Blätter), Saft, Marmelade (Früchte)
Anwendung:
- Früchte als Obst
- volksmedizinisch den Saft aus den Früchten bei Erkältungskrankheiten (auch zur Vorbeugung)
- bei Durchfällen
- Blätter zur Erhöhung der Harnmenge
- volksmedizinisch auch bei Gicht und Rheuma (siehe Seiten 96, 127)

Kulturbedingungen: Jungpflanzen aus dem Fachhandel beziehen; in Gebirgsgegenden entwickeln sich kaum reife Früchte, ansonsten anspruchslos
Erntezeitpunkt: Blätter April bis Mai, Juni; Beeren Juli bis August

NEBENWIRKUNGEN / VORSICHTSMASSNAHMEN
→ Nebenwirkungen sind nicht bekannt
→ keine Durchspülungstherapie bei Wasseransammlungen infolge eingeschränkter Herz- und Nierentätigkeit

VERWECHSLUNGSMÖGLICHKEITEN
→ Ähnlichkeiten mit anderen Johannisbeerarten, aber Verwechslungen nicht gefährlich; rote Johannisbeeren (ebenfalls beliebtes Beerenobst) sehr ähnlich, außer den roten Früchten durch Fehlen der Drüsenhaare an Blattoberseite und durch unbehaarte Kelchblätter unterschieden; Stachelbeere stets stachelig; die Früchte verschiedener Kultursorten sind meistens kaum essbar, aber nicht giftig

RINGELBLUME

Calendula officinalis – Korbblütler

Pflanzenbeschreibung: bis 50 cm hoher Korbblütler mit gelborangen Körben, deren Durchmesser bis 5 cm beträgt, Spross behaart, verästelt mit wechselständig angeordneten, länglichen, ganzrandigen oder schwach gezähnten, breitlanzettlichen Blättern, die ebenfalls fein behaart sind
Vorkommen: im Mittelmeerraum beheimatet, als Zierpflanze in Gärten, als Arzneipflanze kultiviert; selten verwildert
verwendete Pflanzenteile: Blüten, seltener Kraut
Inhaltsstoffe (Wirkstoffe): Flavonoide, ätherisches Öl, Saponine, Carotinoide
Zubereitungen: Tee, Salbe
Anwendung:
◆ als Wundheilmittel
◆ bei Entzündungen von Haut und Schleimhaut
(siehe Seiten 140, 141, 153, 166, 167, 174, 179, 180)
Kulturbedingungen: sät man im Herbst aus und lässt überwintern, ist der Wuchs im nächsten Frühjahr buschiger; Ringelblume gedeiht zwar am besten in schweren, lehmigen Böden, sät sich aber in leichten Böden stärker selbst aus
Erntezeitpunkt: ganze Blütenkörbe oder Zungenblüten Anfang Juni bis September

NEBENWIRKUNGEN / VORSICHTSMASSNAHMEN
→ Nebenwirkungen sind nicht bekannt
→ sehr selten treten Allergien auf

VERWECHSLUNGSMÖGLICHKEITEN
→ Verwechslung mit anderen gelbblühenden Korbblütlern möglich

ROSMARIN

Rosmarinus officinalis – Lippenblütler

Pflanzenbeschreibung: stattlicher, aromatisch duftender, circa 50 cm (in seiner

Heimat bis 2 m) hoher Strauch; die stark verzweigten, vierkantigen Ästchen sind dicht mit sitzenden, linealen, ledrigen, immergrünen, am Rand umgeschlagenen Blättern besetzt, die an der Unterseite dicht behaart sind; in den Blattachseln blassblaue bis blaulila Lippenblüten, aus denen 2 Staubblätter weit herausragen.
Vorkommen: im Mittelmeerraum beheimatet, bei uns nur kultiviert, nicht winterhart!
verwendete Pflanzenteile: Blätter
Inhaltsstoffe (Wirkstoffe): ätherisches Öl, Gerbstoffe, Bitterstoffe
Zubereitungen: Tee, Wein, Bad, Spiritus
Anwendung:
- als kreislaufanregendes, stärkendes Mitte
- bei niedrigem Blutdruck
- zur Steigerung der Durchblutung bei rheumatischen Beschwerden
- bei krampfartigen Magen-Darm-Beschwerden sowie Völlegefühl und Blähungen
- als Gewürz

(siehe Seiten 124, 136, 140, 147, 163)

Kulturbedingungen: Vermehrung durch Stecklinge und Aussaat; als im Mittelmeer beheimatete Pflanze sehr wärmebedürftig; mehrjährig, übersteht den Winter im Freiland nur selten; zum Überwintern ins geheizte Zimmer stellen; eignet sich hervorragend für eine Topfkultur
Erntezeitpunkt: Mai bis Juni, während und kurz nach der Blüte

NEBENWIRKUNGEN / VORSICHTSMASSNAHMEN
→ in der angegebenen Dosierung (siehe Seite 136) sind keine Nebenwirkungen zu befürchten
→ reines ätherisches Öl sollte aber aufgrund der Reizwirkung nicht innerlich angewendet werden
→ während der Schwangerschaft sollte der Tee nicht getrunken werden

ROSSKASTANIE

Aesculus hippocastanum – Rosskastaniengewächs

Pflanzenbeschreibung: 20–30 m hoher, sommergrüner Baum, mit typischen fingerförmig geteilten, 5–7-zähligen Blättern; weiße Blüten mit anfangs gelbem, später purpurrotem Saftmal in reichblütigen, kerzenartigen Trauben; die stacheligen Früchte enthalten große, glänzende Samen
Vorkommen: in Bergschluchten der mittleren Balkanhalbinsel beheimatet, häufig lokal unbeständig verwildert, beliebter Zier- und Alleebaum
verwendete Pflanzenteile: Samen, gelegentlich Blätter, Blüten, Rinde
Inhaltsstoffe (Wirkstoffe): Saponine (Aescin), Flavonoide, Cumarine, Gerbstoffe
Zubereitungen: aus den Samen: Salbe, Tinktur; zahlreiche Fertigpräparate zum innerlichen und äußerlichen Gebrauch rezeptfrei in Apotheken beziehbar
Anwendung:
- bei Venenleiden zur Gewebsentwässerung und als entzündungshemmendes Mittel
- bei Krampfadern und chronischer Venenschwäche (Schmerzen, Schweregefühl in den Beinen, nächtliche Wadenkrämpfe, Juckreiz, Schwellungen)

(siehe Seiten 119, 138, 139)

Erntezeitpunkt: September bis Oktober

NEBENWIRKUNGEN / VORSICHTSMASSNAHMEN

→ bei bestimmungsgemäßem Gebrauch von Droge und Fertigpräparaten sind keine Nebenwirkungen zu erwarten

SALBEI

Salvia officinalis – Lippenblütler

Pflanzenbeschreibung: mehrjähriger, bis 80 cm hoher, unterwärts verholzender Halbstrauch mit kreuzgegenständigen, graugrünen, länglich bis eiförmigen Blättern, die graufilzig behaart sind und runzelig erscheinen, der Blattrand ist fein gekerbt; meist hellviolette Lippenblüten, am Sprossende quirlig angeordnet
Vorkommen: im Mittelmeerraum beheimatet, bei uns kultiviert
verwendete Pflanzenteile: Blätter
Inhaltsstoffe (Wirkstoffe): ätherisches Öl, Gerbstoffe, Bitterstoffe
Zubereitungen: Tee, Tinktur
Anwendung:

- als Gurgelmittel bei Infektionen im Mund- und Rachenraum
- innerlich zur Verminderung der Schweißproduktion und
- bei krampfartigen Verdauungsstörungen
  (siehe Seiten 99, 103, 117, 120, 146, 149, 175, 179)

Kulturbedingungen: Samen in Saatschalen vorziehen oder aus Fachhandel junge Stauden beziehen und an sonnigen Standorten in durchlässigen Boden setzen, Vermehrung durch Teilung; in rauhen Lagen Winterschutz nötig
Erntezeitpunkt: kurz vor der Blüte von Mai/Juni bis September

NEBENWIRKUNGEN / VORSICHTSMASSNAHMEN

→ in angegebener Dosierung (Seite 99) keine Nebenwirkungen zu befürchten
→ reines ätherisches Öl und Tinktur nicht in der Schwangerschaft einnehmen

VERWECHSLUNGSMÖGLICHKEITEN

→ viele andere Salbeiarten, deren Gehalt an ätherischem Öl aber niedriger als beim Arzneisalbei ist

SCHACHTELHALM (ACKERSCHACHTELHALM, ZINNKRAUT)

Equisetum arvense – Schachtelhalmgewächs

Pflanzenbeschreibung: ungefähr 60 cm hohe, niedrig entwickelte Pflanze, die keine Blüten ausbildet; fruchtbare, sporentragende Sprosse erscheinen im Frühjahr vor den sterilen Sprossen, nur letztere werden arzneilich verwendet; Hauptachse mit kurzen Blattscheiden, aus denen in Quirlen die Nebenachsen hervorgehen, Haupt- und Nebenachsen grün und rauh
Vorkommen: auf Äckern und Wiesen, an Ruderalstellen, eher an feuchten Standorten.
verwendete Pflanzenteile: sterile Spätsprosse
Inhaltsstoffe (Wirkstoffe): Kieselsäure, Kaliumsalze, Flavonoide
Zubereitungen: Tee, Bad
Anwendung:

- innerlich zur Durchspülung der ableitenden Harnwege
- zur Ausschwemmung von Wasseransammlungen
- äußerlich bei schlecht heilenden Wunden

- ◆ in der Volksmedizin auch bei Lungenleiden, Rheuma und Gicht
  (siehe Seiten 126, 131, 147, 150, 151, 170)

Kulturbedingungen: als lästiges Ackerunkraut nicht anbauwürdig
Erntezeitpunkt: Mai bis September

NEBENWIRKUNGEN / VORSICHTSMASSNAHMEN
→ Nebenwirkungen sind nicht bekannt
→ keine Durchspülungstherapie bei Wasseransammlungen infolge eingeschränkter Herz- und Nierentätigkeit

VERWECHSLUNGSMÖGLICHKEITEN
→ es gibt viele ähnliche Schachtelhalme
→ insbesondere der Sumpfschachtelhalm, der zu Vergiftungen von Weidevieh führen kann, ist dem Ackerschachtelhalm sehr ähnlich; Unterscheidungsmerkmale:
1. keine Trennung in fertile und sterile Sprosse beim Sumpfschachtelhalm, dieser trägt zum Erntezeitpunkt bereits Sporophyllstände
2. die Blattscheide am Hauptspross ist beim Ackerschachtelhalm kürzer als der zugehörige erste Abschnitt des Seitensprosses

SCHAFGARBE

Achillea millefolium – Korbblütler

Pflanzenbeschreibung: Aggregat von verschiedenen, sehr vielgestaltigen Kleinarten; wenige cm bis über 1 m hohe Pflanzen, die fast kahl bis stark behaart, verzweigt oder unverzweigt sein können; Laubblätter wechselständig, im Umriss länglich bis lanzettlich, 2–3fach fiederschnittig; Blütenstand täuscht Doldenblütler vor, er stellt eine Schirmrispe dar, die aus den eigentlichen Blütenständen – den Körbchen – besteht; Körbchendurchmesser 6 mm bis 15 mm, außen von dachziegelartigen Hüllblättern umgeben, es folgen 4–8 Zungenblüten, innen zahlreiche Röhrenblüten, Blütenfarbe weiß, gelblich weiß oder purpurrosa bis rot.
Vorkommen: das Aggregat ist fast überall durch eine oder mehrere Kleinarten vertreten, in tiefen Lagen und im Gebirge, an trockenen und feuchten Standorten; beim genauen Hinschauen werden Unterschiede der Kleinarten – vorwiegend im Blattschnitt – auffallen
verwendete Pflanzenteile: Blätter, Blüten, Kraut
Inhaltsstoffe (Wirkstoffe): ätherisches Öl, Bitterstoffe (Sesquiterpene), Flavonoide
Zubereitungen: Tee, Bad
Anwendung:
- ◆ als entzündungshemmendes und krampflösendes Mittel bei Magen-Darm- und Gallen-Beschwerden
- ◆ zur Verdauungsanregung
- ◆ bei krampfartigen Schmerzen im Unterleib
- ◆ bei schmerzhafter Regelblutung
- ◆ äußerlich zur Wundheilung sowie zur Blutstillung
  (siehe Seiten 112, 122, 148, 149, 150, 151, 152, 160, 175)

Kulturbedingungen: Aussaat im Frühjahr, stellt keine besonderen Bodenansprüche, mehrjährig
Erntezeitpunkt: blühendes Kraut Juli bis August, Blätter bereits ab April

NEBENWIRKUNGEN / VORSICHTSMASSNAHMEN

→ Allergie möglich, bei bekannter Allergie auf Korbblütler nicht anwenden

VERWECHSLUNGSMÖGLICHKEITEN

→ aufgrund des Blütenstands mit Doldenblütlern zu verwechseln, Blüten genau untersuchen!

SCHLEHE (SCHWARZDORN)

Prunus spinosa – Rosengewächs

Pflanzenbeschreibung: dorniger, bis 3 m hoher Strauch, junge Zweigachsen weichhaarig, später schwarz werdend (Schwarzdorn); Blüten erscheinen lange vor den Blättern, sind kurz gestielt, besitzen 5 weiße, bis 8 mm lange Kronblätter; Laubblätter kurz gestielt, bis 5 cm lang, verkehrt eiförmig, Rand doppelt gesägt; Steinfrüchte 15 mm bis 20 mm im Durchmesser, kugelig, bläulich bereift, mit grünem, saurem Fruchtfleisch; Kultursippen unterscheiden sich von der Wildsippe hauptsächlich durch größere Laubblätter
Vorkommen: in sonnigen Gebüschen und Hecken, an Waldrändern; Schlehdorn kommt in der Natur häufig vor, gegen ein Sammeln von Blüten, Blättern und Früchten ist nichts einzuwenden
verwendete Pflanzenteile: Blüten, Früchte, Blätter
Inhaltsstoffe (Wirkstoffe): Glykoside, in den Blättern auch Gerb- und Bitterstoffe, in den Früchten Säuren und Vitamin C
Zubereitungen: Tee aus Blüten und Blättern, Marmelade und Saft aus den Früchten
Anwendung:

- vorwiegend die Blüten als mildes Abführmittel
- leichtes harntreibendes Mittel
- hauptsächlich in der Volksmedizin, hier auch zahlreiche andere Verwendungen (siehe Seiten 114, 121, 131)

Kulturbedingungen: junge Pflanze aus dem Fachhandel beziehen, an sonnigen Standort, möglichst in kalkhaltigen Boden setzen
Erntezeitpunkt: Blüten Ende April bis Anfang Mai, Früchte im Herbst nach dem ersten Frost (September, Oktober)

NEBENWIRKUNGEN / VORSICHTSMASSNAHMEN

→ in der angegebenen Dosierung (siehe Seite 14) sind keine Nebenwirkungen zu befürchten

SCHLÜSSELBLUME (PRIMEL)

Primula veris (echte), Primula elatior (hohe Schlüsselblume) – Primelgewächse

Pflanzenbeschreibung: bis 30 cm hohe Pflanze, die im Boden mit einem ausgeprägten Wurzelsystem mit zahlreichen dünnen Faserwurzeln verankert ist; nur grundständige Blätter vorhanden, diese länglich bis eiförmig, unterseits kurzhaarig; Blüten in endständiger Dolde, echte Schlüsselblume mit dottergelber und konkaver Krone, hohe Schlüsselblume mit schwefelgelber und ausgebreiteter Krone
Vorkommen: in Laubwäldern (insbesodere Au- und Schluchtwälder), in Gebüschen und auf Wiesen

Teilweise GESCHÜTZT!
verwendete Pflanzenteile: Wurzeln, Blüten
Inhaltsstoffe (Wirkstoffe): Saponine
Zubereitungen: Tee
Anwendung:

- als schleimlösendes, reizlinderndes Mittel (siehe Seite 93)

Kulturbedingungen: Aussaat und Jungpflanzenanzucht im April (Kaltkeimer), Samen nur andrücken und feucht halten, nicht bedecken; auf kalkfreien Böden, mehrjährig
Erntezeitpunkt: Blüten von April bis Mai, Wurzeln aus Naturschutzgründen nicht sammeln

NEBENWIRKUNGEN / VORSICHTSMASSNAHMEN

→ in der angegebenen Dosierung (siehe Seite 93) sind kaum Nebenwirkungen zu befürchten
→ vereinzelt können Magenbeschwerden und Übelkeit auftreten
→ bei bekannter Primelallergie nicht anwenden

SONNENTAU

Drosera rotundifolia und andere Drosera-Arten – Sonnentaugewächse

Pflanzenbeschreibung: insektenfressende Pflanze; bildet Blattrosette von lang gestielten Blättern aus, die dicht mit langen, roten Stieldrüsen besetzt sind; diese sondern zähes Sekret ab, an dem die Insekten haften bleiben; auf diese Weise holt sich die Pflanze den notwendigen Stickstoff; aus der Blattrosette entwickelt sich der bis 25 cm hohe, zarte, blattlose Blütenstängel; weiße Blüten in traubenähnlichem Blütenstand, bis 8 mm groß
Vorkommen: wild wachsend in Moospolstern der Hochmoore, auf Torfwiesen, in Sümpfen und sumpfiger Heide vom Flachland bis zum Alpenvorland
GESCHÜTZT!
verwendete Pflanzenteile: Kraut
Inhaltsstoffe (Wirkstoffe): phenolische Inhaltsstoffe (Naphtochinonderivate)
Zubereitungen: Tee, Tinktur, Flüssigextrakt
Anwendung:

- bei Krampf- und Reizhusten (siehe Seite 94)

Kulturbedingungen: schwierig, am einfachsten Droge aus der Apotheke beziehen
Erntezeitpunkt: nicht in freier Natur sammeln

NEBENWIRKUNGEN / VORSICHTSMASSNAHMEN

→ bei bestimmungsgemäßem Gebrauch (siehe Seite 94) sind keine Nebenwirkungen zu befürchten

SPITZWEGERICH

Plantago lanceolata – Wegerichgewächs

Pflanzenbeschreibung: bis 60 cm hohe, ausdauernde Pflanze mit blattlosem Stiel, an dessen Ende eine kurze Blütenähre mit unscheinbaren, weißen Blüten

sitzt; Laubblätter rosettenförmig, bis 40 cm lang, schmallanzettlich, circa 3 cm breit, im Jugendstadium behaart, Nervatur bogenförmig, 3–7 Blattnerven sind deutlich zu erkennen
Vorkommen: auf trockenen Wiesen und Feldern, auf Schuttplätzen und an Wegrändern
verwendete Pflanzenteile: Blätter
Inhaltsstoffe (Wirkstoffe): Schleim, Bitterstoffe, Aucubin (ein Glykosid)
Zubereitungen: Tee, Sirup (= Saft)
Anwendung:
- zur Reizlinderung bei Husten
- bei Entzündungen der Mund- und Rachenschleimhaut
- äußerlich bei entzündlichen Hautveränderungen
- in der Volksmedizin werden auf frische Verletzungen die frischen (gereinigten) Blätter aufgelegt
  (siehe Seiten 90, 91)

Kulturbedingungen: einfach, aber nicht sinnvoll, da der Spitzwegerich fast überall vorkommt
Erntezeitpunkt: kurz vor und während der Blüte (Juni bis August) an sauberen Standorten sammeln (Wiesen)

NEBENWIRKUNGEN / VORSICHTSMASSNAHMEN
→ Nebenwirkungen sind nicht zu befürchten

VERWECHSLUNGSMÖGLICHKEITEN
→ ***mittlerer*** und ***breiter Wegerich*** sehr ähnlich, Unterschiede bestehen hauptsächlich in der Blattform und in der Länge des Blütenstandes; ***mittlerer*** und ***breiter Wegerich*** werden in der Volksmedizin wie Spitzwegerich verwendet, obwohl letzterer nach wie vor größte Bedeutung hat

STEINKLEE
Melilotus officinalis – Schmetterlingsblütler

Pflanzenbeschreibung: bis 150 cm hohe, zweijährige Pflanze mit meist aufrechtem, reichästigem Stängel; Laubblätter 3-zählig, Blättchen gezähnt, mittleres Blättchen gestielt, Nebenblätter vorhanden; gelbe Schmetterlingsblüten bis 7 mm lang, in reichblütigen, achselständigen, bis 10 cm langen Trauben; beim Trocknen starker Duft nach Cumarin
Vorkommen: auf Schotterfluren, an trockenen Ruderalstellen, Wegrändern; häufig
verwendete Pflanzenteile: Kraut
Inhaltsstoffe (Wirkstoffe): Melilotin, aus dem beim Trocknen Cumarin entsteht, weiters Saponine, Gerbstoffe, Flavonoide, Schleim
Zubereitungen: Tee
Anwendung:
- innerlich bei Krampfadern, chronischer Venenschwäche (Schmerzen und Schweregefühl in den Beinen, nächtliche Wadenkrämpfe, Juckreiz, Schwellungen)
- als unterstützende Maßnahme bei Venenentzündungen und bei Hämorrhoiden

- äußerlich bei Prellungen, Verstauchungen und oberflächlichen Blutergüsssen (siehe Seiten 119, 120, 128, 138)

Kulturbedingungen: Aufzucht aus Samen möglich, bevorzugt sonnige Standorte, zweijährig, anspruchslos
Erntezeitpunkt: Juni bis September, nicht rasch trocknen, das Aroma entwickelt sich erst beim Trocknen

NEBENWIRKUNGEN / VORSICHTSMASSNAHMEN

→ im Allgemeinen sind keine Nebenwirkungen bekannt
→ bei empfindlichen Personen können bei der Anwendung Kopfschmerzen (bedingt durch das Cumarin) auftreten

STIEFMÜTTERCHEN

Viola tricolor – Veilchengewächs

Pflanzenbeschreibung: bis 30 cm hohe, sehr variable Pflanze, Blätter lanzettlich bis herzförmig, Blattrand gesägt, deutliche, meist fiederspaltige Nebenblätter an der Ansatzstelle der Blätter; endständige Blüten aus 5 ungleich großen Blütenblättern, bis 2 cm lang mit kurzem Sporn, Blütenfarbe sehr variabel, gelb, blau, violett oder gemischtfarbig (Dreifarben-Veilchen)
Vorkommen: auf Äckern und Wiesen, an Wegrändern und Böschungen, auf Schuttplätzen, im Gebirge bis 1000 m auf Felsschuttfluren, felsigen Hängen und Magerwiesen
verwendete Pflanzenteile: Kraut
Inhaltsstoffe (Wirkstoffe): Schleime, Flavonoide, Salicylsäureverbindungen, Vitamin C, Gerbstoffe
Zubereitungen: Tee, Bad
Anwendung:

- äußerlich und innerlich zur Unterstützung bei verschiedenen Hauterkrankungen wie Ekzemen, Akne, Juckreiz, Milchschorf bei Kindern
- bei Katarrhen der oberen Luftwege
- als wassertreibendes Mittel
- in der Volksmedizin auch für Blutreinigungskuren beliebt (siehe Seiten 160, 173)

Kulturbedingungen: Aussaat direkt ins Freie von Mitte März bis Mitte April für einjährige Kultur; Folgesaaten zur Überwinterung und Ernte im folgenden Jahr sind möglich; gedeiht auf fast allen Böden (leicht bis mittelschweren Sand-, Moor- und Lehmböden)
Erntezeitpunkt: Mai bis September

NEBENWIRKUNGEN / VORSICHTSMASSNAHMEN

→ sehr selten kann es zu allergischen Hautreaktionen kommen, die nach dem Absetzen wieder verschwinden

TAUSENDGULDENKRAUT

Centaurium erythraea – Enziangewächs

Pflanzenbeschreibung: bis 50 cm hohe Pflanze mit grundständiger Blattrosette, die zur Blütezeit aber bereits verwelkt ist; Stängel meist erst oberwärts verzweigt, vierkantig mit kreuzgegenständigen, länglich eiförmigen oder lanzettli-

chen, unbehaarten Blättern; Blütenstand schirmrispig mit zahlreichen, rosaroten, fünfzähligen Blüten, Kronzipfel bis 6 mm lang
Vorkommen: in Waldschlägen, auf lichten Waldungen, in feuchten Wiesen
GESCHÜTZT!
verwendete Pflanzenteile: Kraut
Inhaltsstoffe (Wirkstoffe): Bitterstoffe
Zubereitungen: Tee, medizinischer Wein
Anwendung:
- bei Appetitlosigkeit
- zur Verdauungsanregung bei Magenschwäche mit mangelnder Magensäureproduktion
- auch zur Anregung der Gallentätigkeit und bei Gallensteinen
  (siehe Seite 107)

Kulturbedingungen: Aufzucht aus Samen möglich, besonders für mageren und sonnigen Standort geeignet; feucht halten, aber Staunässe vermeiden; Lichtkeimer, daher Samen nicht bedecken; Keimtemperatur muss mindestens 15 °C betragen
Erntezeitpunkt: Juli bis September, während der Blütezeit; nicht im Freiland sammeln, Tausendguldenkraut kommt nur selten vor

NEBENWIRKUNGEN / VORSICHTSMASSNAHMEN
→ Nebenwirkungen sind nicht zu befürchten, der bittere Geschmack hält ohnehin vor einer zu langen Anwendungsdauer ab
→ aufgrund der Steigerung der Magensaft(-säure)produktion nicht bei ohnehin bestehender Magenübersäuerung anwenden

THYMIAN

Thymus vulgaris – Lippenblütler

Pflanzenbeschreibung: stark aromatisch duftender, bis 40 cm hoher Halbstrauch mit stark verholzten, aufrechten, vierkantigen, kurz behaarten Stängeln mit kreuzgegenständiger Beblätterung; Blätter bis 10 mm lang, am Rand stark umgerollt; blass – purpurlia bis rosa Lippenblüten in Ähren
Vorkommen: im Mittelmeerraum beheimatet, an trockenen, sonnigen Standorten wie Felsenheiden und Buschwälder
verwendete Pflanzenteile: nicht verholzte, voll beblätterte Triebspitzen
Inhaltsstoffe (Wirkstoffe): ätherisches Öl, hauptsächlich aus Thymol bestehend
Zubereitungen: Tee, Bad, Inhalation
Anwendung:
- bei krampfartigem Husten
- bei Bronchitis
  (siehe Seiten 93, 94, 103)

Kulturbedingungen: Vermehrung durch Aussaat und Wurzelstockteilung möglich, mehrjährig; Aussaat Mitte April bis Mitte Mai; Lichtkeimer, Samen nicht bedecken; Boden soll leicht und locker, Standort trocken, warm und sonnig sein; Steingartenpflanze; eignet sich auch gut für eine Kultur in Töpfen
Erntezeitpunkt: Juni bis Juli, kurz vor oder zu Beginn der Blüte

NEBENWIRKUNGEN / VORSICHTSMASSNAHMEN

→ in der angegebenen Dosierung (siehe Seite 93) sind keine Nebenwirkungen zu befürchten
→ bei der Inhalation ist eine Abkochung des Krautes dem reinen ätherischen Öl vorzuziehen

WACHOLDER

Juniperus communis – Zypressengewächs

Pflanzenbeschreibung: immergrüner, niederliegender Strauch oder höherer Strauch mit säulenförmigem Wuchs (selten kleiner Baum); Laubblätter nadelförmig, spitz, circa 1 cm lang, in meist dreizähligen Quirlen; bildet keine echten Früchte, sondern die Samen liegen wie bei anderen Nadelbäumen auf Schuppenblättern eines Zapfens, die hier aber fleischig werden und von 3 fleischig gewordenen Nadelblättern umgeben sind; es resultiert eine scheinbar geschlossene Frucht, die als Beerenzapfen oder Scheinbeere bezeichnet wird; diese ist kugelrund, blauschwarz und bis zu 10 mm groß, an der Oberseite ist ein 3-teiliges Mal (die Verwachsungsnaht der Hochblätter) zu erkennen
Vorkommen: Auf Berghängen, Heiden und Mooren, in lichten Wäldern, auf steinigen Böden
GESCHÜTZT!
verwendete Pflanzenteile: Beerenzapfen (meistens als Beeren oder Früchte bezeichnet)
Inhaltsstoffe (Wirkstoffe): ätherisches Öl
Zubereitungen: Tee, Spiritus (Einreibung)
Anwendung:

◆ bei Verdauungsbeschwerden
◆ als wassertreibendes Mittel (Wirkung aufgrund einer Reizwirkung auf die Niere)
◆ als Gewürz
(siehe Seiten 126, 140, 163, 179, 180)

Kulturbedingungen: Wacholder ist streng zweihäusig, männliche und weibliche Sträucher wachsen und blühen voneinander getrennt; nur die weiblichen Sträucher bilden nach der Befruchtung Beerenzapfen aus, für die Kultur braucht man unbedingt männliche und weibliche Pflanzen; Jungpflanzen im Fachhandel erhältlich
Erntezeitpunkt: nach dem ersten Frost von Oktober bis November

NEBENWIRKUNGEN / VORSICHTSMASSNAHMEN

→ bei längerer Anwendung oder bei Überdosierung können Nierenschäden auftreten; daher wird empfohlen Wacholder nicht bei akuten Nierenerkrankungen anzuwenden
→ es empfiehlt sich, reines ätherisches Öl nur äußerlich anzuwenden
→ Wacholderzubereitungen vorsichtshalber nicht in der Schwangerschaft anwenden

WEIDE

Salix sp. (verschiedene Weidenarten) – Weidengewächs

Pflanzenbeschreibung: gemeinsame Kennzeichen aller Weiden: Bäume oder

Sträucher; Blüten in Kätzchen (Weidenkätzchen, Palmkätzchen) erscheinen zeitig im Frühjahr vor den Blättern; alle Pflanzen zweihäusig, das heißt, auf einer Pflanze sind entweder nur weibliche (grüne) oder nur männliche Blüten (gelbe Staubblätter) anzutreffen; die zur Drogengewinnung benutzten Weiden haben länglich bis lanzettliche, behaarte oder unbehaarte Blätter mit meist fein gesägtem Blattrand

Vorkommen: bevorzugt an feuchten Standorten, als Flussbegleiter, an Gräben, in Auwäldern und an Waldrändern

verwendete Pflanzenteile: Rinde

Inhaltsstoffe (Wirkstoffe): Salicylsäureverbindungen

Zubereitungen: Tee

Anwendung:

- als entzündungshemmendes, schmerzlinderndes Mittel
- bei Kopfschmerzen
- bei Fieber
- bei Rheuma
  (siehe Seiten 95, 144, 161)

Erntezeitpunkt: im Frühjahr die Rinde von jungen Zweigen schälen

NEBENWIRKUNGEN / VORSICHTSMASSNAHMEN

→ in der angegebenen Dosierung (siehe Seite 95) sind keine Nebenwirkungen zu erwarten

→ die Anwendung von Weidenrinde in der Schwangerschaft ist verboten

WEIDENRÖSCHEN

Epilobium parviflorum (kleinblütiges Weidenröschen) und andere Weidenröschen mit kleinen Blüten; Epilobium angustifolium (schmalblättriges Weidenröschen) – Nachtkerzengewächse

Pflanzenbeschreibung: schmalblättriges Weidenröschen: bis 150 cm hoch, Laubblätter wechselständig, bis 25 mm breit, unterseits blass – bläulich grün, mit deutlichen Seitennerven, am Rande zurückgerollt; leuchtend purpurrote Blüten in bis 50 cm langer Traube, 4-zählige Krone, bis 40 mm im Durchmesser, lange, schotenähnliche Kapselfrüchte, Samen mit Haarschopf
kleinblütiges Weidenröschen: bis 80 cm hoch, Stängel flaumhaarig; Laubblätter gegenständig, sitzend; Krone purpurrosa, bis 9 mm im Durchmesser
andere Weidenröschen unterscheiden sich vor allem in Blütengestalt und Blattstellung

Vorkommen: schmalblättriges Weidenröschen als Bodenfestiger, Rohbodenpionier auf frischen Waldschlägen; kleinblütiges Weidenröschen an nassen, nährstoffreichen Bachufern und Gräben

verwendete Pflanzenteile: Kraut

Inhaltsstoffe (Wirkstoffe): verschiedene Flavonoide (Myricetin, Kämpferol, Quercetin), β-Sitosterin, Oenothein

Zubereitungen: Tee

Anwendung:

- in der Volksmedizin bei gutartigen Prostataerkrankungen und damit zusammenhängenden Beschwerden beim Wasserlassen
- in der Laienliteratur findet man häufig die Meinung, dass nur kleinblütige

Weidenröschen wirksam seien; dem widersprechen neuere Untersuchungen, in denen auch für das schmalblättrige Weidenröschen eine entzündungshemmende Wirkung nachgewiesen wurde; der genaue Wirkmechanismus ist noch nicht geklärt
(siehe Seite 130)
Kulturbedingungen: anspruchslos, verbreitet sich selbst weiter
Erntezeitpunkt: zur Blütezeit Juli / August

NEBENWIRKUNGEN / VORSICHTSMASSNAHMEN
→ Prostataerkrankungen müssen vom Arzt sorgfältig diagnostiziert werden
→ Weidenröschentee nur als unterstützende Maßnahme zur ärztlichen Therapie anwenden
→ bei längerer Anwendung können Magen-Darm-Störungen auftreten

VERWECHSLUNGSMÖGLICHKEITEN
→ das Erkennen der Gattung ist einfach; schwieriger ist es, die einzelnen Weidenröschenarten auseinander zu halten

WEISSDORN

Crataegus monogyna (eingriffleliger), Crataegus oxyacantha (zweigriffeliger Weißdorn) und andere Weißdornarten – Rosengewächse

Pflanzenbeschreibung: sommergrüner, dorniger Strauch oder Baum; weiße Blüten in aufrechten Doldenrispen, 5 Kronblätter, bis 7 mm lang, zahlreiche Staubblätter, 1 Griffel ; Blätter wechselständig, gestielt, Spreite 3–5 cm lang, tief fiederspaltig eingeschnitten, oberseits dunkelgrün glänzend, unterseits bläulich grün; Frucht bis 10 mm groß, dunkelrot, mit einem Steinkern
zweigriffliger W. unterscheidet sich hauptsächlich durch die Anzahl der Griffel und die nur schwach gelappten Blätter
Vorkommen: beide Arten in tiefgründigen Böden, an Waldrändern und Feldgebüschen, zumindest der eingriffelige Weißdorn ist sehr häufig
verwendete Pflanzenteile: Blätter mit Blüten; Früchte
Inhaltsstoffe (Wirkstoffe): Flavonoide, oligomere Procyanidine
Zubereitungen: Tee
Anwendung:
- bei leichten Formen von Herz-Kreislauf-Erkrankungen
- zur Durchblutungsförderung des Herzens
- beim Altersherz

(siehe Seiten 134, 135, 139, 179)
Kulturbedingungen: Weißdorn wächst sehr langsam und ist deshalb für eine Kultur nicht geeignet

Pflanzenabbildung:
1 Hauhechel, 2 Heidelbeere, 3 Himbeere, 4 Hirtentäschel, 5 (schwarzer) Holunder, 6 Hopfen
(Maßstab siehe Seite 17)

1
2
3
4
5
6

FREMDLÄNDISCHE HEILPFLANZEN

Im Folgenden möchte ich noch einige Heilpflanzen vorstellen, die in Europa nicht heimisch sind, aber in letzter Zeit auch bei uns große Bedeutung erlangt haben. Eine Kultur dieser Pflanzen ist aufgrund der zum Herkunftsland unterschiedlichen klimatischen Verhältnisse in unseren Breiten kaum möglich, sie werden daher großteils importiert. In der Praxis überwiegen Fertigpräparate, die vorwiegend Auszüge dieser Heilpflanzen enthalten.

ALOE

Aloe barbadensis (= Aloe vera), Aloe ferox – Grasliliengewächs (früher Liliengewächs)

Pflanzenbeschreibung: in Afrika und Indien beheimatete strauch- bis baumartige Pflanze; Blätter in Form einer Rosette angeordnet, bis zu 1 m lang, dickfleischig, agavenartig mit derb gezähntem Blattrand; zwischen den Blättern treten lange Blütentrauben hervor, die zahlreiche blassrosa und grünlich gestreifte Blüten tragen
verwendete Pflanzenteile: Saft der Blätter
Inhaltsstoffe (Wirkstoffe): Anthraderivate eher in der äußeren Blattzone (abführende Wirkung), Polysaccharide im Inneren des Blattes (äußerlich entzündungshemmend)
Zubereitungen:
- Fertigpräparate aus der Apotheke haben sich in der Praxis bewährt, sie enthalten den eingedickten Saft der Sekretzellen (= Aloe) beziehungsweise einen Extrakt davon
- frischer Blattsaft in Kosmetika enthalten
- von abführenden Stoffen freie Aloegele ebenfalls als Kosmetika im Handel

Anwendung: nur Fertigpräparate:
- als starkes Abführmittel, nur wenn durch Ernährungsumstellung oder Quellstoffe kein Effekt zu erzielen ist
- wenn weicher Stuhl erwünscht ist (bei Hämorrhoiden oder Analrissen)
- Presssaft und wässrige Extrakte äußerlich zur Hautpflege und als Kosmetikum
  (siehe Seiten 115, 167)

NEBENWIRKUNGEN / VORSICHTSMASSNAHMEN

→ wie jedes starke Abführmittel nicht für den Dauergebrauch bestimmt, dieser kann zu einer Verstärkung der Darmträgheit führen
→ generell dürfen Abführmittel nicht bei Darmverschluss angewendet werden
→ vorsichtshalber in der Schwangerschaft und Stillzeit nicht anwenden; in dieser Zeit ist zunächst eine ballaststoffreiche Kost, viel Bewegung und ausreichende Flüssigkeitszufuhr angeraten; reichen diese Maßnahmen nicht aus, sind pflanzliche Quellmittel wie Feigen oder Leinsamen angezeigt

ARTISCHOCKE

Cynara scolymus – Korbblütler

Pflanzenbeschreibung: bis zu 2 m hohe, distelähnliche Pflanze mit großen, violetten, körbchenartigen Blütenständen
Vorkommen: im mediterranen Raum beheimatet
verwendete Pflanzenteile: Hüllen der Blütenköpfe, Blätter, Wurzel
Inhaltsstoffe (Wirkstoffe): Bitterstoffe (Cynaropikrin, Cynarin), Flavonoide, Gerbstoffe
Zubereitungen: Blütenhüllblätter und Blütenstandsboden als Gemüse; daraus werden auch die Fertigpräparate hergestellt (als Tee kaum gebraucht)
Anwendung:

- ◆ bei Gallenbeschwerden, zur Anregung der Gallentätigkeit und des Gallenflusses
- ◆ Fertigpräparate mit dem Pflanzenextrakt zeigen auch eine günstige Beeinflussung des Blutfettspiegels, eine Leberschutzwirkung und eine Förderung der Leberregeneration ähnlich dem Silymarin der Mariendistel (siehe Seite 123)

NEBENWIRKUNGEN / VORSICHTSMASSNAHMEN

→ Nebenwirkungen sind nicht bekannt
→ bei bekannter Allergie auf Korbblütler vorsichtshalber nicht anwenden

GEWÜRZNELKEN

Syzygium aromaticum – Myrtengewächs

Pflanzenbeschreibung: bis 20 m hoher, immergrüner Baum, der in allen Teilen ätherisches Öl enthält; Blätter unbehaart, ganzrandig, ledrig, glänzend, eiförmig, bis 15 cm lang; Blüten in Schirmrispen, gelblich weiß mit roten Achsenbechern
Vorkommen: in Malaysia und an der ostafrikanischen Küste kultiviert
verwendete Pflanzenteile: noch geschlossene, aber voll entwickelte Blüten
Inhaltsstoffe (Wirkstoffe): hoher Gehalt an ätherischem Öl, Gerbstoffe
Zubereitungen: Tinktur, reines ätherisches Öl
Anwendung:

- ◆ bei Entzündungen der Mund- und Rachenschleimhaut
- ◆ bei Zahnschmerzen (ätherisches Öl auftragen oder Droge kauen)
- ◆ Tinktur als Magenmittel
- ◆ als Gewürz

NEBENWIRKUNGEN / VORSICHTSMASSNAHMEN

→ auch als Gewürz sparsam dosieren, alle Drogen mit hohem Gehalt an ätherischem Öl können die Schleimhäute reizen

GINSENG

Panax ginseng – Araliengewächs

Pflanzenbeschreibung: bis 80 cm hohe Staude mit ahornähnlichen, lang gestielten, handförmig geteilten, quirlständigen Blättern; kleine Blüten zu 15–30 in Dolden; Beeren hellrot gefärbt

Vorkommen: beheimatet in den Gebirgswäldern des mittleren Ostasiens, vor allem in Korea, Japan und Nordost-China auch kultiviert
verwendete Pflanzenteile: Wurzel
Inhaltsstoffe (Wirkstoffe): Ginsenoside (Saponine), ätherisches Öl
Zubereitungen: Tee; zahlreiche Fertigpräparate erhältlich, lassen Sie sich bezüglich Qualität und Stärke in Ihrer Apotheke beraten
Anwendung:
- ◆ Stärkungsmittel aus der ostasiatischen Medizin
- ◆ stärkt die körpereigene Abwehr
- ◆ zur Stärkung und Kräftigung bei Müdigkeits- und Schwächegefühl, bei nachlassender Leistungs- und Konzentrationsfähigkeit
- ◆ in der Rekonvaleszenz (Erholungsphase nach einer Krankheit)
  (siehe Seite 145)

NEBENWIRKUNGEN / VORSICHTSMASSNAHMEN
→ bei bestimmungsgemäßem Gebrauch sind Nebenwirkungen sehr selten
→ selten kann es zu einem Blutdruckanstieg kommen
→ nicht gemeinsam mit Koffein enthaltenden Genussmitteln einnehmen

HIBISKUS (KARKADE, ROTE MALVE, AFRIKANISCHE MALVE, NUBIE)

Hibiscus sabdariffa – Malvengewächs

Pflanzenbeschreibung: bis 5 m hohe, einjährige, krautige Pflanze; Blätter gelappt; Blüten mit Innen- und Außenkelch, die nach dem Verblühen fleischig werden
Vorkommen: heimisch im Sudan, kultiviert in Ägypten, auf Ceylon, Java, in Mexiko, Thailand und China
verwendete Pflanzenteile: Blüten (= eigentlich Kelch- und Außenkelchblätter)
Inhaltsstoffe (Wirkstoffe): Fruchtsäuren, Anthocyane (rot gefärbt), Flavonoide, Schleim
Zubereitungen: Tee
Anwendung:
- ◆ als Erfrischungsgetränk
- ◆ als mildes Abführmittel
  (siehe Seite 114)

NEBENWIRKUNGEN / VORSICHTSMASSNAHMEN
→ Nebenwirkungen sind nicht bekannt

INGWER

Zingiber officinale – Ingwergewächs

Pflanzenbeschreibung: das Ingwerrhizom kriecht horizontal im Boden und verzweigt sich nur in einer Ebene geweihartig, daraus entwickelt sich der Scheinstängel, der bis zu 1 m hoch wird und schmale, lange Blätter trägt; endständige Blütenähre

Vorkommen: in Indien, Malaysia, China und in den Tropen angebaut
verwendete Pflanzenteile: Rhizom (unterirdischer Spross)
Inhaltsstoffe (Wirkstoffe): ätherisches Öl, Scharfstoffe
Zubereitungen: Tee, Tinktur
Anwendung:
- als Gewürz
- als appetitanregendes Mittel, zur Aktivierung der Verdauung
- Fertigpräparate bei Reisekrankheit
  (siehe Seite 146)

Kulturbedingungen: Der arzneilich verwendete Ingwer und auch das Gewürz stammen ausschließlich aus Kulturen. Für den Hausgebrauch kann eine Topfkultur versucht werden. Die Vermehrung erfolgt vegetativ, dazu werden kleine Rhizomteile in die Erde gelegt; im Sommer kann man die Pflanze an einen geschützten Platz ins Freie stellen. Im Herbst ziehen die Blätter ein; überwintert wird Ingwer völlig trocken in einem dunklen, kühlen – aber nicht unter 10 °C kalten Raum.

NEBENWIRKUNGEN / VORSICHTSMASSNAHMEN
→ Nebenwirkungen sind nicht bekannt
→ keine Anwendung bei Schwangerschaftserbrechen

MYRRHE

Commiphora molmol und andere Commiphora-Arten – Balsamstrauchgewächse

Pflanzenbeschreibung: bis 3 m hoher Baum mit kleinen, oft gedrehten Blättern; Blüten in rispenartigen Blütenständen
Vorkommen: in Somalia, Äthiopien, im Jemen und im Sudan
verwendete Pflanzenteile: das an der Luft getrocknete Gummiharz
Inhaltsstoffe (Wirkstoffe): ätherisches Öl, Harz
Zubereitungen: Tinktur
Anwendung:
- als Pinselung, Spül- oder Gurgelmittel bei Entzündungen im Mund und am Zahnfleisch
  (siehe Seite 99)

NEBENWIRKUNGEN / VORSICHTSMASSNAHMEN
→ bei der äußerlichen Anwendung der Myrrhentinktur sind keine Nebenwirkungen zu befürchten

SENNA

Cassia angustifolia (Tinnevelly – Senna), Cassia senna (Alexandriner Senna) – Bockshörndlbaumgewächse

Pflanzenbeschreibung: bei beiden Arten handelt es sich um Sträucher, die bis 1,5 m hoch werden können; Blätter paarig gefiedert mit oval-lanzettlichen, sehr derben Fiederblättchen, die kurz gestielt und ganzrandig sind und ein kurzes Stachelspitzchen aufweisen; gelbe Blüten in blattachselständigen Trauben; flache, braune bis 4 cm lange Schotenfrüchte

Vorkommen: Tinnevelly-Senna beheimatet in Somalia, Arabien, Kulturen in Südindien (besonders im District Tinnevelly), Alexandriner Senna im Sudan bis Westafrika verbreitet
verwendete Pflanzenteile: Fiederblätter
Inhaltsstoffe (Wirkstoffe): Anthraderivate
Zubereitungen: Tee und zahlreiche Fertigpräparate in Apotheken zu beziehen
Anwendung:
◆ Abführmittel
(siehe Seite 115)
Erntezeitpunkt: Droge aus der Apotheke beziehen

NEBENWIRKUNGEN / VORSICHTSMASSNAHMEN
→ wie jedes starke Abführmittel nicht für den Dauergebrauch bestimmt, dieser kann zu einer Verstärkung der Darmträgheit führen
→ generell dürfen Abführmittel nicht bei Darmverschluss angewendet werden
→ Anwendung der Sennesfrüchte in der Schwangerschaft und Stillzeit möglich, wenn diätetische Maßnahmen (ballaststoffreiche Kost in Kombination mit viel Flüssigkeit) oder Quellmittel (Leinsamen, Feigen) allein nicht zielführend sind

SONNENHUT

Echinacea purpurea (purpurroter), Echinacea angustifolia (schmalblättriger), Echinacea pallida (blasser Sonnenhut) – Korbblütler

Pflanzenbeschreibung: je nach Art 60 cm bis 120 cm hoher Korbblütler mit endständigen, großen Körbchen mit weißen, hellrosa oder auffällig purpurrot gefärbten, je nach Art circa 4 cm oder 10 cm langen Zungenblüten; Blätter lanzettlich, wechselständig, ganzrandig, circa 15 cm lang, wie der Stängel borstig behaart
Vorkommen: beheimatet im mittleren und östlichen Teil Nordamerikas
verwendete Pflanzenteile: Wurzel, ganze Pflanze
Inhaltsstoffe (Wirkstoffe): Echinacin, Echinacosid, ätherisches Öl
Zubereitungen: Tee spielt nur eine sehr untergeordnete Rolle, Fertigpräparate (Presssaft, Tropfen, Salbe) aus der Apotheke sind sehr wirksam
Anwendung:
◆ zur Unterstützung und Förderung der natürlichen Abwehrkräfte
◆ bei (immer wiederkehrenden) Erkältungskrankheiten im Hals-, Nasen- und Rachenbereich
◆ bei grippeartigen Infekten
◆ bei häufig auftretenden Blasenentzündungen
◆ äußerlich zur Wundheilung
(siehe Seiten 97, 100, 127, 167, 173, 178, 179)
Kulturbedingungen: als Zierpflanze kultivierbar; Sonnenhutpflanzen haben einen hohen dekorativen Wert, eine Aufzucht aus Samen ist möglich

NEBENWIRKUNGEN / VORSICHTSMASSNAHMEN
→ bei bekannter Allergie auf Korbblütler nicht anwenden

SÜSSHOLZ

Glycyrrhiza glabra – Schmetterlingsblütler

Pflanzenbeschreibung: bis 150 cm hohe, holzige, mehrjährige Staude; Blätter unpaarig gefiedert mit vielen oval bis herzförmigen Fiederblättchen; blaulila Schmetterlingsblüten in vielblütigen, achselständigen Blütentrauben; ausgedehntes Wurzelsystem mit einer Pfahlwurzel, Nebenwurzeln und vielen Ausläufern
Vorkommen: heimisch vor allem im Mittelmeergebiet, aber auch in Russland, Persien und Syrien; die Handelsware stammt größtenteils aus Kulturen
verwendete Pflanzenteile: Wurzeln
Inhaltsstoffe (Wirkstoffe): Triterpensaponine (hauptsächlich Glycyrrhizin), Flavonoide
Zubereitungen: Tee, Saft (durch Auskochen der Wurzel und Eindicken), aus dem Saft werden auch die Lakritzenstangen hergestellt
Anwendung:

- ◆ als schleimlösendes, entzündungshemmendes Mittel bei Husten
- ◆ zur unterstützenden Behandlung von krampfartigen Beschwerden bei Gastritis
  (siehe Seiten 93, 110)

NEBENWIRKUNGEN / VORSICHTSMASSNAHMEN

- → bei bestimmungsgemäßem Gebrauch (siehe Seite 93) sind keine Nebenwirkungen zu befürchten
- → Süßholzwurzel ist nicht für den Dauergebrauch bestimmt
- → bei längerer Anwendung in höheren Dosen kommt es zu einer Störung des Wasser- und Elektrolythaushalts (Schwellungen aufgrund vermehrter Wassereinlagerungen im Gesichtsbereich und in den Fußgelenken sowie eine Blutdruckerhöhung sind möglich)

ZIMT

Cinnamomum ceylanicumund andere Cinnamomum Arten – Lorbeergewächse

Pflanzenbeschreibung: Die im Handel erhältliche Zimtrinde stammt von einem auf Ceylon heimischen und dort kultivierten Baum mit gegenständigen, ovalen, nach Nelken duftenden Blättern; weißlich grüne, unscheinbare Blüten in wenigblütiger Rispe
verwendete Pflanzenteile: Rinde von jungen Ästen
Inhaltsstoffe (Wirkstoffe): ätherisches Öl
Zubereitungen: Tee
Anwendung:

- ◆ hauptsächlich als geschmacksverbesserndes Mittel und als Gewürz
- ◆ bei Magen-Darm-Beschwerden wie Völlegefühl, Blähungen und leicht krampfartigen Beschwerden

Kulturbedingungen: als Zierpflanze kultivierbar; Zimt benötigt ganzjährige Temperaturen über 20 °C, eine relative Luftfeuchtigkeit um 80 %, viel Licht und eine gleichmäßige Bodenfeuchtigkeit. Ein Zimtbäumchen wächst unter den genannten Bedingungen auch im geschlossenen Blumenfenster als Zierpflanze.
Erntezeitpunkt: Für eine gute Drogenqualität muss der Zimtbaum einige Jahre

gepflegt werden; von kräftigen Pflanzen werden die Stämmchen abgeschlagen, damit sich an den Stümpfen Schößlinge bilden können; nach etwa 2 Jahren gewinnt man von diesen Schösslingen die Rinde.
Für den Gebrauch in der Hausapotheke und in der Küche besorgt man sich die Zimtrinde am besten in der Apotheke

NEBENWIRKUNGEN / VORSICHTSMASSNAHMEN

→ bei Magenübersäuerung und bei Magen- und Darmgeschwür nicht zu empfehlen

EINSATZGEBIETE VON HEILPFLANZEN UND HAUSMITTELN

In diesem Kapitel werden die wichtigsten Anwendungsgebiete von pflanzlichen Heilmitteln -gegliedert nach Befindlichkeitsstörungen und Krankheiten – vorgestellt. Der Schwerpunkt liegt auf dem im Rahmen der Selbstmedikation möglichen und sinnvollen Einsatz von Heilpflanzenzubereitungen oder Hausmitteln.

Die Grenzen pflanzlicher Arzneimittel sind bei einigen Krankheiten früher erreicht als bei anderen, die entsprechenden Kapitel sind daher auch kürzer ausgefallen. Manche Krankheiten erfordern eine starke oder sofortige Wirkung. Sie werden im vorliegenden Buch nicht besprochen, weil den meisten Heilpflanzenzubereitungen derartige Wirkungen fehlen (siehe auch Kapitel „Grundlagen“ Seite 8).

Die Empfehlungen zu Dosierung und Anwendungsdauer der jeweiligen Zubereitungen sowie Besonderheiten oder Gefahren bei der Anwendung sollen beachtet werden.

Der Gebrauch fast aller pflanzlichen Heilmittel war zunächst in der Volksmedizin bekannt. Die genannten Heilpflanzen werden daher zum Großteil dort in gleicher Weise wie in der Schulmedizin verwendet. Die Volksheilkunde kennt aber weitere Heilmittel, die (noch) keinen Eingang in die Schulmedizin gefunden haben. Diese werden jeweils in einem eigenen Kapitel vorgestellt.

Diese volkskundlichen Heilmittel haben sich seit Generationen bewährt und verdienen auf jeden Fall Beachtung. Denn die starke und erfolgreiche Verwendung einer Heilpflanze war oft der Anlass für eine genaue, wissenschaftliche Untersuchung. Dabei konnten viele Fragen geklärt und auch Missverständnisse ausgeräumt werden. Bei vielen Pflanzen fehlt noch eine exakte wissenschaftliche Begründung für deren Verwendung. Diese Heilkräuter können aber keinesfalls als wirkungslos abgetan werden, sofern keine Risiken mit ihrem Einsatz verbunden sind, ist gegen einen Gebrauch nichts einzuwenden.

Die in den Kapiteln „Bewährte Hausmittel bei . . .“ angeführten Rezepte wurden unverändert der Volksmedizin-Datenbank des Instituts für Pharmakognosie entnommen (siehe Quellenverzeichnis).

Die bereits von der Schulmedizin (für die gleichen Einsatzgebiete) anerkannten Heilpflanzen behaupten ihren Platz in der Volksmedizin natürlich nach wie vor. Da sie aber bereits in den jeweiligen Kapiteln ausführlich besprochen wurden, werden sie bei den Volksheilmitteln nur mehr genannt, wenn sie in anderen Zubereitungsformen angewendet werden.

Um das traditionelle Wissen der Bevölkerung über die Heilkräfte der Natur zu bewahren, sind nur authentisch überlieferte Rezepturen berücksichtigt und unverändert wiedergegeben worden. Bei manchen Rezepten fehlen genaue Zubereitungsvorschriften, diese wurden von den Befragten nicht genannt.

ATEMWEGSERKRANKUNGEN

HUSTEN

Husten ist ein Symptom verschiedener Erkrankungen. Die häufigsten Ursachen sind bakterielle oder virale Infekte, Asthma und Bronchitis. Husten tritt in verschiedenen Formen auf, angefangen vom trockenen Reizhusten, Husten einhergehend mit vermehrter Schleimbildung bis zum krampfartigen Hustenanfall. Gerade für den Bereich der Atemwegserkrankungen steht uns eine Fülle wirksamer Heilpflanzen zur Verfügung, die die verschiedenen Krankheitsbilder abdecken. Vor allem zu Beginn einer Erkrankung und bei leichteren Verlaufsformen, aber auch als unterstützende Maßnahme zu anderen Therapien stellt die Anwendung von Heilkräutern in verschiedenen Zubereitungsformen eine bewährte Methode zur Linderung und Bekämpfung der Beschwerden dar.

Hustentees können mit Honig oder Kandiszucker gesüßt werden.

Trockener Reizhusten

Von trockenem Husten spricht man, wenn mit dem Husten keine vermehrte Schleimbildung einhergeht. Durch eine Reizung des hinteren Rachenraumes kommt es zu quälenden Hustenanfällen, die vor allem nachts störend sind, weil die Patienten am Schlafen gehindert werden. Außerdem wird durch das häufige Husten das Herz-Kreislauf-System belastet, dies spielt vor allem bei bereits durch die Krankheit oder sonst geschwächten Personen eine Rolle.

PFLANZENZUBEREITUNGEN

Eine Linderung des Hustenreizes wird vor allem durch schleimhaltige Drogenzubereitungen erreicht, die die gereizten Schleimhäute mit einem schützenden Film überziehen.

Zubereitungen aus reinen Schleimdrogen

Eibischtee

Eibischwurzeln enthalten neben den Schleimstoffen auch Stärke. Damit diese nicht verkleistert, wird die Wurzel mit kaltem Wasser angesetzt (2 Teelöffel auf $^1/_4$ l Wasser), der Ansatz öfters umgerührt und nach einer halben Stunde abgeseiht; den Tee vor dem Trinken erwärmen und langsam schluckweise trinken.

Wird der Tee als Gurgellösung verwendet, kann die Wurzel auch mit kochendem Wasser überbrüht werden.

Eibischblättertee wie Eibischwurzeltee kalt ansetzen oder die Blätter mit heißem

Wasser überbrühen (2 Teelöffel auf $^1/_4$ l) und 10 Minuten ziehen lassen, dann abseihen; Eibischtee immer frisch zubereiten.

Eibischsirup
Eibischsirup ist vor allem in der Kinderheilkunde ein beliebtes Hustenmittel. Dazu werden 2 Teile der klein geschnittenen Wurzel auf einen Filter gebracht, mit 1 Teil Weingeist und 45 Teilen Wasser übergossen. Die abfließende Flüssigkeit wird aufgefangen und sogleich wieder über die Wurzel gegossen, dies wiederholt man eine Stunde lang. In der so erhaltenen Flüssigkeit wird ungefähr die doppelte Menge Zucker gelöst, dann die Mischung aufgekocht.
Alle Eibischzubereitungen sollten aufgrund der geringen Haltbarkeit stets frisch hergestellt werden.

Malvenblättertee (Käsepappeltee)
Malvenblättertee (meistens als Käsepappeltee bezeichnet) wird wie Eibischblättertee zubereitet; auch die Malvenblüten können in gleicher Weise verwendet werden.

Huflattichtee
Huflattichblätter und auch die Blüten stellen ebenfalls eine schleimhaltige Arzneidroge dar und zählen zu den ältesten bekannten Hustenmitteln. Ihre Anwendung ist aber aufgrund des möglichen Gehalts an giftigen Pyrrolizidinalkaloiden heute stark zurückgegangen, beziehungsweise sind Huflattich und Zubereitungen daraus in Österreich verboten. In Deutschland sollen Huflattichblätter nur aus Apotheken bezogen werden (nähere Informationen zu dieser Problematik siehe Pflanzenbeschreibung Seite 50).
Bei der Verwendung von Huflattichblättern soll sehr sparsam dosiert werden (1 Teelöffel auf $^1/_4$ l Wasser, 3–4-mal täglich), die Anwendungsdauer soll auf nur 4 bis 6 Wochen pro Jahr beschränkt werden.
Nicht in der Schwangerschaft und Stillperiode anwenden.

Huflattichsaft
Im Handel gibt es einen Frischpresssaft aus Huflattichblättern, der garantiert aus alkaloidfreien Pflanzen stammt. Von der eigenen Herstellung wird aus genannten Gründen dringend abgeraten!

Zubereitungen aus Schleimdrogen mit zusätzlichen Wirkstoffen:

Königskerzentee (Wollblumentee)
Die Königskerzenblüten enthalten außer Schleim noch Saponine als auswurffördernde Wirkstoffe. Sie bringen daher nicht nur Linderung bei reinem Reizhusten, sondern erleichtern auch das Abhusten von zähem Schleim. Sie werden meist nicht alleine, sondern als Zusatz zu anderen Teemischungen verwendet, wobei ihnen neben der Heilwirkung durch die schöne gelbe Farbe auch ein schmückender Effekt zukommt.

Spitzwegerichtee
1–2 Teelöffel Spitzwegerichblätter mit $^1/_4$ l kochendem Wasser übergießen, 15 Minuten ziehen lassen, dann abseihen; 2–3 Tassen täglich trinken.
Spitzwegerichblätter enthalten neben den Schleimstoffen auch adstringierende Gerbstoffe, die den auf der Schleimhaut angesiedelten Bakterien den Nährbo-

den entziehen. Weiters beinhalten sie antibiotisch wirksame Substanzen, die einerseits zur Heilwirkung beitragen aber auch Zubereitungen aus Spitzwegerichblättern länger haltbar machen.

Spitzwegerichsaft
Am besten eignen sich dafür frische Blätter, die zunächst verrieben, dann mit etwas Wasser versetzt werden; der Ansatz wird zum Sieden erhitzt und ohne Abseihen mit etwas Honig gesüßt. Von diesem wohlschmeckenden Saft kann stündlich ein Teelöffel genommen werden, vorzugsweise bei Husten mit Fieber, aber auch bei allgemeinen Erkältungskrankheiten.

Isländisches Moos
2 gehäufte Teelöffel geschnittenes isländisches Moos mit $^1/_4$ l kaltem Wasser übergießen, langsam zum Sieden erhitzen und sofort abseihen; 2–3-mal täglich eine Tasse mit Honig gesüßt trinken; ungesüßt schmeckt dieser Tee sehr bitter.
Auch diese Droge enthält antibiotisch wirksame Substanzen, die zusammen mit den Schleimstoffen hauptsächlich für die Heilwirkung verantwortlich sind. Die Bitterstoffe des isländischen Mooses führen zu einer allgemeinen Stärkung und Kräftigung des Organismus, was sich bei häufig wiederkehrenden Infekten und vor allem bei älteren Personen günstig auswirkt.

Teemischungen bei Reizhusten

Teemischung 1

Eibischblätter	
Malvenblätter	
Malvenblüten	zu gleichen Teilen

2 Teelöffel dieser Mischung mit kochendem Wasser übergießen und ca 10 Minuten ziehen lassen, dann abseihen, langsam und schluckweise – bevorzugt am Abend – trinken.
Dieser Tee eignet sich auch sehr gut zum Gurgeln bei Reizhusten mit gleichzeitigem Halsbrennen.

Teemischung 2

Eibischwurzel	20 Teile
Eibischblätter	10 Teile
Isländisches Moos	10 Teile
Fenchelfrüchte, zerdrückt	10 Teile

2 Teeöffel dieser Mischung mit $^1/_4$ l kaltem Wasser ansetzen, 1 Stunde stehen lassen und gelegentlich umrühren, abseihen, mit Honig versetzen und auf Trinktemperatur erwärmen und langsam trinken; besonders bei Reizhusten mit gleichzeitig einhergehender starker Halsentzündung geeignet.

Teemischung 3

Eibischblätter	55 Teile
Eibischwurzel	25 Teile
Süßholzwurzel	15 Teile
Malvenblüten	5 Teile

Diese Kräuter kurz mit heißem Wasser überbrühen, 10 Minuten ziehen lassen,

dann abseihen. Diese als „Eibischtee" bezeichnete Mischung ist ein Rezepturvorschlag im Arzneibuch und als Mischung in jeder Apotheke vorrätig.
Die schleimlösende Süßholzwurzel ermöglicht die Anwendung auch bei Reizhusten, der mit Schleimbildung einhergeht.

Teemischung 4
Thymiankraut
Eibischwurzel
Eibischblätter zu gleichen Teilen
1–2 Teelöffel dieser Mischung mit kochendem Wasser übergießen, 5–10 Minuten zugedeckt ziehen lassen, dann abseihen; 3 Tassen täglich mit Honig gesüßt mäßig warm trinken.

Husten mit vermehrter Schleimbildung

Eine Infektion der Bronchien durch Bakterien oder Viren führt zu entzündlichen Veränderungen der Schleimhäute, zu einer verstärkten Durchblutung und Zellabstoßung und als Folge davon zu verstärkter Schleimproduktion und Husten. Eine Dämpfung des Hustenreizes ist hier nicht vorrangig, vielmehr soll dafür gesorgt werden, dass das gebildete Sekret ausgehustet werden kann.

PFLANZENZUBEREITUNGEN

Dafür stehen Pflanzen zur Verfügung, die eine Entfernung einer krankhaft vermehrten (zähflüssigen) Schleimmenge bewirken können. Sie werden auch als auswurffördernde Mittel oder als Expektorantien bezeichnet. Ihre Wirkung kann durch verschiedene Mechanismen zustande kommen: Verflüssigung des Schleims (Mucolytika, Sekretolytika), Beschleunigung des Schleimtransports (Sekretomotorika) oder durch Herabsetzen der Oberflächenaktivität von zähem Schleim.
Als wirksame Mittel haben sich vor allem zwei Gruppen von Drogen bewährt:
Ätherischölhaltige Drogen führen zu einer Sekretverflüssigung, zu beschleunigtem Abtransport, wirken aber auch antibakteriell, zum Teil krampflösend und entzündungshemmend.
Saponinhaltige Drogen führen zu einer Verfüssigung des Sekrets, manche Drogen weisen zusätzlich eine entzündungshemmende Wirkung auf.
Vielfach werden schleimlösende Pflanzen tagsüber eingesetzt, am Abend vor dem Schlafengehen können beim Auftreten von nächtlichen Hustenanfällen hustenreizlindernde Drogen eingesetzt werden.

Zubereitungen aus ätherischölhaltigen Pflanzen

Fencheltee
Ein gehäufter Teelöffel zerdrückter Fenchelfrüchte mit $^{1}/_{4}$ l kochendem Wasser übergießen, 10 Minuten ziehen lassen, dann abseihen. 2–5-mal täglich eine Tasse mit Honig gesüßt trinken.

Fenchelhonig
Im Handel ist auch Fenchelhonig erhältlich, der zum Süßen von Hustentees verwendet werden kann.

Anistee
Die Zubereitung erfolgt wie beim Fencheltee beschrieben. Anisfrüchte wirken

etwas schwächer auswurffördernd als Fenchelfrüchte, sind aber angenehmer im Geschmack.

Thymiantee
1 gehäuften Teelöffel Thymiankraut mit $^1/_4$ l Wasser übergießen und zum Sieden erhitzen oder mit siedendem Wasser übergießen und 10 Minuten zugedeckt ziehen lassen; 3 Tassen täglich mäßig warm und mit Honig gesüßt trinken. Thymian beschleunigt nicht nur den Abtransport von übermäßigem Schleim, sondern hilft auch sehr gut bei krampfartigem Husten. Bei genauer Einhaltung der Dosierungsvorschriften sind keine Nebenwirkungen des im ätherischen Öl enthaltenen Thymols zu befürchten.

Zubereitungen aus saponinhaltigen Pflanzen

Schlüsselblumentee (Primeltee)
1 Teelöffel klein geschnittene Primelwurzel oder 2 Teelöffel Primelblüten mit $^1/_4$ l Wasser zum Sieden erhitzen und 5 Minuten ziehen lassen, dann abseihen, 2–3 Tassen pro Tag trinken.

Schlüsselblumensirup (Primelwurzelsirup)
Dieser wird vorwiegend in der Volksmedizin verwendet und durch Auskochen von 1 gehäuftem Teelöffel zerkleinerter Primelwurzeln mit wenig Wasser hergestellt. Nach dem Abseihen wird so viel Honig zugesetzt bis eine sirupartige Flüssigkeit entsteht; der Sirup wird teelöffelweise eingenommen.

Süßholzwurzeltee
Die Inhaltsstoffe der Süßholzwurzel wirken auswurffördernd, entzündungswidrig und auch krampflösend. Der Tee sollte in hohen Dosen nicht länger als 4–6 Wochen angewendet werden, während dieser Zeit wird empfohlen, auf kaliumreiche Kost (Bananen) zu achten.
1 gehäuften Teelöffel mit $^1/_4$ l kochendem Wasser überbrühen, kurz weiter erhitzen und nach dem Abkühlen abseihen, 2–3 Tassen pro Tag warm trinken.

Teemischungen bei Husten mit vermehrter Schleimbildung

Teemischung 1

Süßholzwurzel	20 Teile
Isländisches Moos	10 Teile
Spitzwegerichblätter	10 Teile
Hagebutten ohne Kerne	10 Teile

Dosierung wie reiner Süßholzwurzeltee, aber nur mit heißem Wasser überbrühen und kurz ziehen lassen. Die Hagebutten dienen als Vitamin-C-Lieferant.

Teemischung 2

Eibischwurzel	8 Teile
Süßholzwurzel	3 Teile
Eibischblätter	4 Teile
Königskerzenblüten (Wollblumen)	2 Teile
Anisfrüchte	2 Teile

1–2 Teelöffel dieser Mischung mit $^1/_4$ l heißem Wasser übergießen und 10 Minuten ziehen lassen, 2–3 Tassen pro Tag warm und schluckweise trinken.

Teemischung 3 beim Altershusten

Primelwurzel	30 Teile
Weißdornblüten	20 Teile
Anisfrüchte, zerdrückt	10 Teile
Fenchelfrüchte, zerdrückt	10 Teile
Malvenblätter	10 Teile

2 Teelöffel dieser Mischung mit $^1/_4$ l kochendem Wasser übergießen und nach 10 Minuten abseihen, mit Honig süßen, 3 Tassen täglich heiß trinken. Diese Teemischung eignet sich besonders für ältere Menschen, die ständig einen etwas verschleimten Husten haben, der aber nicht auf eine Erkältung, sondern auf die verminderte Herzleistung zurückzuführen ist.

Krampfartiger Husten

Bei diesem Husten kommt es zu Verkrampfungen der Bronchialmuskulatur, die eine Atemnot zur Folge hat. Heilpflanzen mit krampflösender Eigenschaft kommen hier zum Einsatz. Diese Form des Hustens tritt vor allem beim Asthma bronchiale und Keuchhusten auf, kann aber auch bei manchen Formen der Bronchitis gleichzeitig mit starker Verschleimung und Hustenreiz einhergehen. Daher werden krampflösend wirkende Teedrogen häufig mit anderen kombiniert, um die Wirkung zu erweitern.

PFLANZENZUBEREITUNGEN

Auch hier kommen vorwiegend Ätherischöldrogen zum Einsatz, aber auch Heilpflanzen mit anderen krampflösend wirkenden Inhaltsstoffen.

Thymiantee

Dieser wird speziell bei Krampfhusten gerne ungemischt eingesetzt. Teebereitung siehe „Husten mit vermehrter Schleimbildung" Seite 93.

Sonnentautee

1 Teelöffel Sonnentau mit $^1/_4$ l kochendem Wasser übergießen und 10 Minuten ziehen lassen, dann abseihen; nur 2 Tassen täglich trinken.

Teemischungen bei krampfartigem Husten

Teemischung 1

Sonnentau
Thymian
Spitzwegerich
Fenchelfrüchte, zerdrückt — zu gleichen Teilen

1 Teelöffel dieser Mischung mit $^1/_4$ l kochendem Wasser übergießen und 10 Minuten ziehen lassen, dann abseihen, eine Tasse vor dem Schlafengehen, eine zweite Tasse bei Bedarf trinken.

Teemischung 2

Primelwurzel
Anisfrüchte
Eibischblätter
Fenchelfrüchte — zu gleichen Teilen

Anis- und Fenchelfrüchte zerdrücken, alle Drogen mischen, 2 Teelöffel der Mischung mit 1/4 l kochendem Wasser übergießen, noch einmal kurz aufquellen und eine Viertelstunde ziehen lassen, dann abseihen; bis 3 Tassen pro Tag trinken.

GRIPPE, GRIPPALE INFEKTE UND ERKÄLTUNGSKRANKHEITEN

Die echte Grippe (Influenza) ist eine durch Viren ausgelöste Krankheit, die nicht bagatellisiert werden darf. Sie geht meist mit hohem Fieber, Glieder- und Muskelschmerzen, Schnupfen und Husten einher. Grippale Infekte oder Erkältungskrankheiten sind bakteriell bedingt und äußern sich auch meist in Form von Schnupfen, Husten und Heiserkeit.

PFLANZENZUBEREITUNGEN

Hier können schweißtreibend, entzündungshemmend und fiebersenkend wirkende Pflanzen angewendet werden. Insbesondere zur Vorbeugung eignen sich auch abwehrsteigernde Mittel und Vitamin-C-haltige Zubereitungen.

Zubereitungen aus schweißtreibend wirkenden Pflanzen

Diese werden am besten als Teil einer Schwitzkur angewendet, ältere Menschen und Herz-Kreislauf-Patienten sollten sich jedoch keiner Schwitzkur ohne ärztliche Erlaubnis unterziehen.

Holunderblütentee
2 gehäufte Teelöffel mit 1/4 l kochendem Wasser übergießen und 10 Minuten ziehen lassen; 1–2 Tassen möglichst heiß trinken. Holunderblüten wirken nicht nur schweißtreibend, sondern beeinflussen auch die Bronchientätigkiet günstig.

Lindenblütentee
Für eine Schwitzkur 2 leicht gehäufte Teelöffel mit 1/4 l kochendem Wasser übergießen, nach 10 Minuten abseihen und sehr heiß trinken. Zur Vorbeugung und als Haustee halb so stark zubereiten und nur mäßig warm trinken.

Zubereitungen aus entzündungshemmend oder fiebersenkend wirkenden Pflanzen

Mädesüßblütentee (Spierstaudenblütentee)
Etwa 2 Teelöffel mit 1/4 l siedendem Wasser übergießen und 10 Minuten ziehen lassen; mehrmals täglich eine Tasse frisch bereiteten Teeaufguss möglichst heiß trinken.

Weidenrindentee
1 gehäufter Teelöffel fein geschnittener Weidenrinde mit 1/4 l Wasser kalt ansetzen, sehr langsam zum Sieden erhitzen und ohne weiter zu erhitzen 5 Minuten ziehen lassen, dann abseihen; 2 bis maximal 5 Tassen pro Tag trinken.

Kamillentee
1 gehäuften Esslöffel mit 1/4 l kochendem Wasser übergießen, zugedeckt ziehen lassen, dann abseihen; 3–4-mal täglich eine Tasse frisch bereiteten Tee zwischen den Mahlzeiten nicht heiß, aber gut warm trinken.

Zubereitungen aus Vitamin-C-haltigen Heilkräutern

Hagebuttentee
2 gehäufte Teelöffel zerkleinerte Hagebutten mit $^1/_4$ l kochendem Wasser übergießen und 15 Minuten lang ziehen lassen; der Hagebuttentee behält über mehrere Stunden seinen vollen Vitamingehalt; mehrmals täglich eine Tasse trinken.

Ribiselsaft (Johannisbeersaft)
Er wird vorwiegend in der Volksmedizin als Vorbeugemittel gegen Erkältungskrankheiten und zur allgemeinen Kräftigung eingesetzt:
2 kg schwarze Johannisbeeren (reif, abgerebelt)
2 kg Zucker
40 g Zitronensäure
1 l Wasser
Alle Zutaten werden in eine Porzellanschüssel gegeben und zugedeckt 24 Stunden stehen gelassen, während dieser Zeit vorsichtig umrühren, ohne die Früchte zu zerdrücken; dann durch ein sauberes, angefeuchtetes Leinentuch gießen und sofort in trockene Flaschen füllen, die mit abgebrühten Korken verschlossen werden.
In Grippezeiten $^1/_8$ l täglich mit heißem Wasser verdünnt oder unverdünnt trinken.

Sanddornsaft
Fertiger Sanddornsaft ist in Apotheken, Reformhäusern oder Drogerien erhältlich. 3-mal täglich 1 Löffel einnehmen; es kann auch mit gleichen Teilen Sanddornsaft und Zucker ein Mus bereitet werden, von dem mehrmals täglich 1 Teelöffel genommen wird.

Weitere Pflanzenzubereitungen

Leinsamenumschläge
Umschläge mit Leinsamenbrei wirken lindernd bei Nebenhöhlen- oder Stirnhöhlenentzündungen und können begleitend zu einer Antibiotikatherapie durchgeführt werden. Die warmen Leinsamenanwendungen machen die feinen Abflusskanälchen der Nasennebenhöhlen wieder durchgängig und bewirken so ein Entleeren derselben. Sie lindern auch einen hartnäckigen Schnupfen und Husten.
Leinsamen (geschrotet, ganz oder als Mehl) mit fast der doppelten Menge Wasser zum Kochen bringen, den heißen Brei fingerdick auf ein Tüchlein streichen und die Ränder des Tüchleins so umlegen, dass ein kompaktes Päckchen entsteht. Dieses wird so warm wie möglich auf die schmerzende Stelle gelegt und mit einem Woll- oder Seidentuch bedeckt. Sobald das Päckchen ausgekühlt ist (nach 4–5 Minuten), durch ein neues ersetzen. Die Umschläge insgesamt $^1/_2$–1 Stunde lang anwenden. Das Warmhalten der Päckchen kann zwischen zwei Wärmflaschen erfolgen.

Wermuttee
Zubereitung wie im Kapitel „Appetitlosigkeit“ Seite 107 beschrieben.
Wermut wird zwar hauptsächlich bei Magen-, Darm- und Gallen-Beschwerden eingesetzt, nach Berichten einiger Autoren wirkt er jedoch auch unterstützend

bei Grippe und Erkältungskrankheiten als stärkendes, abwehrsteigerndes Mittel. Wermuttee soll das Wohlbefinden steigern.

Sonnenhut
Sonnenhut wird als Tee kaum gebraucht, seine Wirkstoffe sind aber in zahlreichen gut wirksamen Fertigpräparaten enthalten. Die Wirkstoffe regen die körpereigene Abwehr an und können sowohl vorbeugend als auch bei akuten Erkältungskrankheiten eingenommen werden. Lassen Sie sich in Ihrer Apotheke über die einzelnen Präparate und ihre Dosierungen beraten.

Teemischungen bei Grippe und Erkältungskrankheiten

Teemischung 1
Lindenblüten
Holunderblüten
Zu gleichen Teilen mischen und 1–2 Teelöffel mit 1/4 l kochendem Wasser übergießen und 10 Minuten ziehen lassen, dann abseihen; zu Beginn einer Schwitzkur 1–2 Tassen möglichst heiß trinken.

Teemischung 2
Weidenrinde
Mädesüßblüten (Spierstaudenblüten)
Lindenblüten
Holunderblüten zu gleichen Teilen
1 gestrichenen Esslöffel dieser Mischung mit 1/4 l kochendem Wasser übergießen und 10 Minuten ziehen lassen; zu Beginn einer Schwitzkur 1 Tasse möglichst heiß trinken.

Teemischung 3

Malvenblüten	3 Teile
Lindenblüten	3 Teile
Pfefferminzblätter	2 Teile
Kamillenblüten	2 Teile

1 gehäuften Esslöffel dieser Mischung mit 1/4 l kochendem Wasser übergießen und zugedeckt 10 Minuten ziehen lassen, dann abseihen; mäßig warm mehrmals täglich 1 Tasse trinken.

Teemischung 4

Lindenblüten	2 Teile
Hagebutten	1 Teil
Heidelbeeren, getrocknet	1 Teil
Kamillenblüten	1 Teil

1 gehäuften Esslöffel dieser Mischung mit 1/4 l kochendem Wasser übergießen, 1 Minute kochen, abseihen und bei Bedarf mit Honig süßen; 2–3 Tassen täglich trinken.

Teemischung 5 zur Vorbeugung

Lindenblüten	10 Teile
Melissenblätter	10 Teile
Hagebuttenfrüchte	10 Teile
Erdbeerblätter	5 Teile

Brombeerblätter	5 Teile
Holunderblüten	5 Teile
Hibiscusblüten	5 Teile
Fenchelfrüchte, zerstoßen	5 Teile

4 Teelöffel dieser Mischung mit $^1/_2$ l kochendem Wasser übergießen und 10 Minuten zugedeckt ziehen lassen; als Haustee in der kalten und nassen Jahreszeit zum Frühstück und Abendessen trinken.

ERKRANKUNGEN IM MUND- UND RACHENRAUM

Beschwerden, die für eine Behandlung mit Heilpflanzenauszügen in Frage kommen, sind: Hals- und Rachenentzündungen, Raucherkatarrh, Mandelentzündungen, Erkrankungen der Mundschleimhaut wie Bläschenbildungen (Aphthen), Soor (bei Kleinkindern häufig), auch Zahnfleischentzündungen, Druckstellen bedingt durch Zahnprothesen oder Zahnspangen und Fieberblasen. Starke Infektionen bedürfen meist einer Antibiotikatherapie, pflanzliche Zubereitungen können aber als unterstützende Maßnahme eingesetzt werden.

PFLANZENZUBEREITUNGEN

Wässrige, sehr häufig auch alkoholische Zubereitungen werden für Spülungen, Pinselungen und zum Gurgeln angewendet. Die erzielten Wirkungen reichen von einer Reinigung und schwachen Desinfektion des Mund- und Rachenraumes über eine entzündungshemmende oder zusammenziehende, schwach antibiotische oder antiseptische Wirkung bis zu einer durchblutungsfördernden oder abwehrsteigernden Wirkung.

Pflanzenzubereitungen aus Schleimdrogen

Schleimdrogen dienen bei akuten Entzündungen der Reizmilderung. Sie eignen sich daher besonders zur Behandlung von Entzündungen mit brennenden Schmerzen und Schluckbeschwerden.

Käsepappeltee (Malvenblättertee)
Zubereitung wie Eibischblättertee (siehe Seite 89), mäßig warm damit gurgeln.

Eibischtee
Zubereitung siehe Seite 89, mäßig warm damit gurgeln.

Isländisches Moos
Zubereitung siehe Seite 91; mehrmals täglich mit diesem Tee gurgeln oder spülen.
In Apotheken sind auch Lutschpastillen mit den Wirkstoffen des isländischen Mooses erhältlich.

Pflanzenzubereitungen aus ätherischölhaltigen Drogen

Ätherische Öle können entzündungswidrig oder desinfizierend wirken, zum Teil sind sie auch geeignet, Bakterien oder sogar Viren zu bekämpfen.

Salbeiblättertee
1 Teelöffel mit $^1/_4$ l kochendem Wasser übergießen und 10 Minuten zugedeckt ziehen lassen, dann abseihen. Bei akuten Halsentzündungen sehr warm mit diesem Tee alle 2 Stunden gurgeln. Bei Entzündungen des Zahnfleisches oder bei Prothesendruckstellen mehrmals täglich damit spülen.

Salbeitinktur
100 g Salbeiblätter werden ca. mit $^1/_2$ l 70%igem Alkohol angesetzt und 1 Woche unter häufigem Umrühren stehen gelassen; dann wird der Ansatz abgeseiht und die Tinktur in einer dunklen, gut schließenden Flasche aufbewahrt. $^1/_4$ Teelöffel dieser Tinktur mit $^1/_4$ l heißem Wasser verdünnen und mehrmals täglich damit gurgeln.

Myrrhentinktur
Myrrhentinktur ist in Apotheken erhältlich. $^1/_2$ Teelöffel Tinktur auf ein Glas Wasser geben, mehrmals täglich damit gurgeln; die Tinktur kann auch unverdünnt für Pinselungen bei hartnäckigen Zahnfleischentzündungen verwendet werden.

Bibernelltee
1 gehäufter Teelöffel klein geschnittene Wurzel mit $^1/_4$ l kaltem Wasser ansetzen, langsam zum Sieden erhitzen, 1 Minute kochen lassen und dann abseihen; mehrmals täglich mit diesem Tee gurgeln.

Pflanzenzubereitungen aus ätherischölhaltigen Drogen mit zusätzlichen entzündungshemmenden Wirkstoffen

Kamillenblütentee
Zubereitung siehe Kapitel „Grippe und grippale Infekte" auf Seite 95. Mit Kamillentee soll mäßig warm gegurgelt oder gespült werden. Er eignet sich auch zur unterstützenden Behandlung von Soor (bläschenartige Mundinfektion) bei Kleinkindern. Sind die Kinder noch nicht imstande zu spülen, soll der Tee einfach getrunken werden.

Kamillentinktur
Kamillenblüten mit der fünffachen Menge an 70%igem Alkohol übergießen und an einem dunklen Ort bei Zimmertemperatur 1 Woche stehen lassen, dann abseihen; an einem kühlen Ort noch einmal 3 Tage absetzen lassen und dann abseihen; zum Gurgeln und Spülen ca. 1 Teelöffel auf 1 Glas Wasser geben und mehrmals täglich anwenden.

Arnikatinktur
Getrocknete Arnikablüten (aus der Apotheke) mit der zehnfachen Menge an 70%igem Alkohol übergießen und 2 Wochen stehen lassen; danach abseihen und weitere 10 Tage stehen lassen, dann klar filtrieren.
$^1/_2$ Teelöffel in ein Glas mit lauwarmem Wasser geben und damit vorwiegend bei Rachenentzündungen gurgeln.

Arnikablütentee
1–2 Teelöffel getrocknete Arnikablüten mit $^1/_4$ l kochendem Wasser übergießen und 10 Minuten ziehen lassen, dann abseihen; mäßig warm mehrmals täglich mit diesem Tee vorwiegend bei Rachenentzündungen gurgeln.

Gelegentlich können bei der Anwendung von Arnikazubereitungen allergische Reaktionen auftreten, bei bekannter Allergie auf Korbblütler soll Arnika daher nicht angewendet werden.

Pflanzenzubereitungen aus gerbstoffhaltigen Drogen

Gerbstoffe wirken zusammenziehend (adstringierend), sie entziehen den auf den Schleimhäuten angesiedelten Bakterien die Nährstoffe. Sie eignen sich daher ebenfalls zur Bekämpfung von bakteriellen Entzündungen. Sie kommen vorzugsweise für chronische Zustände in Betracht und werden am besten abwechselnd mit schleimhaltigen Drogen angewendet.

Odermennigtee
2 gestrichene Teelöffel Odermennigkraut mit $^{1}/_{4}$ l kochendem Wasser übergießen, 5 Minuten ziehen lassen, dann abseihen; mehrmals täglich damit gurgeln und spülen.

Heidelbeeren , getrocknete
1–3 Esslöffel auf $^{1}/_{2}$ l Wasser geben und ca. 5–10 Minuten kochen, dann abseihen; für Mundbäder, vor allem bei schmerzhafter Zungenentzündung.

Blutwurztee (Tormentillwurzeltee)
2–3 Esslöffel Wurzeln mit $^{1}/_{2}$ l kochendem Wasser übergießen, 10 Minuten lang am Sieden halten und noch warm abseihen; mehrmals täglich mit diesem Tee gurgeln oder spülen.

Blutwurztinktur (Tormentilltinktur)
Die klein geschnittene Wurzel mit der zweieinhalbfachen Menge an 70%igem Alkohol übergießen und an einem dunklen Ort unter mehrmaligem Umschütteln einige Tage stehen lassen, dann abseihen und den Rückstand noch einmal mit der gleichen Menge Alkohol übergießen, einige Tage stehen lassen und erneut abpressen; die beiden Pressflüssigkeiten vereinigen.
2 Teelöffel der Tinktur in $^{1}/_{2}$ l Wasser geben, mehrmals täglich gurgeln. Die Blutwurztinktur kann auch unverdünnt für Zahnfleischpinselungen verwendet werden.

Gänsefingerkrauttee
2 Teelöffel mit $^{1}/_{4}$ l kochendem Wasser übergießen, 10 Minuten ziehen lassen, dann abseihen; mehrmals täglich mit diesem Tee gurgeln oder spülen.

Weitere Pflanzenzubereitungen bei Entzündungen der Mund- und Rachenschleimhaut

Wermuttee
Die Bitterstoffe des Wermuts werden bevorzugt zur Steigerung der Magensaftproduktion genützt. Gurgeln mit Wermuttee kann aber auch unterstützend bei der so genannten Halsneurose helfen. Diese äußert sich vorwiegend durch ein Knödelgefühl im Hals und häufiges Räuspern, geht aber ohne organische Veränderungen einher.
1–2 Teelöffel Wermutkraut mit $^{1}/_{2}$ l kochendem Wasser übergießen, 10 Minuten zugedeckt ziehen lassen, dann abseihen; mehrmals täglich gurgeln.

Sonnenhutzubereitungen
Sonnenhut unterstützt die körpereigenen Abwehrkräfte. In Apotheken sind

Mundwässer mit den Wirkstoffen des Sonnenhuts (kombiniert mit Salbei-, Myrrhe- oder anderen Pflanzenauszügen) erhältlich, sie können verdünnt zur täglichen Mundhygiene, aber auch zum Gurgeln bei leichten Halsschmerzen verwendet werden.

Zusammengesetzte Tinkturen bei Erkrankungen des Mund- und Rachenraumes

Die oben genannten Tinkturen können auch miteinander gemischt werden, in der Praxis haben sich folgende Rezepturen bewährt:

Tinktur 1
Blutwurztinktur (Tormentilltinktur)
Salbeitinktur zu gleichen Teilen
$^1/_2$ Teelöffel auf ein Glas Wasser, mehrmals täglich damit gurgeln oder spülen.

Tinktur 2
Blutwurztinktur (Tormentilltinktur)
Arnikatinktur zu gleichen Teilen
1 Teelöffel auf ein Glas Wasser für Mundspülungen.

Tinktur 3
Blutwurztinktur (Tormentilltinktur)
Myrrhentinktur zu gleichen Teilen
Diese Tinktur wird unverdünnt für Zahnfleischpinselungen verwendet.

Tinktur 4
Blutwurztinktur (Tormentilltinktur)
Ratanhiatinktur (aus der Apotheke)
Myrrhentinktur zu gleichen Teilen
1 Teelöffel auf 1 Glas Wasser, zum Gurgeln bei Halsbeschwerden sowie zum Spülen bei Entzündungen der Mundschleimhaut oder des Zahnfleisches.

Teemischungen zum Gurgeln und Spülen bei Entzündungen der Mund- und Rachenschleimhaut

Teemischung 1
Blutwurztinktur (Tormentillwurzel)
Heidelbeeren, getrocknete zu gleichen Teilen
1–3 Esslöffel dieser Mischung mit $^1/_2$ l Wasser zum Sieden erhitzen, kurz weiterkochen lassen, abgekühlt abseihen; mehrmals täglich längere Spülungen durchführen insbesondere bei Entzündungen der Mundschleimhaut, der Zunge oder bei schmerzhaften Bläschen im Mund.

Teemischung 2
Blutwurz (Tormentillwurzel)
Salbeiblätter
Kamillenblüten zu gleichen Teilen
1 Esslöffel mit $^1/_2$ l kochendem Wasser übergießen, 10 Minuten zugedeckt ziehen lassen, dann abseihen; mehrmals täglich mit diesem Tee gurgeln oder spülen.

Teemischung 3
Kamillenblüten
Pfefferminzblätter zu gleichen Teilen
1 Esslöffel mit $^1/_2$ l kochendem Wasser übergießen, 10 Minuten zugedeckt ziehen lassen, dann abseihen.
Wer Kamillentee beim Gurgeln als austrocknend empfindet, kann diese Teemischung anstelle von reinem Kamillentee zum Gurgeln oder Spülen mehrmals täglich anwenden.

Teemischung 4
Malvenblätter (Käsepappelblätter)
Eibischblätter
Eibischwurzel zu gleichen Teilen
2 gehäufte Esslöffel mit $^1/_4$ l Wasser kalt ansetzen, einige Stunden unter gelegentlichem Umrühren stehen lassen, abseihen und vor dem Gurgeln etwas erwärmen. Diese Teemischung eignet sich besonders bei stark brennenden Halsschmerzen mit Schluckbeschwerden und bei Reizhusten mit Halskitzeln.

ÄUSSERLICHE HEILPFLANZENANWENDUNG BEI ATEMWEGSERKRANKUNGEN: INHALATIONEN, BÄDER

Die gleichen ätherischölhaltigen Pflanzen, die auch innerlich angewendet werden, kommen in Form von Inhalationen, Bädern oder Umschlägen zum Einsatz. Für Inhalationen sind auch die reinen ätherischen Öle, die in Apotheken erhältlich sind, beliebt. Hier ist aber zu bedenken, dass sie stets mit Vorsicht anzuwenden sind, weil sie zum Teil eine sehr starke Reizwirkung entwickeln (siehe Kapitel „Die wichtigsten Wirkstoffgruppen aus Heilpflanzen", Unterkapitel „Ätherische Öle" Seite 14). Es gilt der Grundsatz: je weniger, desto mehr.
Eine milde, aber sehr gute Wirkung der ätherischen Öle erreicht man durch Inhalation mit einer Abkochung der jeweiligen Pflanze. Dabei werden die Wirkstoffe langsam freigesetzt und eine Überdosierung ist ausgeschlossen. Weiters ist bei Inhalationen besonders auch auf die Gefahr von Verbrennungen und Verbrühungen vor allem bei Kindern zu denken (siehe auch Kapitel „Zubereitungen aus Heilkräutern", Unterkapitel „Inhalationen" Seite 13).

Fichtenzweige, Tannenzweige, Latschenzweige
Die Zweige dieser drei Bäume können in gleicher Weise verwendet werden: Ein größerer Zweig wird in einen großen Topf mit Wasser gegeben, auf den Herd gestellt und zum Sieden erhitzt; der Topf kann einige Stunden am Herd kochen, bei Bedarf muss Wasser nachgefüllt werden. Das ätherische Öl der Nadelbäume wird kontinuierlich freigesetzt und erfüllt die Raumluft. Diese milde Form der Inhalation eignet sich besonders für erkältete Kinder.
Die Nadelbäume eignen sich auch sehr gut für ein Erkältungsbad, dazu wird die frische Abkochung einfach dem Badewasser zugesetzt.

Pfefferminzblätter
Die Zubereitung erfolgt wie im Kapitel „Übelkeit, Erbrechen" auf Seite 109 angegeben.
Die Pfefferminze wird vorwiegend bei Beschwerden im Magen-Darm-Trakt

eingesetzt, ist aber auch ein sehr beliebter Haustee und verbessert den Geschmack jeden Tees. Sie kann auch alleine oder in Kombination mit Kamillenblüten zum Inhalieren verwendet werden.
Das reine ätherische Öl oder die Tropfen (ätherisches Öl mit Alkohol verdünnt) eignen sich auch als Zusatz für Erkältungsbäder.

Thymianinhalationen
Inhalationen mit Thymiankraut können wie die Inhalationen mit den Nadelbaumzweigen durchgeführt werden.

Thymianbad
50–75 g Droge mit 1 l kochendem Wasser übergießen und 10 Minuten ziehen lassen; diese Flüssigkeit einem Vollbad zusetzen. Das Thymianbad ist besonders Kindern zu empfehlen.

Quendelbad
Zubereitung wie Thymianbad, ebenfalls speziell für Kinder geeignet.

Fencheltee
1 gehäuften Esslöffel zerdrückter Fenchelfrüchte mit $^1/_2$ l Wasser übergießen, zum Sieden erhitzen und damit inhalieren.

Kamillentee, Salbeitee
Kamillentee und Salbeitee für Inhalationen werden in gleicher Weise bereitet, wie auf den Seiten 95 bzw. 99 beschrieben. Es kann jeder Tee für sich allein oder abwechselnd einmal Kamillen- dann Salbeitee, aber auch eine Mischung beider Drogen für eine Inhalation verwendet werden.

Eucalyptus
Eucalyptusblätter und auch das Eucalyptusöl sind in Apotheken erhältlich, beide können für Inhalationen verwendet werden, wenngleich dafür die Blätter vorzuziehen sind. 6 Esslöffel geschnittene Eucalyptusblätter werden mit 1 l Wasser zum Sieden erhitzt und damit inhaliert.
Inhalationen mit Eucalyptuszubereitungen, vorwiegend mit dem reinen ätherischen Öl, sind für KINDER NICHT zu empfehlen.

BEWÄHRTE HAUSMITTEL BEI ATEMWEGSERKRANKUNGEN

Teemischungen

Teemischung 1
Frauenmantelblätter
Wacholderbeeren
Fichtentriebe
Holunderblüten
zu gleichen Teilen mischen und in üblicher Form einen Tee bereiten, der bei Erkältungen getrunken werden soll.

Teemischung 2
Odermennigkraut

Salbeiblätter
zu gleichen Teilen mischen und einen Tee bereiten, der zum Gurgeln verwendet werden soll.

Gurken
Bei Sinusitis sollen 1 oder 2 Tropfen der Gurkenflüssigkeit in die Nase getropft werden, dabei soll man nicht mehr erwischen, da sonst Nasenbluten auftreten kann; die Gurkenflüssigkeit soll nicht in die Augen gespritzt werden.

Sirupe

Sirup 1
Fichtentriebe
Spitzwegerichblätter
Zucker
Fichtentriebe und Spitzwegerichblätter zu gleichen Teilen mischen und abwechselnd mit Zucker schichtweise in ein Glas geben, mehrere Wochen in die Erde vergraben oder in der Sonne stehen lassen, dann abseihen und den Sirup bei Husten einnehmen.

Sirup 2
Frauenmantelkraut
Wacholderbeeren
Fichtentriebe
Alpenrosenblüten
Lindenblüten
Eine Mischung aus gleichen Teilen in Wasser 10 Minuten aufkochen, über Nacht stehen lassen, abseihen und mit Zucker oder Honig eindicken und bei Husten einnehmen.

Sirup 3
1 Zwiebel
Anisfrüchte
Fenchelfrüchte
10 dag Kandiszucker
Eine Zwiebel schneiden, Anis-, Fenchelfrüchte und 10 dag Kandiszucker dazugeben und mit 1 l Wasser kochen bis $^{1}/_{4}$ l Flüssigkeit übrig bleibt, bei Husten einnehmen.

Sirup 4
Kren (Meerrettich)
Honig
zu gleichen Teilen mischen und bei Husten und Halsweh einnehmen

Alkoholische Zubereitungen

Likör 1
Eier
Zitronen
Kandiszucker
Cognac

4 ganze Eier samt Schale in ein Glas Saft von 10 Zitronen (abgeseiht) geben, 10 Tage gleichmäßig warm stehen lassen, die Häute (von den Zitronen) entfernen, gut durchsprudeln, $^1/_4$ kg Kandiszucker und $^1/_4$ l Cognac dazugeben und gut schütteln. 3-mal täglich 1 Teelöffel zu sich nehmen, dies soll die Lungen stärken.

Schnaps
Essig
Johannisbeeren, schwarze
Schnaps
Von den Johannisbeeren wird unter Essigzusatz ein kalter Schnapsauszug hergestellt, der bei Erkältung eingenommen wird.

Holunderschnaps
Holunderbeeren von 10 Dolden

Zimtrinde	1 Stange
Gewürznelken	4 Stück
Vanille	1 Schote
Zucker, brauner	200 g

Die Zutaten in 0,7 l 38%igem Schnaps 3 Wochen lang in den Schatten stellen; der Holunderschnaps soll vorbeugend gegen Grippe und grippale Infekte getrunken werden.

Umschläge

Umschlag 1
Milch
Topfen (Quark)
In eine Kasserolle Milch geben, sodass der Boden bedeckt ist, $^1/_4$ kg Quark dazugeben und unter ständigem Umrühren erwärmen bis der Quark angenehm warm ist. Diese Mischung soll auf ein Leinentuch gegeben und bei Husten über Nacht auf den Brustkorb gelegt werden.

Umschlag 2
Weinbrand
Zwiebel
Bei Husten soll ein mit Weinbrand vermischter Zwiebelbrei (auch Rettich oder Senf möglich) auf die Brust gelegt, mit einem Butterpapier abgedeckt und ein warmes Wolltuch darübergelegt werden.

Weitere Zubereitungen

Milch
Frisch gemolkene Milch unter Honigzusatz erwärmen; diese Milch soll zur Grippevorbeugung eingenommen werden.

Milchansatz

Eidotter	1
Honig	2 Esslöffel

Die Zutaten mit sehr warmer Milch in einer Schale anrühren; diese Mischung soll vor der Mahlzeit oder mehrmals täglich – je nach Schwere der Krankheit – bei Halserkältung warm getrunken werden.

Zwiebelsaft
Der Saft, der durch Auspressen von frischen Zwiebeln entsteht, ist in der Volksmedizin schon lange als Husten- und Asthmamittel bekannt.

MAGEN-DARM-BESCHWERDEN

Bei akuten Magen-Darm-Beschwerden wie Völlegefühl, Magenüberladung, Krämpfe, Blähungen oder Erbrechen denke man zuallererst an die Anwendung von Heilkräutern in Form eines Tees, Kräuterschnapses oder Kräutertropfen. Aber auch bei chronischen, häufig psychosomatisch bedingten Funktionsstörungen, die ohne Organveränderungen einhergehen, wie Reizmagen oder -darm oder auch bei chronischer Gastritis haben sich neben diätetischen Maßnahmen pflanzliche Zubereitungen bewährt.

APPETITLOSIGKEIT

In den Bitterstoffdrogen stehen uns sehr wirksame Mittel zur Verfügung, die eine Steigerung der Magensaft- (= Magensäure) und Speichelsekretion hervorrufen. Die Wirkung erfolgt zum Teil bereits von der Mundschleimhaut aus. $^1/_2$ Stunde bis zu einer Stunde vor der Nahrungsaufnahme eingenommen steigern Bitterstoffe die Sekretion um bis zu 30%. Sie wirken dadurch appetitanregend und verdauungsfördernd und verbessern die Nahrungsausnützung. Außerdem kommt ihnen eine allgemein anregende und kräftigende Wirkung zu. Appetitlosigkeit ist ja häufig auch ein Ausdruck eines allgemeinen Schwächezustandes. Bei Kindern wird man die Anwendung von Bittertees – am besten kalt getrunken – oder Tropfen vorziehen, bei Erwachsenen kommen auch Bitterweine (China-Wein, Condurango-Wein) zum Einsatz.

Der in der Volksmedizin geläufige Gebrauch von Bittermitteln bei Fieber lässt sich am ehesten dadurch erklären, dass der durch das Fieber geschwächte Körper durch eine vermehrte Nahrungsaufnahme wieder gestärkt werden soll.

Reine Bitterstoffdrogen stoßen aufgrund des Geschmacks häufig auf Ablehnung. Hier kann auf Bittermittel ausgewichen werden, die zusätzlich ätherisches Öl enthalten oder die Bitterstoffdroge kann mit anderen ätherischölhaltigen Drogen kombiniert werden.

Bitterdrogen sollen nicht bei Magenübersäuerung oder Magengeschwür angewendet werden, weil dadurch die Säureproduktion nur noch weiter angeregt wird.

Pflanzenzubereitungen aus reinen Bitterstoffdrogen

Enziantee
1 Teelöffel klein geschnittene Enzianwurzel mit $^1/_4$ l kochendem Wasser übergießen und 5 Minuten kochen, dann abseihen; einen nicht so stark bitteren und daher in der Wirkung milderen Tee erhält man durch einen Kaltauszug: die gleiche Menge kalt ansetzen und 8–10 Stunde ziehen lassen; den Tee $^1/_2$ Stunde vor den Hauptmahlzeiten mäßig warm trinken.

Enziantinktur
Die Herstellung erfolgt wie bei der Kamillentinktur im Kapitel „Erkrankungen des Mund- und Rachenraumes" auf Seite 99 angegeben.
20–40 Tropfen in 1/2 Glas Wasser 1/2 Stunde vor den Hauptmahlzeiten einnehmen.

Bitterkleeblättertee (Fieberkleetee)
1 Teelöffel Bitterkleeblätter mit 1/4 l kaltem Wasser ansetzen, zum Sieden erhitzen und 1 Minute kochen, dann abseihen; mäßig warm schluckweise trinken.

Tausendguldenkrauttee
1 gehäuften Teelöffel mit 1/4 l kaltem Wasser ansetzen, 6–10 Stunde unter gelegentlichem Umrühren stehen lassen und dann abseihen; auf Trinktemperatur erwärmen und 1/2 Stunde vor den Hauptmahlzeiten trinken.

Pflanzenzubereitungen aus ätherischölhaltigen Bitterstoffdrogen

Wermuttee
1 Teelöffel Kraut mit 1/4 l kochendem Wasser übergießen, 10 Minuten zugedeckt ziehen lassen, dann abseihen; kurmäßig (2–3 Wochen) 3-mal täglich 1 Tasse sehr warmen Tee nach dem Essen – oder nur bei Bedarf 1 Tasse – trinken.
Schwangere Frauen sollten keine Wermutzubereitungen zu sich nehmen.

Wermuttinktur
Wermutkraut mit der 5fachen Menge an 70%igem Alkohol ansetzen und einige Tage stehen lassen, dann abseihen; 20–30 Tropfen in 1/2 Glas Wasser geben und trinken; bei kurmäßiger Anwendung 3-mal täglich 15–20 Tropfen mit 1/2 Glas Wasser 2–3 Wochen hindurch einnehmen. Schwangere Frauen sollten keine Wermutzubereitungen zu sich nehmen.

Kalmustee
2 Teelöffel geschälte, geschnittene Kalmuswurzel (aus der Apotheke) mit 1/4 l kochendem Wasser übergießen und ca. 15 Minuten zugedeckt ziehen lasssen, dann abseihen; vor den Hauptmahlzeiten – mindestens jedoch 2-mal täglich – 1 Tasse lauwarmen Kalmustee kurmäßig – aber nicht ständig – trinken. Kalmus hilft besonders appetitlosen Menschen mit empfindlichem, nervösem Magen. Kalmuszubereitungen sind nicht für den Dauergebrauch geeignet. Schwangeren Frauen wird vorsichtshalber empfohlen, keine Kalmuszubereitungen zu sich zu nehmen.

Kalmustinktur
Die Herstellung erfolgt wie bei der Kamillentinktur im Kapitel „Erkrankungen des Mund- und Rachenraumes" auf Seite 99 angegeben.
Als aromatisches Bittermittel ist Kalmus im Geschmack den reinen Bitterstoffdrogen überlegen, er wird daher gerne bei Kindern mit Appetitstörungen eingesetzt. Auch bei einer nervlich bedingten Appetitlosigkeit – wie sie bei jungen Mädchen häufig vorkommt – kann Kalmustinktur verabreicht werden. Es empfiehlt sich, einige Tropfen vor jeder Mahlzeit zu nehmen.
Von einem Dauergebrauch und einer Anwendung in der Schwangerschaft muss jedoch abgeraten werden, da eine Komponente des ätherischen Öls – das β-Asaron – bei langdauernder Anwendung schaden könnte.

Engelwurztee (Angelikawurzeltee)
1 Teelöffel mit $^1/_4$ l kochendem Wasser übergießen, 10 Minuten zugedeckt ziehen lassen, dann abseihen; mehrmals täglich eine Tasse $^1/_2$ Stunde vor den Mahlzeiten schluckweise und mäßig warm trinken. Insbesondere auch für Menschen mit nervösen Magenbeschwerden, mit Blähungen und Völlegefühl geeignet.
Für die Dauer der Anwendung von Angelikawurzelzubereitungen sollte auf längere Sonnenbäder oder intensive UV-Bestrahlung verzichtet werden.

Engelwurzwein (Angelikawurzelwein)
Ca. 50 g fein geschnittene Engelwurz mit 1 l Süßwein übergießen, 5 Tage am besten an einem dunklen Ort stehen lassen, abseihen und in kleinen, gut schließenden Flaschen aufbewahren. Bei Bedarf ein Glas zur Anregung der Verdauung trinken.
Für die Dauer der Anwendung von Angelikawurzelzubereitungen sollte auf längere Sonnenbäder oder intensive UV-Bestrahlung verzichtet werden.

Benediktenkrauttee (Kardobenediktenkrauttee)
1 gehäuften Esslöffel mit $^1/_4$ l kaltem Wasser übergießen, langsam zum Sieden erhitzen und 2 Minuten ohne weiter zu erhitzen ziehen lassen, dann abseihen; lauwarm und schluckweise trinken; kurmäßig etwa zwei Wochen lang 2-mal täglich 1 Stunde vor den Hauptmahlzeiten 1 Tasse trinken.

Teemischungen bei Appetitlosigkeit

Teemischung 1
Wermutkraut
Pfefferminzblätter zu gleichen Teilen
1 Teelöffel mit $^1/_4$ l kochendem Wasser übergießen, 10 Minuten zugedeckt ziehen lassen, dann abseihen; die Pfefferminzblätter überdecken etwas den bitteren Geschmack des Wermuts.

Teemischung 2
Kalmuswurzel
Baldrianwurzel
Melissenblätter zu gleichen Teilen
1–2 Teelöffel mit $^1/_4$ l kochendem Wasser übergießen, 10 Minuten zugedeckt ziehen lassen, dann abseihen; bei nervös bedingten Magenbeschwerden mit Appetitlosigkeit.

Teemischung 3
Kalmuswurzel
Engelwurz (Angelikawurzel)
Melissenblätter zu gleichen Teilen
1 gehäuften Esslöffel mit $^1/_4$ l kochendem Wasser übergießen, 15 Minuten zugedeckt ziehen lassen und dabei warm halten, dann abseihen; nach den Hauptmahlzeiten jeweils 1 Tasse trinken; dieser Tee ist ebenfalls für nervös bedingte Appetitstörungen geeignet.

ÜBELKEIT, ERBRECHEN

Bei akuter Übelkeit – wie sie nach der Einnahme verdorbener Nahrung auftreten kann – helfen entzündungshemmende, leicht desinfizierende, krampflösende und beruhigende Heilpflanzenzubereitungen.

Pfefferminztee
1 gehäuften Esslöffel mit $^1/_4$ l kochendem Wasser übergießen, 10 Minuten zugedeckt ziehen lassen; langsam, schluckweise und mäßig warm trinken; hilft sehr gut bei Übelkeit mit Brechreiz oder Erbrechen, aber auch nach Genuss übermäßiger oder sehr fettreicher Nahrung.

Kamillentee
1 gehäuften Esslöffel mit $^1/_4$ l kochendem Wasser übergießen, zugedeckt 10–15 Minuten ziehen lassen, dann abseihen; 3–4-mal täglich eine Tasse frisch bereiteten Tee warm trinken.

Melissentee
3 Teelöffel mit $^1/_4$ l kochendem Wasser übergießen, 10 Minuten zugedeckt ziehen lassen; Melissentee beruhigt die Magennerven.

Engelwurzwein
Zubereitung siehe Kapitel „Appetitlosigkeit" auf Seite 108.
Bei Übelkeit nach zu reichlicher und zu fetter Nahrung hilft $^1/_2$ Glas Engelwurzwein.

Teemischungen bei Übelkeit und Erbrechen

Teemischung 1

Kamillenblüten	
Melissenblätter	zu gleichen Teilen

Zubereitung und Anwendung wie Kamillentee (siehe oben). Die Kamille wirkt primär entzündungshemmend und krampflösend. Sie hat aber auch beruhigende Wirkung, welche durch die Melisse verstärkt wird.

Teemischung 2

Kamillenblüten	
Pfefferminzblätter	zu gleichen Teilen

Zubereitung wie Kamillentee; diese Teemischung hilft bei Übelkeit in Zusammenhang mit Gallenbeschwerden.

Teemischung 3

Schafgarbenkraut	10 Teile
Kamillenblüten	20 Teile
Pfefferminzblätter	20 Teile

2 Teelöffel dieser Mischung mit $^1/_4$ l kochendem Wasser übergießen, 10 Minuten ziehen lassen, dann abseihen; bei Bedarf 1 Tasse Tee schluckweise trinken, falls notwendig nach $^1/_2$–1 Stunde eine zweite Tasse zu sich nehmen.

GASTRITIS

Darunter versteht man eine Entzündung der Magenschleimhaut, die mit Schmerzen und Krämpfen einhergehen kann. Hier helfen vor allem schleimhaltige Zubereitungen, die die Schleimhäute mit einem Schutzfilm überziehen,

wodurch eine Linderung dieser Beschwerden eintritt. Weiters lassen auch entzündungshemmende Wirkstoffe Entzündungen und Schmerzen abklingen.
Bei Gastritis sollen alle Tees – sowie auch alle Speisen – warm eingenommen werden. Sowohl eiskalte als auch zu heiße Speisen oder Getränke können eine Verstärkung der Beschwerden provozieren. Da Gastritis häufig mit einer Überproduktion von Magensäure verbunden ist, soll alles, was die Magensäureproduktion fördert, vermieden werden. Dazu gehören neben den Genussmitteln Nikotin, Alkohol, Koffein alle sauren Speisen, aber auch bitterstoffhaltige Heilpflanzenzubereitungen (zum Beispiel Enzian, Tausendguldenkraut, Wermut, Bitterklee oder Engelwurz).

Käsepappeltee (Malvenblättertee)
2 gehäufte Teelöffel mit 1/4 l lauwarmem Wasser übergießen, den Ansatz unter gelegentlichem Umrühren 5–10 Stunden ziehen lassen, dann abseihen; vor dem Genuss auf Trinktemperatur erwärmen. Die erste Tasse vor dem Frühstück langsam und schluckweise trinken, tagsüber nach Bedarf; es kann auch zu Beginn der Beschwerden die gesamte tägliche Trinkmenge mit Käsepappeltee abgedeckt werden. Der Tee soll stets ungesüßt getrunken werden; er gleicht auch Diätsünden wieder aus.

Eibischtee
Die Anwendung von Eibischtee bei Gastritis ist im Vergleich zum Käsepappeltee sehr selten, aber doch möglich:
2 Teelöffel Blätter mit 1/4 l kaltem Wasser ansetzen, unter häufigem Umrühren stehen lassen, nach 1–2 Stunden abseihen; auf Trinktemperatur erwärmen, mehrere Tassen stets frisch zubereiteten Tee täglich trinken.

Kamillenblütentee
Zubereitung siehe Kapitel „Übelkeit, Erbrechen“ Seite 109.

Rollkur mit Kamillentee
Dazu trinkt man morgens vor dem Aufstehen und auch abends 1 Tasse warmen Kamillentee, legt sich auf den Rücken und bleibt entspannt 5 Minuten liegen. Dann wechselt man in die Seitenlage und bleibt auf jeder Seite wieder jeweils 5 Minuten ruhig liegen. Es empfiehlt sich, diese Kur mindestens eine Woche lang durchzuführen.

Süßholzwurzeltee
1 gehäuften Teelöffel mit 1/4 l kochendem Wasser überbrühen, kurz weiter erhitzen und nach dem Abkühlen abseihen, jeweils nach den Mahlzeiten eine Tasse warmen Tee trinken. Süßholz wirkt entzündungshemmend und krampflösend. Der Tee sollte nicht in hohen Dosen und nicht länger als 4–6 Wochen angewendet werden, während dieser Zeit auf kaliumreiche Kost (Bananen) achten.

Süßholzsaft
Etwa 1 g Süßholzsaft wird in 100 ml heißem Wasser aufgelöst, diese Lösung mäßig warm trinken, 2–3 Portionen täglich.
Zubereitungen aus Süßholz sind nicht für den Dauergebrauch bestimmt.

Melissentee
3 Teelöffel mit $^1/_4$ l kochendem Wasser übergießen und 10 Minuten zugedeckt ziehen lassen, dann abseihen. Melisse wirkt beruhigend und eignet sich daher besonders zur Behandlung von nervös bedingten Magenstörungen und bei Magenbeschwerden, die vorwiegend unter Stressbelastung auftreten.

Teemischungen bei Gastritis

Teemischung 1
Süßholzwurzel
Kamillenblüten
Melissenblätter zu gleichen Teilen
1 Teelöffel dieser Mischung mit $^1/_4$ l kochendem Wasser übergießen, 10 Minuten ziehen lassen, dann abseihen; jeweils nach den Mahlzeiten 1 Tasse trinken, kurmäßig für 2–3 Wochen.

Teemischung 2
Kamillenblüten
Malvenblätter (Käsepappel)
Melissenblätter zu gleichen Teilen
1–2 gehäufte Teelöffel mit $^1/_4$ l kochendem Wasser übergießen, 10 Minuten zugedeckt ziehen lassen, dann abseihen; warm und schluckweise bei akuten Beschwerden trinken.

Teemischung 3
Kümmelfrüchte, zerdrückt
Fenchelfrüchte, zerdrückt
Kamillenblüten
Malvenblätter (Käsepappelblätter)
Melissenblätter zu gleichen Teilen
Teezubereitung wie Teemischung 2; bei Magenbeschwerden wie starken Krämpfen oder Blähungen warm und schluckweise trinken.

BLÄHUNGEN

Blähungen entstehen meist nach Genuss bestimmter Speisen, die zu einer regen Produktion von Darmgasen führen (Kraut, Kohl). Werden die Gase nicht nach außen transportiert, verursachen sie Krämpfe, Bauchschmerzen, manchmal sogar Herzschmerzen durch den Druck, der dabei entsteht.
Heilpflanzen mit vorwiegend krampflösender Wirkung können rasch Abhilfe verschaffen, man spricht hier auch von Karminativa.

Kümmeltee
1 gehäuften Teelöffel zerdrückter Kümmelfrüchte mit $^1/_4$ l kochendem Wasser übergießen und 10 Minuten zugedeckt ziehen lassen, dann abseihen; Kümmel hat von allen pflanzlichen Karminativa die stärkste Wirkung.
Die Früchte können von Erwachsenen in geringer Zahl (etwa 10) auch roh gekaut und dann geschluckt werden.

1
2
3
4
5
6

Engelwurztee
Zubereitung wie im Kapitel „Appetitlosigkeit" auf Seite 108 beschrieben; 2–3 Tassen mäßig warm und schluckweise trinken. Da Engelwurz die Bildung der Verdauungssäfte anregt, nicht bei bestehender Magenübersäuerung oder bestehendem Magengeschwür anwenden; bei längerer Anwendung intensive Sonnenbestrahlung meiden.

Teemischungen bei Blähungen

Teemischung 1
Pfefferminzblätter
Kamillenblüten
Fenchelfrüchte, zerdrückt
Kümmelfrüchte, zerdrückt
Malvenblätter (Käsepappelblätter) zu gleichen Teilen
2 Teelöffel dieser Mischung mit $^1/_4$ l kochendem Wasser übergießen, 10 Minuten zugedeckt ziehen lassen, dann abseihen; bei starken Blähungen – auch in Zusammenhang mit Gallenbeschwerden – mehrmals täglich 1 Tasse warm trinken.

Teemischung 2
Fenchelfrüchte, zerdrückt
Kümmelfrüchte, zerdrückt
Tausendguldenkraut
Enzianwurzel zu gleichen Teilen
1 gehäuften Teelöffel dieser Mischung mit $^1/_4$ l kaltem Wasser übergießen, zum Sieden erhitzen und sofort abseihen; bei Völlegefühl und Blähungen nach Genuss bestimmter Speisen wie Hülsenfrüchte, Wirsing oder ähnlichem nach dem Essen schluckweise $^1/_2$ Tasse Tee trinken.

VERSTOPFUNG

Heute gilt Verstopfung schon beinahe als Zivilisationskrankheit, deren häufigste Ursachen wohl eine zu geringe Flüssigkeitszufuhr und Bewegungsarmut sind. Manche Formen lassen sich bereits durch Verbesserung dieser beiden Mängel beheben. Verstopfung kann aber auch mit psychischen oder anderen Faktoren zusammenhängen, bei lang anhaltenden Beschwerden muss die Ursache auf jeden Fall geklärt werden.
Ein regelmäßiger Stuhlgang ist für die Entgiftung der Schlackenstoffe wichtig. Je kürzer Giftstoffe im Darm liegen bleiben, um so geringer ist die Möglichkeit, eine schädliche Wirkung zu entfalten. Die Stuhlfrequenz ist individuell verschieden, sie bewegt sich ungefähr in einem Rahmen von dreimal täglich bis dreimal wöchentlich. Kommt es zu einer deutlichen Abnahme der Stuhlgangshäufigkeit und zu einer Verhärtung des Stuhls oder zu Schmerzen beim Stuhlgang liegt eine Darmträgheit vor, die bekämpft werden muss. Die erste Maßnahme ist eine Ernährungsumstellung auf ballaststoffreiche Kost (Obst, Gemüse) in

Pflanzenabbildung:
1 Lavendel, 2 Lein, 3 Liebstöckel, 4 Löwenzahn, 5 Lungenkraut, 6 Majoran
(Maßstab siehe Seite 17)

Kombination mit ausreichender Flüssigkeitszufuhr und Bewegung. Nur bei reichlicher Flüssigkeitsaufnahme quellen Ballaststoffe im Darm auf, führen zu einer Vergrößerung des Darmlumens und lösen den Stuhlgangsreiz aus. Bei zu geringer Flüssigkeitszufuhr bewirken sie den gegenteiligen Effekt, bleiben im Darm liegen und können im schlimmsten Fall zu einem Darmverschluss führen.

PFLANZENZUBEREITUNGEN

Bei leichten Formen von Verstopfung können bereits fruchtsäurehaltige Heilpflanzenzubereitungen Abhilfe schaffen. Eine weitere milde Maßnahme ist die Anwendung von Quellmitteln, deren Wirkungsweise gleich der von Ballaststoffen ist.

Fruchtsäurehaltige Pflanzenzubereitungen

frische Früchte
Alle frischen Früchte in größeren Mengen genossen wie Heidelbeeren, Erdbeeren, Birnen, Äpfel, Kirschen, Pflaumen, um nur einige zu nennen, regen die Verdauungstätigkeit an und können daher bei bestehender Darmträgheit als harmloses Mittel versucht werden, um die Darmtätigkeit in Gang zu bringen.

Hibiscusblütentee (Rote Malven-Tee, Nubienblütentee, Karkadentee)
Hibiscusblütentee wird wegen des angenehmen säuerlichen Geschmacks gerne als Haustee getrunken, aufgrund des Fruchtsäuregehalts kann er aber auch als leichtes Abführmittel verwendet werden.
1 Teelöffel mit $^1/_4$ l kochendem Wasser übergießen, 10 Minuten ziehen lassen, dann abseihen; mehrmals täglich 1 Tasse trinken.

Schlehdornblütentee
2 gehäufte Teelöffel mit $^1/_4$ l Wasser übergießen, langsam zum Sieden erhitzen und abseihen; 2 Tassen ungesüßten Tee täglich trinken. Die abführende Wirkung der Schlehdornblüten ist nicht stark, der Tee soll daher regelmäßig über längere Zeit getrunken werden.

Pflanzliche Quellstoffe

Leinsamen
2 Esslöffel Leinsamen werden 2-mal täglich zwischen den Mahlzeiten am besten mit etwas Joghurt vermischt eingenommen. Auf reichliche Flüssigkeitszufuhr ist zu achten, damit sie tatsächlich quellen und ihre Wirkung entfalten können ($^1/_4$ l Wasser für 1 Esslöffel). Die enthaltenen Schleime bewirken außerdem eine bessere Gleitfähigkeit des Stuhls. Die Anwendung muss über längere Zeit erfolgen, weil die Wirkung nicht sofort eintritt. Bei Anwendung der ganzen Leinsamen ist keine Kalorienzufuhr damit verbunden, sie quellen und werden unverdaut wieder ausgeschieden. Bei den zerquetschten oder grob gemahlenen Leinsamen wird vom Körper zusätzlich etwas Fett aufgenommen.

Feigen
Die abführende Wirkung der Feigen ist vor allem dem hohen Zuckergehalt zuzuschreiben. Dieser führt zu einem vermehrten Wasseranteil im Stuhl und regt so die Darmtätigkeit an. Am besten werden einige frische Feigen zwischen den Mahlzeiten gegessen.

Dörrpflaumen (Dörrzwetschken)
Wie frische, besitzen auch getrocknete Pflaumen eine leicht abführende Wirkung. Der Vorteil gegenüber den frischen Früchten besteht darin, dass sie unabhängig von der Jahreszeit erhältlich sind. Die Anwendung erfolgt wie bei den Feigen beschrieben, auf reichliche Flüssigkeitszufuhr ist zu achten.

Zubereitungen aus Anthra-Drogen

Anthraverbindungen stellen starke Abführmittel dar. Sie sollen bei einer bestehenden Darmträgheit nur verwendet werden, wenn andere Mittel keinen Effekt erzielen. Sie sollen auch nur eingesetzt werden, um die Darmtätigkeit in Gang zu bringen. Für einen Dauergebrauch sind sie nicht geeignet, da es dadurch zu einer Verstärkung der Darmträgheit kommt und immer größere Mengen an Abführmitteln notwendig werden. Dies gilt sowohl für Fertigpräparate als auch für Teezubereitungen.
Gleichzeitig kommt es bei Dauergebrauch zu beträchtlichen Verlusten an Elektrolyten, insbesondere an Kalium. Die individuell richtige Dosierung ist die, die erforderlich ist, um einen weichgeformten Stuhl zu erhalten.
Generell dürfen alle Anthraverbindungen enthaltende Zubereitungen nicht bei Darmverschluss und nicht bei entzündlichen Darmerkrankungen angewendet werden. Mit Ausnahme der Sennesfrüchte sind sie auch für Kinder unter 12 Jahren sowie für Schwangere und stillende Frauen nicht geeignet.

Aloehaltige Zubereitungen
Aloe, der eingedickte Saft der Aloe-Blätter, ist in zahlreichen Fertigpräparaten enthalten. Eine Anwendung in Form eines Tees ist nicht möglich. Aloe-Zubereitungen sollen nicht länger als 1–2 Wochen und nicht in der Schwangerschaft und Stillzeit angewendet werden. Lassen Sie sich in Ihrer Apotheke bezüglich Dosierung und Anwendung beraten.

Faulbaumrindentee
Frische Faulbaumrinde ist brechreizerregend, sie darf daher nur verwendet werden, wenn sie mindestens 1 Jahr gelagert wurde.
1 gestrichenen Teelöffel voll geschnittener Rinde mit $^1/_4$ l kaltem Wasser ansetzen, 12 Stunden unter wiederholtem Umrühren ziehen lassen, dann abseihen und vor dem Schlafengehen lauwarm trinken; die Rinde kann auch mit heißem Wasser übergossen und 10–15 Minuten ausgezogen werden. Die enthaltenen Gerbstoffe können bei empfindlichen Menschen zu Magenreizungen führen, in diesem Fall ist der Kaltauszug vorzuziehen. Der Wirkungseintritt erfolgt 6–8 Stunden nach der Einnahme. Faulbaum wirkt milder als Aloe und Sennesblätter.

Sennesblätter
$^1/_2$–1 gestrichener Teelöffel Sennesblätter werden mit $^1/_4$ l kaltem Wasser übergossen und 24 Stunden unter gelegentlichem Umrühren ziehen gelassen, dann abseihen. Der Tee kann auch durch Übergießen mit warmem Wasser und 10–20 minütigem Ziehenlassen hergestellt werden. Beide Arten der Zubereitung verhindern ein Auftreten von Leibschmerzen bei der Anwendung. Die Wirkung tritt nach 6–8 Stunden ein, der Tee soll daher vor dem Schlafengehen getrunken werden.

Sennesfrüchtetee
Sennesfrüchte werden wie Sennesblätter zubereitet und angewendet, ihre Wir-

kung ist milder als alle bisher beschriebenen Anthra-Zubereitungen. Sennesfrüchte eignen sich daher auch für Kinder unter 12 Jahren sowie für schwangere und stillende Frauen, wenn durch Ernährungsumstellung oder Quellstoffe kein Effekt zu erzielen ist.

Teemischungen bei Verstopfung

Teemischung 1

Faulbaumrinde	4 Teile
Kümmelfrüchte, zerdrückt	2 Teile
Kamillenblüten	2 Teile
Tausendguldenkraut	1 Teil

1–2 Teelöffel dieser Mischung mit $^1/_4$ l kaltem Wasaser übergießen, 12 Stunden ziehen lassen, dann abseiehen; bei Verstopfung, die gleichzeitig mit Blähungen einhergeht, abends 1 Tasse lauwarm trinken.

Teemischung 2

Holunderblüten	2 Teile
Fenchelfrüchte, zerdrückt	1 Teil
Sennesblätter	1 Teil
Kamillenblüten	1 Teil

1–2 Teelöffel dieser Mischung mit $^1/_4$ l kochendem Wasser übergießem, 10 Minuten ziehen lassen, dann abseihen; abends eine Tasse trinken.

Teemischung 3

Faulbaumrinde	7 Teile
Sennesblätter	6 Teile
Pfefferminzblätter	3 Teile
Goldrutenkraut	1 Teil
Liebstöckelwurzel	1 Teil
Hibiscusblüten	1 Teil

1–2 Teelöffel dieser Mischung mit $^1/_4$ l heißem – aber nicht kochendem – Wasser übergießen und 10–20 Minuten ziehen lassen; dieser Tee regt gleichzeitig auch die Nierentätigkeit an und kann daher als Entschlackungstee – am besten abends – getrunken werden.

DURCHFALL

Durchfall, also häufiger, dünnflüssiger Stuhl, wird meist durch Bakterien oder Viren verursacht. Bei schweren Formen kann es zu einem massiven Wasser- und Elektrolytverlust (Natrium, Kalium) kommen, der bei Säuglingen und älteren, geschwächten Personen lebensgefährlich sein kann. Hier ist ärztliche Behandlung unbedingt erforderlich, ebenso bei länger anhaltenden Durchfällen!

PFLANZENZUBEREITUNGEN

Bei leichten Formen von Durchfällen können pflanzliche Mittel verwendet werden. Ziel ist es, eine normale Stuhlkonsistenz wiederherzustellen und damit den Wasser- und Elektrolytverlust gering zu halten. Vor allem kommen hier gerbstoffhaltige Pflanzen mit adstringierender (zusammenziehender) Wirkung zum Einsatz.

Als wichtige Begleitmaßnahme gilt der Flüssigkeits- und Elektrolytersatz. In Apotheken sind fertige Elektrolytlösungen mit ausgewogener Zusammensetzung sowohl für Erwachsene als auch für Kinder erhältlich.

Tee aus getrockneten Heidelbeeren
3 gehäufte Esslöffel getrocknete Heidelbeeren mit $^1/_2$ l kaltem Wasser übergießen und 10 Minuten kochen; diese Menge Tee über den Tag verteilt trinken.

Blutwurztee (Tormentillwurzeltee)
1 gestrichenen Teelöffel klein geschnittene Tormentillwurzel mit $^1/_4$ l kaltem Wasser ansetzen und kurz zum Sieden erhitzen; nach kurzem Stehenlassen abseihen und 2–3 Tassen Tee täglich trinken.

Blutwurzpulver (Tormentillpulver)
Die gepulverte Wurzel kann auch mit Rotwein aufgeschwemmt werden, dazu werden ca. 1 Teelöffel Pulver und 2–3 Teelöffel Rotwein verwendet; 3–5-mal täglich $^1/_2$–1 Teelöffel davon einnehmen.

Blutwurztinktur (Tormentilltinktur)
Zubereitung siehe Kapitel „Erkrankungen im Mund- und Rachenraum" Seite 100; 30–50 Tropfen mehrmals täglich in Wasser, Pfefferminz- oder Kamillentee einnehmen.

Gänsefingerkrauttee
Zubereitung siehe Kapitel „Erkrankungen im Mund- und Rachenraum" Seite 100; mehrmals täglich 1 Tasse trinken.

Brombeerblättertee
2 Teelöffel Blätter mit $^1/_4$ l kochendem Wasser übergießen, 10 Minuten ziehen lassen, dann abseihen; mehrmals täglich eine Tasse bei leichten Durchfällen trinken.

Himbeerblättertee
Die Anwendung der Himbeerblätter bei Durchfällen ist vor allem in der Volksmedizin beliebt, die Zubereitung erfolgt wie beim Brombeerblättertee.

Erdbeerblättertee
Zubereitung und Anwendung wie Brombeer- und Himbeerblättertee, die Blätter dieser drei Pflanzenarten können auch als Teemischung verwendet werden.

Odermennigtee
Zubereitung siehe Kapitel „Erkrankungen im Mund- und Rachenraum" Seite 100; 2–3-mal täglich eine Tasse trinken; Odermennigtee hilft vorwiegend bei Magen-Darm-Beschwerden, die durch Gallen-Erkrankungen ausgelöst werden.

Salbeiblättertee
Zubereitung erfolgt genauso wie die Gurgellösung (siehe Kapitel „Erkrankungen im Mund- und Rachenraum" Seite 99), nicht für den Dauergebrauch.

Die Anwendung bei Durchfällen erfolgt vorwiegend aufgrund der Gerbstoffe, unterstützt wird die Wirkung durch das gleichfalls enthaltene ätherische Öl, das antibakterielle und krampflösende Eigenschaften aufweist.

Teemischungen bei Durchfall

Teemischung 1
Heidelbeeren, getrocknete
Brombeerblätter
Kamillenblüten
Kümmelfrüchte, zerdrückt
Fenchelfrüchte, zerdrückt zu gleichen Teilen
2 Teelöffel dieser Mischung mit $^1/_4$ l kochendem Wasser übergießen, 10 Minuten zugedeckt ziehen lassen, dann abseihen; mehrmals täglich 1 Tasse trinken.

Teemischung 2
Blutwurz (Tormentillwurzel)
Pfefferminzblätter
Kamillenblütenzu gleichen Teilen
2 Teelöffel dieser Mischung mit $^1/_4$ l kaltem Wasser übergießen, zum Sieden erhitzen und 10 Minuten zugedeckt ziehen lassen, dann abseihen; 2–3 Tassen täglich trinken.

Teemischung 3
Salbeiblätter
Kamillenblüten
Pfefferminzblätter
Blutwurz (Tormentillwurzel)
Gänsefingerkraut zu gleichen Teilen
Zubereitung wie Teemischung 2; bei Durchfall mit übelriechenden Stühlen mehrmals täglich 1 Tasse trinken.

HÄMORRHOIDEN

Hämorrhoiden können äußerlich oder innerlich auftreten. Vor allem bei den innerlichen (innerhalb des Afters, also im Mastdarm liegenden) Hämorrhoiden sind die so genannten Schwellkörper angegriffen. Diese sorgen zusätzlich zum Schließmuskel für einen flüssigkeits- und gasdichten Verschluss des Afters und sind von einem Venen- bzw. Arteriengeflecht durchsetzt. Je nach Schweregrad der Krankheit können die Schwellkörper vergrößert oder stark geschädigt sein, die Folgen sind Entzündungen und Blutungen. Das Auftreten von Hämorrhoiden steht in engem Zusammenhang mit dem Arterien- und Venensystem. Entstehungsursachen können Bewegungsmangel, ballaststoffarme Ernährung, chronische Verstopfung, zu langer Ge(Miss)brauch von Abführmitteln oder starkes Übergewicht sein. Zunächst soll auf leicht verdauliche Kost geachtet werden, damit unproblematischer Stuhlgang möglich ist. Weiters helfen Bäder mit entzündungshemmenden oder adstringierenden Wirkstoffen sehr gut, innerlich werden ebenfalls entzündungshemmende, aber auch venenstärkende Mittel eingesetzt. Bei schweren Verlaufsformen muss ärztlicher Rat eingeholt werden.

Innerlich anzuwendende Pflanzenzubereitungen

Kamillentee
Zubereitung siehe Kapitel „Übelkeit, Erbrechen" Seite 109; mehrmals täglich 1 Tasse trinken.

Heidelbeerentee
Der Tee aus den getrockneten Heidelbeeren wird wie im Kapitel „Durchfall" (Seite 117) angegeben, zubereitet. Die Anwendung bei Hämorrhoiden stammt aus der Volksmedizin, es werden 3–4-wöchige Kuren mit 2 Tassen Tee täglich empfohlen.

Faulbaumrinde
Bei Hämorrhoiden ist harter Stuhl ungünstig, in diesen Fällen sind abführende Heilpflanzen angezeigt. Zubereitung und Anwendung des Faulbaumtees siehe Kapitel „Verstopfung" Seite 115.

Rosskastanie
Patienten, die unter einer chronischen Venenschwäche leiden, neigen häufig auch zu Hämorrhoiden. Ihnen sind deshalb innerlich als auch äußerlich anzuwendende Rosskastanienpräparate, die bei Venenerkrankungen eingesetzt werden, zu empfehlen (siehe Kapitel „Venenerkrankungen" Seite 137).

Steinklee
Auch die Wirkstoffe des Steinklees haben einen günstigen Einfluss auf chronische Venenerkrankungen und können daher ebenfalls bei Hämorrhoiden eingesetzt werden (siehe Kapitel „Venenerkrankungen" Seite 137.
1–2 Teelöffel Steinkleekraut werden mit $^1/_4$ l kochendem Wasser übergossen, 10 Minuten ziehen gelassen, dann wird abgeseiht; 2–3 Tassen täglich trinken.

Äußerlich anzuwendende Pflanzenzubereitungen

Eichenrindenbad
2 Handvoll klein geschnittene Eichenrinde mit 2 l kaltem Wasser übergießen, zum Sieden erhitzen und 3–5 Minuten kochen; die Abkochung wird einem Sitzbad beigefügt, es soll morgens und abends mindestens 10 Minuten gebadet werden.

Blutwurzbad (Tormentillbad)
Die Zubereitung und Wirkungsweise ist die gleiche wie beim Eichenrindenbad.

Kamillenbad
Es wird ein Aufguss mit etwa 50 g oder 10–15 gehäuften Esslöffeln Kamillenblüten hergestellt, der auf etwa 10 l verdünnt wird; mindestens 2-mal täglich sollen mit einem jeweils frisch zubereiteten Aufguss Sitz- oder Dampfbäder (Vorsicht: Verbrennungsgefahr!) genommen werden.

Hamamelispräparate
In Apotheken sind Fertigpräparate erhältlich, die Hamamelisrindenextrakt enthalten. Sie weisen zusammenziehende, lokal blutstillende, entzündungshemmende und auch antibakterielle Eigenschaften auf und werden daher gerne bei Hämorrhoiden eingesetzt.

Perubalsam
ist ein dunkler, sirupartiger Balsam, der von einem in Zentralafrika beheimateten Baum gewonnen wird. In Apotheken sind fertige Salbenpräparate mit Perubalsam erhältlich oder werden auf besonderen Wunsch eigens angefertigt. Die Wirkung besteht in einer milden Hautreizung, einer Anregung der Wundheilung und einem Schutz vor Wundinfektionen. Perubalsam kann Allergien hervorrufen (siehe auch Kapitel „Wunden" Seite 165 und Kapitel „Hautkrankheiten" Seite 168).

Steinklee-Breiumschlag
Das Steinkleekraut mit der gleichen Menge an heißem Wasser gut durchfeuchten, in ein Mullsäckchen einbinden und auflegen.

BEWÄHRTE HAUSMITTEL BEI MAGEN-DARM-ERKRANKUNGEN

HAUSMITTEL BEI DURCHFALL

Teezubereitungen

Salbeitee, Ebereschentee aus den Früchten, Gewürznelkentee
Jeder dieser Tees wird in der Volksheilkunde bei Durchfall verwendet.

Alkoholische Zubereitungen

Heidelbeerwein
getrocknete Heidelbeeren in Wein aufkochen, bei Durchfall soll davon getrunken werden.

Heidelbeerschnaps

Heidelbeeren	1/2 kg
Schnaps	1 l

Heidelbeeren in Schnaps ansetzen, bei Durchfall soll öfters 1 Stamperl davon getrunken werden.

Anisschnaps

Anisfrüchte, zerdrückt	5 g
Schnaps	1 l

Die Anisfrüchte in Schnaps 2 Wochen ansetzen, dann abseihen; dieser Schnaps wird als sehr wirksames Mittel bei Durchfall getrunken, er soll allgemein gut für die Verdauung sein.

Kümmelwein
Kümmelfrüchte werden in Wein aufgekocht, dieser Wein soll noch warm getrunken werden.

Zubereitungen mit Milch

Milchabkochung
Himbeerblätter und Gänsefingerkraut werden in Milch gekocht.

Kamillentee mit Milch
Ein Kamillentee wird mit gleichen Teilen Milch gemischt, beide Zubereitungen sollen ebenfalls bei Durchfall eingenommen werden.

Sirupe

Heidelbeersirup

Heidelbeeren	1 Hand voll
Zucker	5 Löffel
Wasser	5 Löffel
Weißwein	1/2 l

Zucker in Wasser erhitzen bis er braun ist, Weißwein und Heidelbeeren dazugeben und solange sieden bis nur noch die Hälfte der Flüssigkeit da ist.

Weitere Zubereitungen

Haferschleim
Haferflocken werden in Wasser aufgekocht und bei Durchfall eingenommen.

Zwiebel
Bei Durchfall soll eine rohe Zwiebel jeweils vor den Mahlzeiten gegessen werden.

HAUSMITTEL BEI VERSTOPFUNG

Traubenholundersulz
Die Früchte des Traubenholunders sollen solange eingekocht werden bis die Masse gelb ist, dann wird passiert; diese Sulz soll bei Stuhlverstopfung eingenommen werden.

Feigen
Bei Verstopfung soll auf nüchternen Magen eine getrocknete Feige gegessen und darauf 1 Glas Wasser getrunken werden.
Die Feigen können auch über Nacht in Wasser eingelegt und morgens zum Frühstück gegessen werden.

Diverse Kompotte
Pflaumen- oder Feigenkompott sollen bei Verstopfung gegessen werden.

Heidelbeeren mit Milch
Frische Heidelbeeren sollen bei Verstopfung mit etwas Milch eingenommen werden.

Milchabkochung
Kümmelfrüchte sollen mit Milch abgekocht und bei Verstopfung eingenommen werden.

Apfelschalentee
soll gegen Verstopfung getrunken werden.

Schlehdornsirup
Schlehdornblüten in Wasser kochen, dann durch ein Tuch pressen, zu dieser Flüssigkeit die gleiche Menge Zucker zusetzen, nochmals aufkochen und in Flaschen füllen; dieser leicht abführende Sirup soll bei Verstopfung – besonders bei Kindern – eingenommen werden.

HAUSMITTEL BEI DIVERSEN MAGEN-DARM-STÖRUNGEN

Lehm
Es wird eine Suspension in kaltem Wasser hergestellt; von dieser soll 2–3-mal täglich bei Verdauungsstörungen etwas eingenommen werden.

Enzianwein
Die Enzianwurzel wird in Wein aufgekocht, davon soll bei Durchfall und Verdauungsstörungen getrunken werden.

Pfefferminztee mit Quittengelee
Diese Mischung soll bei Blähungen helfen.

LEBER- UND GALLENLEIDEN

Bei den meisten (leichten) Lebererkrankungen beschränkt sich die Therapie auf die Behandlung der auftretenden Symptome im Magen-Darm-Bereich wie Appetitstörungen, Blähungen oder Verstopfung. Hier leisten pflanzliche Mittel wertvolle Dienste.
Einige Heilpflanzen enthalten darüber hinaus Stoffe, die eine Leberschutzwirkung haben und die Regeneration der Leberzellen fördern (Artischocke, Mariendistel). Diese Leberschutzstoffe sind in wirksamen Mengen in Fertigpräparaten enthalten und werden bei toxischen Leberschäden (zum Beispiel hervorgerufen durch Pilzgifte) eingesetzt.

PFLANZENZUBEREITUNGEN

Für den Gebrauch in der Hausapotheke kommen vor allem Heilpflanzen in Frage, die eine Verbesserung der Gallentätigkeit (choleretische Wirkung) oder des Gallenflusses (cholekinetische Wirkung) erreichen. Die enge Verknüpfung des Gallenwegsystems mit Magen, Dünndarm, Leber und Bauchspeicheldrüse lässt eine gegenseitige Beeinflussung dieser Organe erwarten. Man spricht auch allgemein von Oberbauchbeschwerden, wenn dieser Bereich betroffen ist. Gallenmittel haben durch diese Verknüpfung auch Wirkung auf den Magen-Darm-Bereich oder die Leber, umgekehrt zeigen magen-, darm- oder leberwirksame Mittel auch günstige Effekte auf die Galle.

Pfefferminztee
Die Zubereitung erfolgt wie im Kapitel „Übelkeit, Erbrechen" Seite 109 beschrieben. Pfefferminztee fördert den Gallenabfluss und die Gallenproduktion der Leber, es wird am besten ungesüßt mehrmals täglich 1 Tasse getrunken.

Pfefferminztropfen
Pfefferminztropfen (ätherisches Öl in Alkohol verdünnt) sind in jeder Apotheke erhältlich. Sie wirken genauso wie der Tee aus den Blättern, es werden 15 Tropfen in $^1/_4$ l Wasser eingenommen.

Schafgarbentee
1 gehäuften Teelöffel Schafgarbenkraut mit $^1/_4$ l kochendem Wasser übergießen und 10–15 Minuten zugedeckt ziehen lassen; zur Förderung der Gallenproduktion mäßig warm 2–3 Tassen Tee täglich trinken.

Mariendisteltee
1 Teelöffel Mariendistelfrüchte (seltener auch das Kraut) mit $^1/_4$ l kochendem Wasser übergießen, 10–20 Minuten ziehen lassen, dann abseihen; jeweils morgens vor dem Frühstück, $^1/_2$ Stunde vor dem Mittagessen und abends vor dem Schlafengehen 1 Tasse frisch zubereiteten Tee heiß und schluckweise trinken.

Odermennigtee
Zubereitung wie im Kapitel „Durchfall" Seite 100 beschrieben. Bei Gallenstauungen, Appetitlosigkeit und akuten Gallenkoliken 2–3-mal täglich 1 Tasse Tee warm trinken.

Löwenzahntee
1–2 Teelöffel geschnittene Wurzel oder auch Kraut mit $^1/_4$ l kaltem Wasser

übergießen, zum Sieden erhitzen, 1 Minute lang kochen und nach 10 Minuten abseihen; kurmäßig 4–6 Wochen lang 2-mal täglich 1 Tasse trinken. Löwenzahn regt die Leber- und Gallentätigkeit an und beeinflusst auch durch Gallensteine hervorgerufene Beschwerden günstig.
Löwenzahn regt aber auch die Nierentätigkeit und den gesamten Körpersoffwechsel an und ist daher auch Bestandteil der so genannten Blutreinigungskuren (siehe auch Kapitel „Harnweginfektionen, Blasenkatarrh" Seite 125, Kapitel „Rheumatische Beschwerden" Seite 161, Kapitel „Akne, unreine Haut" Seite 173 sowie Kapitel „Heilkräuter zur Frühjahrs- und Herbstkur" Seite 180).

Löwenzahnsaft
Anstelle einer Tasse Löwenzahntee kann auch 1 Esslöffel Saft eingenommen werden, dies soll ebenfalls kurmäßig erfolgen. Löwenzahnsaft ist in Apotheken und Reformhäusern erhältlich.

Rettichsaft
Rettichsaft wirkt gallentreibend, unterstützt das Abklingen von Entzündungen in den Gallenwegen und wirkt der Stein- und Grießbildung entgegen.
Im Entsafter wird aus dem geschnittenen Rettich der Saft hergestellt, der kurmäßig angewendet wird. Begonnen wird mit einer kleinen Menge von ca. 50 g Saft, der nüchtern eingenommen wird; nach einigen Tagen steigert man langsam bis man jeweils 4-mal 200 g Portionen pro Tag trinkt, um dann wieder zu reduzieren, bis man erneut bei der Ausgangsmenge von 50 g täglich angekommen ist. Magenempfindliche Personen sollen vor Beginn der Kur die Verträglichkeit prüfen.

Wermuttee
Die Zubereitung erfolgt wie im Kapitel „Appetitlosigkeit" Seite 107 beschrieben; kurmäßig 3-mal täglich 1 Tasse sehr warmen Tee nach dem Essen oder auch nur bei Bedarf 1 Tasse trinken; zur Förderung der Gallenproduktion und des Gallenabflusses. Wermut zeigt gute Wirkung bei einer „unruhigen" Galle und bei Gallenschmerzen nach Aufregungen und starken Belastungen; es kann auch vorbeugend für kurze Zeit 1 Tasse Wermuttee täglich getrunken werden.
Für einen Dauergebrauch ist Wermut nicht geeignet, schwangere Frauen dürfen keine Wermutzubereitungen zu sich nehmen.

Erdrauchtee
1 Teelöffel Erdrauchkraut mit $^1/_4$ l kochendem Wasser übergießen, 10 Minuten ziehen lassen, dann abseihen; bei akuten und chronischen Gallenbeschwerden bis zu 3 Tassen Tee täglich trinken.

Artischockenpräparate
Als Tee wird die Artischocke kaum gebraucht. In Apotheken sind Fertigpräparate erhältlich, die Artischockenextrakte enthalten und die Gallenproduktion und den Gallenfluss günstig beeinflussen.

Teemischungen bei Leber- und Gallenleiden

Teemischung 1
Mariendistelfrüchte
Pfefferminzblätter zu gleichen Teilen

Zubereitung wie Mariendisteltee; Pfefferminze wirkt geschmacksverbessernd und unterstützt auch die Wirkung der Mariendistelfrüchte.

Teemischung 2
Wermutkraut
Odermennigkraut zu gleichen Teilen
1 gehäuften Teelöffel dieser Mischung mit $^1/_4$ l kochendem Wasser übergießen und nach 2 Minuten abseihen; diesen Tee ungesüßt und möglichst warm schluckweise bei akuten Gallenbeschwerden trinken.

Teemischung 3
Schafgarbenkraut
Pfefferminzblätter
Kamillenblüten zu gleichen Teilen
2 Teelöffel dieser Mischung mit $^1/_4$ l kochendem Wasser übergießen, 10 Minuten zugedeckt ziehen lassen, dann abseihen; bei akuten oder chronischen Gallenbeschwerden mehrmals täglich 1 Tasse trinken.

BEWÄHRTE HAUSMITTEL BEI LEBER- UND GALLENLEIDEN

Teezubereitungen

Pfirsichtee
Ein Tee aus den Pfirsichblättern soll beruhigend bei Steinbeschwerden (sowohl Gallen- als auch Nierensteinen) wirken.

Rosmarintee
Ein Tee aus den Blättern und Blüten soll anregend auf die Gallenblase wirken und bei Gallenbeschwerden getrunken werden.

Umschläge

Apfelessig-Umschlag
Apfelessig 1 Teil
Wasser 20 Teile
Mit dieser Mischung wird ein Tuch getränkt, dieses soll bei Leber- und Gallenleiden um die Körpermitte aufgelegt werden.

Lehm-Essig-Umschlag
Lehm
Essig
Lehm wird mit Essig gemischt und soll bei Schmerzen, die von der Leber und der Galle ausgehen, aufgelegt werden.

BLASEN- UND NIERENLEIDEN, PROSTATAERKRANKUNGEN

Krankheitszeichen im Bereich der Harnwege sind für Laien oft schwer zu interpretieren, Harnwegerkrankungen sind daher sorgfältig zu diagnostizieren.

Ein Arztbesuch ist auf jeden Fall erforderlich, wenn der Harn getrübt oder verfärbt ist oder übel riecht, weiters bei krampfartigen Schmerzen in der Nierengegend, bei übermäßigem Durst, bei Fieber und beim Auftreten von geschwollenen Augenlidern am Morgen nach dem Aufwachen.
Für eine Teemedikation kommen vor allem Heilkräuter mit einer harn- bzw. wassertreibenden (diuretischen), harnwegdesinfizierenden, entzündungshemmenden oder krampflösenden Wirkung in Frage. Häufig werden Drogen mit verschiedenen Wirkungsqualitäten kombiniert.

HARNWEGINFEKTIONEN, BLASENKATARRH

Diese Beschwerden sind entzündlicher und/oder krampfartiger Natur und werden durch eine Durchspülungstherapie mit wassertreibenden Mitteln (Diuretika) günstig beeinflusst. Bei bakteriellen Infektionen kommen auch Pflanzen mit antibakterieller Wirkung – Harndesinfizienzia – zum Einsatz. Als alleinige Maßnahme reichen sie jedoch nur bei unkomplizierten Infekten aus. Harndesinfizienzia können aber auch begleitend zu oder nach dem Absetzen einer Antibiotikatherapie eingesetzt werden. Harnweginfektionen in der Schwangerschaft bedürfen auf jeden Fall einer ärztlichen Therapie!
Harnweginfekte treten zum Beispiel durch Erkältungen auf, es kommt zu einer raschen Bakterienbesiedelung der durch die Unterkühlung abwehrschwachen Schleimhäute. Auch Kontaktinfektionen durch unsaubere Toiletten oder Badeanstalten können Ursachen für derartige Infekte sein. Vor allem Frauen sind häufig von Harnweginfektionen betroffen. Aus dem benachbarten Mastdarm dringen Bakterien in die Harnwege ein und steigen – begünstigt durch die kurze Harnröhre – leicht weiter auf und verursachen Entzündungen.
Eine wichtige vorbeugende Maßnahme neben besonders sorgfältiger Körperpflege und Hygiene ist die konsequente Zufuhr von reichlicher Flüssigkeit. Die tägliche Trinkmenge sollte ungefähr 2,5 l betragen, nach Genuss stark gewürzter Speisen auch mehr. Die Harnblase soll häufig und mit Druck entleert werden. Dadurch werden Bakterien ausgeschwemmt und am Aufsteigen gehindert.

PFLANZENZUBEREITUNGEN MIT DIURETISCHER (HARN- BZW. WASSERTREIBENDER) WIRKUNG

Pflanzliche Diuretika sind für eine Durchspülungstherapie geeignet, sie führen vorwiegend zu einer vermehrten Wasserausscheidung. Sie unterstützen den Selbstreinigungsmechanismus bei immer wiederkehrenden leichteren, entzündlichen Prozessen und bei Neigung zur Steinbildung. Es kommen vorwiegend Pflanzen, die ätherisches Öl, Saponine oder Flavonoide enthalten, in Betracht. Auf reichliche Flüssigkeitszufuhr ist zu achten.
Bei Wasseransammlungen infolge eingeschränkter Herz- oder Nierentätigkeit dürfen keine wassertreibenden Mittel eingesetzt und darf keine Durchspülungstherapie durchgeführt werden!

Zubereitungen aus ätherischölhaltigen Pflanzen

Die Wirkung dieser Drogen beruht auf einer Reizwirkung der Niere, wodurch

die Durchblutung verstärkt wird, was eine vermehrte Wasserausscheidung zur Folge hat.
Diese Drogen dürfen aber weder bei akuten entzündlichen Nierenerkrankungen noch bei eingeschränkter Nierenfunktion angewendet werden.

Wacholderbeerentee
1/2–1 Teelöffel Wacholderbeeren mit 1/4 l kochendem Wasser übergießen, 10 Minuten zugedeckt ziehen lassen, dann abseihen; 1–4-mal täglich 1 Tasse trinken. Wacholder eignet sich nicht für eine Langzeitanwendung, Kuren sollen sich auf 1 Woche beschränken. Eine Teemischung, die Wacholderbeeren in Kombination mit anderen harntreibenden Drogen enthält, ist dem reinen Wacholdertee vorzuziehen (siehe „Teemischungen bei Harnweginfektionen", Seite 129).
Aufgrund der Reizwirkung des ätherischen Öls sollen Wacholderzubereitungen nicht bei Nierenerkrankungen und nicht in der Schwangerschaft angewendet werden.

Liebstöckelwurzeltee
1–2 Teelöffel geschnittene Wurzel mit 1/4 l kaltem Wasser übergießen, zum Sieden erhitzen und gleich abseihen; 2-mal täglich 1 Tasse zur Durchspülung der ableitenden Harnwege, auch zur Vorbeugung von Nierengrieß; gebräuchlich ist vor allem die Kombination mit anderen harntreibenden Pflanzen (siehe „Teemischungen bei Harnweginfektionen", Seite 129).

Zubereitungen aus flavonoid- und saponinhaltigen Pflanzen

Birkenblättertee
2 gehäufte Teelöffel Birkenblätter mit 1/4 l kochendem Wasser übergießen, 10 Minuten ziehen lassen, dann abseihen; 3 Tassen täglich mäßig warm trinken. Birkenblättertee bewirkt eine vermehrte Harnausscheidung ohne die Nieren zu reizen. Er wird bei bakteriellen, entzündlichen Erkrankungen verbunden mit krampfartigen Beschwerden, aber auch zur Vorbeugung von Harnsteinen eingesetzt.

Bruchkrauttee
1 Teelöffel Bruchkraut mit 1/4 l kaltem Wasser übergießen und kurz aufkochen; 5 Minuten ziehen lassen, dann abseihen; bei krampfartigen Beschwerden im Bereich der Niere und Blase 2–3-mal täglich 1 Tasse trinken.

Ackerschachtelhalmtee (Zinnkrauttee)
1–2 Teelöffel Kraut entweder 12 Stunden kalt ansetzen oder mit 1/4 l kochendem Wasser übergießen und 15 Minuten ziehen lassen, dann abseihen; 3 Tassen täglich über längere Zeit zur Durchspülungstherapie der ableitenden Harnwege trinken.

Goldrutentee
Sowohl die echte als auch die Riesen-Goldrute kann verwendet werden: 1–2 gehäufte Teelöffel entweder mit 1/4 l kaltem Wasser übergießen, zum Sieden erhitzen und 2 Minuten ziehen lassen, oder mit kochendem Wasser übergießen und 10 Minuten ziehen lassen, dann abseihen; bei Blasenentzündung mit schmerzhafter Harnentleerung und zur Durchspülungstherapie 2–3 Tassen täglich trinken.

Hauhecheltee
2 gehäufte Teelöffel Hauhechelwurzel mit 1/4 l kochendem Wasser übergießen, an einem warmen Ort 1/2 Stunde zugedeckt ziehen lassen, dann abseihen; 2 Tassen täglich nur wenige Tage hindurch trinken, weil die Wirkung nachlässt; nach einer Pause von einigen Tagen kann die Anwendung wieder fortgesetzt werden.

Weitere Zubereitungen aus schwach diuretisch (harntreibend) wirkenden Pflanzen

Brennesseltee
2 gehäufte Teelöffel Blätter oder Wurzeln mit 1/4 l kochendem Wasser übergießen, 5 Minuten kochen, dann abseihen; mäßig warm und schluckweise morgens und abends 1 Tasse über einen Zeitraum von 4–8 Wochen trinken. Brennesseltee erhöht die Harnausscheidung und wird auch unterstützend zur Behandlung von Beschwerden beim Wasserlassen verwendet (siehe auch Kapitel „Beschwerden beim Wasserlassen, Reizblase, gutartige Prostatavergrößerung" Seite 130).

Löwenzahntee
Löwenzahntee haben wir bereits im Kapitel „Leber- und Gallenleiden" auf Seite 122 kennen gelernt. Er wirkt auch harntreibend und kann in Absprache mit dem Arzt unterstützend zur Austreibung von Nierensteinen verwendet werden: 2 Esslöffel Kraut oder Wurzeln mit 1/2 l kaltem Wasser übergießen, zum Sieden erhitzen und 20 Minuten ohne weiter zu erhitzen ziehen lassen. Nach dem Abseihen wird die Flüssigkeit mit warmem Wasser auf 1 1/2 l verdünnt und die gesamte Flüssigkeitsmenge soll innerhalb von 15–20 Minuten getrunken werden; es kommt zu einer starken Wasserausscheidung, bei der möglicherweise kleine Steine mit abgehen.

Ribiseltee (Johannisbeerentee)
1–2 Teelöffel schwarze Johannisbeerblätter mit 1/4 l kochendem Wasser übergießen, 10 Minuten ziehen lassen, dann abseihen; mehrmals täglich 1 Tasse frisch zubereiteten Tee zwischen den Mahlzeiten trinken; vorwiegend in der Volksmedizin als wassertreibendes Mittel in Gebrauch.

PFLANZENZUBEREITUNGEN MIT IMMUNSTIMULIERNDER WIRKUNG

Sonnenhutpräparate
Fertigpräparate mit den Wirkstoffen des Sonnenhuts führen zu einer Stärkung der körpereigenen Abwehr und können daher auch bei häufig auftretenden Harnweginfekten eingesetzt werden. Lassen Sie sich in Ihrer Apotheke beraten.

PFLANZENZUBEREITUNGEN MIT ANTIBAKTERIELLER WIRKUNG (HARNDESINFIZIENZIA)

Bärentraubentee
1 knappen Teelöffel Bärentraubenblätter mit 1/4 l kaltem Wasser übergießen, 12–24 Stunden unter gelegentlichem Umrühren stehen lassen, dann abseihen und leicht erwärmen. Der Kaltansatz hat den Vorteil, dass die (hier unerwünsch-

1
2
3
4
5
6

Teemischungen zur Durchspülung der Harnwege bei Harnweginfekten und bei Neigung zu Steinbildung

Teemischung 1

Wacholderbeeren	
Hauhechelwurzel	
Liebstöckelwurzel	
Süßholzwurzel	zu gleichen Teilen

2 gehäufte Teelöffel dieser Mischung mit $^1/_4$ l kochendem Wasser übergießen, 10 Minuten zugedeckt ziehen lassen, nach dem Erkalten abseihen und täglich 1–2 Tassen Tee trinken.

Teemischung 2

Birkenblätter	2 Teile
Hagebuttenfrüchte	1 Teil
Hibiscusblüten	1 Teil

2 Teelöffel dieser Mischung mit $^1/_4$ l kochendem Wasser übergießen, 10 Minuten ziehen lassen, dann abseihen; mehrmals täglich einige Wochen hindurch 1 Tasse trinken.

Teemischung 3

Löwenzahnwurzel mit Kraut	2 Teile
Hauhechelwurzel	2 Teile
Ackerschachtelhalmkraut	2 Teile
Wacholderbeeren	2 Teile
Liebstöckelwurzel	1 Teil

1 gehäuften Teelöffel dieser Mischung mit $^1/_4$ l kochendem Wasser übergießen, 10 Minuten ziehen lassen, dann abseihen; 2 Tassen täglich 2–3 Wochen lang trinken.

Teemischungen zur Harnwegdesinfektion

Teemischung 1

Bärentraubenblätter	4 Teile
Birkenblätter	5 Teile

2 Teelöffel dieser Mischung mit $^1/_4$ l kaltem Wasser ansetzen und 12 Stunden ziehen lassen, dann abseihen und auf Trinktemperatur erwärmen; bei Bedarf 2–3-mal täglich 1 Tasse trinken; gleichzeitig durch vorwiegend pflanzliche Kost oder Zugabe von 2 Messerspitzen Natron zu jeder Tasse für einen alkalischen Harn sorgen, damit die Bärentraubenblätter ihre Wirkung entfalten können.

Teemischung 2

Bärentraubenblätter	4 Teile
Ackerschachtelhalmkraut	2 Teile
Pfefferminzblätter	1 Teil

Zubereitung wie Teemischung 1; bei Bedarf 1–2-mal täglich 1 Tasse trinken.

Pflanzenabbildung:
1 Malve, 2 Mariendistel, 3 Mädesüß (Spierstaude), 4 Melisse, 5 Odermennig, 6 Pfefferminze
(Maßstab siehe Seite 17)

BESCHWERDEN BEIM WASSERLASSEN, REIZBLASE, GUTARTIGE PROSTATAERKRANKUNGEN

Beschwerden beim Wasserlassen können sich in häufigem Harndrang mit erhöhter oder verminderter Entleerung, in einer Reizblase oder auch in Brennen oder Schmerzen äußern. Als Ursachen kommen zunächst Entzündungen der Harnwegsorgane oder Funktionsstörungen der Blasenmuskulatur in Frage.
Aber auch Entzündungen oder Vergrößerungen der Prostata (Vorsteherdrüse) können derartige Beschwerden auslösen. Die Prostata umschließt die Harnröhre an jener Stelle, an der sie aus der Blase tritt. Eine Schwellung oder Vergrößerung der Prostata behindert die Harnausscheidung. Es kann zu häufigem Harndrang, zu Verzögerungen oder Nachträufeln beim Wasserlassen oder zu mehrfacher Blasenentleerung in der Nacht kommen. Treten derartige Krankheitszeichen auf, ist eine sorgfältige ärztliche Diagnose notwendig. In vielen Fällen ist diese Prostatavergrößerung gutartig, man spricht auch von einer benignen Prostatahyperplasie (BPH). Häufig ist eine operative Entfernung dieser Wucherung notwendig. Die Anweisungen des Arztes sollen unbedingt eingehalten werden. Pflanzliche Arzneimittel können in Absprache mit dem Arzt eingesetzt werden.

PFLANZENZUBEREITUNGEN

Pflanzliche Mittel sind bei leichten Störungen beim Wasserlassen mit etwas häufigerem Harndrang als normal angezeigt und sollen erst nach genauer Diagnosestellung in Absprache mit dem Arzt angewendet werden. Drogen mit folgenden Wirkqualitäten stehen zur Verfügung: antibakteriell, stärkend, entzündungshemmend und krampflösend.
Sind die Beschwerden einer Reizblase mit allgemeiner Nervosität, Unruhe oder Übererregbarkeit kombiniert, helfen auch Drogen mit beruhigender oder spannungslösender Wirkung. Diese Heilkräuter sind auch beim Bettnässen von Kindern angezeigt, welches meist ohne organische Ursache auftritt, aber häufig eine Störung seelischer Natur darstellt (siehe Kapitel „Kinderkrankheiten", Seite 153).

Kürbiskernsamen
haben eine harmonisierende Wirkung auf die Blasenmuskulatur, täglich sollen 2–3 Esslöffel Samen, am besten in etwas Müsli, Milch oder Joghurt eingenommen werden; eine Kur sollte einige Monate dauern. Auch bei Bettnässen von Kindern, wenn kein organisches Leiden vorliegt, können Kürbissamen wirksam sein. Empfehlenswert sind Fertigpräparate, die wirkstoffreicher sind als die Kerne aus dem eigenen Garten.

Weidenröschentee
2 gehäufte Teelöffel Weidenröschenkraut mit $^1/_4$ l kochendem Wasser übergießen, 15 Minuten ziehen lassen, dann abseihen; 2 Tassen täglich trinken, die Wirkung besteht vorwiegend in einer Entzündungshemmung.

Brennesseltee
Die Zubereitung und Anwendung erfolgt wie im Kapitel „Harnweginfektionen, Blasenkatarrh" auf Seite 127 beschrieben.

Hopfenzapfen, Baldrianwurzel, Johanniskraut
Zubereitung und Art der Anwendung siehe Kapitel „Störungen und Krankheiten des Nervensystems" Seite 141.

Zubereitungen aus diesen drei Drogen wirken vorwiegend beruhigend und zum Teil auch muskelentspannend und können daher bei einer Reizblase, die keine organische Ursache hat, hilfreich sein.

Kava-Kava
Siehe Kapitel „Störungen und Krankheiten des Nervensystems" Seite 143.
Die Inhaltsstoffe der Kava-Kava-Wurzel wirken ebenfalls beruhigend und entspannend auf die (Blasen)Muskulatur. Sie werden vorwiegend in Form von Fertigpräparaten angewendet. Lassen Sie sich in Ihrer Apotheke beraten

BEWÄHRTE HAUSMITTEL BEI BLASEN-NIERENLEIDEN UND BEI PROSTATAERKRANKUNGEN

Teezubereitungen

Ackerschachtelhalmtee (Zinnkrauttee)
Das Zinnkraut wird in der Volksheilkunde sehr häufig bei diversen Blasen- und Nierenleiden in den unterschiedlichsten Zubereitungsformen verwendet: als Tee, Sitzbad, Dampfbad oder auch als Umschlag. Es wird gerne allein aber auch in Kombination mit anderen Heilkräutern angewendet.

Schlehdorntee
2–3 Tassen ungesüßter Tee aus den Blüten sollen täglich über den ganzen Tag verteilt bei Prostatahypertrophie (Prostatavergrößerung) getrunken werden.

Heidekrauttee
Ein Tee aus dem Kraut oder auch nur aus den Blüten soll bei Blasen- und Nierenleiden als wassertreibendes Mittel oder auch bei Koliken oder Nieren- und Blasensteinen getrunken werden.

Teemischung 1
Johanniskraut
Fruchtstängel der Kirsche
Maisgriffel
Ein Tee aus dieser Mischung soll bei Problemen mit der Blase getrunken werden.

Teemischung 2
Schafgarbenkraut
Zinnkraut (Ackerschachtelhalmkraut)
Kamillenblüten
Dieser Blasentee soll bei Blasenschwäche und Blasenentzündung getrunken werden.

Teemischung 3
Echtes Labkraut
Goldrutenkraut
Brennesselblätter
Dieser Entwässerungstee soll zur Entgiftung des Körpers getrunken werden; er soll dazu beitragen, das seelische Gleichgewicht des Körpers wiederherzustellen.

Teemischung 4
Augentrostkraut
Weiße Taubnessel, Kraut
Goldrutenkraut
Dieser Tee soll bei Prostatabeschwerden getrunken werden, zusätzlich sollen noch Kürbiskerne gegessen werden.

Teemischung 5
Karottenblätter
Fenchelkraut
Goldrutenkraut
Diese Teemischung wirkt wassertreibend.

Teemischung 6
Birkenblätter
Zinnkraut (Ackerschachtelhalmkraut)
Salbeiblätter
Die Bestandteile werden zu gleichen Teilen gemischt; der Tee soll als Nierentee getrunken werden.

Bäder

Teemischung 1 für ein Bad
Zinnkraut (Ackerschachtelhalmkraut)
Heublumen
Mit dieser Mischung soll ein Dampfbad bei Blasenbeschwerden gemacht werden.

Teemischung 2 für ein Bad
Kamillenblüten
Lindenblüten
Bei Blasenleiden wird mit dieser Mischung ein Dampf-, bei Prostatabeschwerden ein Sitzbad gemacht.

Teemischung 3 für ein Bad
Schafgarbenkraut
Kamillenblüten
Zinnkraut (Ackerschachtelhalmkraut)
Dieses Bad soll bei Verkühlung der Blase genommen werden.

Teemischung 4 für ein Bad
Bärentraubenblätter
Birkenblätter
Zinnkraut (Ackerschachtelhalmkraut)
Kamillenblüten
Bei Blasenleiden soll mit dieser Mischung ein Sitzbad genommen werden.

Alkoholische Zubereitungen

Tinktur für die äußerliche Anwendung
Schafgarbenkraut
Frauenmantelkraut

Arnikablüten
Ringelblumenblüten
Farntriebe
Enzianwurzel
Johanniskraut
Kamillenblüten
Melissenblätter
Pfefferminzblätter
Rossminzenblätter
Salbeiblätter
Quendelkraut
Stiefmütterchenkraut
Die Bestandteile werden in kaltem Alkohol angesetzt; die Anwendung erfolgt äußerlich bei Blasenentzündung.

Medizinalwein 1
Wermutkraut
Tausendguldenkraut
Orangenschale
Kamillenblüten
Bitterkleeblätter
Eine Mischung der Bestandteile wird mit 15 Teilen Wein übergossen und 8 Tage an einem warmen Ort gestellt; dieser Wein soll zur Reinigung der Niere eingenommen werden.

Medizinalwein 2
3–4 klein geschnittene Knoblauchzehen in $^1/_2$ l Weißwein sieden und abseihen; bei Nierensteinen soll täglich 1 Glas nüchtern getrunken werden.

Umschläge

Heublumenumschlag
Heublumen werden in kochendes Wasser gegeben, der Absud soll zwischen 2 Tüchern so warm wie möglich auf den Unterbauch gelegt werden und 12 Stunden einwirken.

Zwiebelumschlag
Klein gehackte Zwiebel in Olivenöl gelinde erwärmen; bei Nierenentzündung soll diese Zubereitung lauwarm aufgebunden werden.

Kamillenumschlag 1
Kamillenblüten sollen in ein Kissen gefüllt, am Ofen erwärmt und bei schwacher Blase aufgelegt werden.

Kamillenumschlag 2
Kamillenblüten sollen in Speckschmalz erhitzt und bei Blasenentzündung warm auf den Bauch gelegt werden.

Weitere Zubereitungen

Zwiebel bei Prostatabeschwerden
Eine Zwiebel zerhacken, 2 Wochen in Weißwein kühl und dunkel stehen lassen,

mehrmals umschütten, abseihen; 1 Glas vor dem Essen getrunken soll bei Prostatabeschwerden helfen.

Knoblauch bei Blasensteinen
Bei Blasensteinen soll täglich 1 Zehe roher Knoblauch auf nüchternen Magen genommen werden.

Ebereschenbeeren
sollen in Wasser gekocht und mit Honig gesüßt zum Frühstück bei Prostatabeschwerden gegessen werden.

Sellerie
Von der Sellerie werden in der Volksmedizin sowohl die Wurzel, als auch die Blätter, Stängel und der Presssaft entweder als Gemüse oder auch als wässrige Aufkochung bei Blasen- und Nierenleiden und als harntreibendes Mittel sehr häufig verwendet.

Holundersulz
Der kaltgepresste Saft aus den Früchten des schwarzen Holunders wird mit $^1/_4$ Teil Zucker aufgekocht und leicht eingedickt; zur Geschmacksverbesserung werden ein paar Zweige Salbei dazugegeben; nach 2–3 Tagen wird diese Mischung aufgekocht, damit die Sulz nicht zu gären beginnt; diese Zubereitung soll zur Entwässerung eingenommen werden.

LEICHTE FORMEN VON HERZ- UND KREISLAUFBESCHWERDEN

DURCHBLUTUNGSSTÖRUNGEN, LEICHTE HERZSCHWÄCHE, ALTERSHERZ

Herz- und Kreislauferkrankungen müssen vom Arzt diagnostiziert und behandelt werden. Stellt dieser keine organische Ursache für bestehende Symptome fest, kann man sich wirksamer Heilpflanzen bedienen, die zu einer Besserung der subjektiven Beschwerden führen.

PFLANZENZUBEREITUNGEN

Allen voran ist hier der Weißdorn zu nennen, der eine herzstärkende und durchblutungsfördernde Wirkung aufweist und die Sauerstoffversorgung des Herzens verbessert. Er kommt bei nachlassender Leistungsfähigkeit des Herzens im Alter, sowie bei leichtem Druck und Beklemmungsgefühl in der Herzgegend, bei überlastetem Kreislauf, bei starker beruflicher Forderung oder ähnlichen Symptomen, wo kein organisches Leiden festgestellt werden konnte, zum Einsatz.

Weißdorntee
2 Teelöffel Weißdornblüten (oder Blüten mit Blättern) mit $^1/_4$ l kochendem Wasser übergießen, 20 Minuten ziehen lassen, dann abseihen; 2–3-mal täglich 1 Tasse trinken. Der Tee kann mit Honig gesüßt werden. Eine Langzeitbehandlung mit Weißdorn ist sinnvoll und unbedenklich.

Weißdorntinktur

Die Tinktur wird durch Ansetzen von Weißdornblättern und -blüten mit der 5fachen Menge an 70%igem Alkohol und ca. einwöchigem Stehenlassen hergestellt. Täglich werden morgens und abends 30 Tropfen mit etwas Wasser verdünnt eingenommen.

Weißdornpräparate

In Apotheken sind zahlreiche empfehlenswerte Fertigpräparate mit den Wirkstoffen des Weißdorns erhältlich, auch in Kombination mit anderen Pflanzenauszügen. Lassen Sie sich in Ihrer Apotheke über Dosierung und Anwendung beraten.

ARTERIOSKLEROSEPROPHYLAXE (VORBEUGEMASSNAHMEN GEGEN GEFÄSSVERKALKUNG)

Bei der Arteriosklerose (auch Atherosklerose genannt) handelt es sich um eine Verstopfung („Verkalkung") von Blutgefäßen, wodurch es zu Durchblutungsstörungen kommt, die in schwerwiegenden Fällen zu einem Herzinfarkt oder Schlaganfall führen können. Die Hauptursache ist ein erhöhter Spiegel an Blutfetten, insbesonders an Cholesterin. Weitere Risikofaktoren sind Bluthochdruck, Rauchen und auch Übergewicht. Es gilt also, Risikofaktoren auszuschließen und den Blutfettspiegel gering zu halten, beziehungsweise zu reduzieren.
Eine entsprechenden Diät ist sowohl Vorbeugungsmaßnahme als auch Grundlage jeder Behandlung erhöhter Blutfette.
Es muss für eine Gewichtsnormalisierung, geeignete Nahrungszusammensetzung (wenig tierisches, mehr pflanzliches Fett, hin und wieder Fischfleisch), ausreichende tägliche Ballaststoffzufuhr (Obst, Gemüse) und genügend Bewegung gesorgt werden.
Einige Heilpflanzen vermögen die erhöhten Blutfette zu normalisieren, sie ersetzen aber keineswegs die notwendige Diät. Als einzige – Diät begleitende – Maßnahme sind sie bei Cholesterinblutspiegelwerten bis zu 275 mg/dl zu empfehlen und auch genügend wirksam. Bei höheren Blutfettwerten müssen meist synthetische Präparate eingesetzt werden, die aber ohne weiteres mit pflanzlichen Mitteln kombiniert werden können.
Die stärkste positive Wirkung auf den Fettstoffwechsel zeigt der Knoblauch, gefolgt von Bärlauch und Zwiebel. Diese besitzen auch den Vorteil, andere Faktoren wie den Blutdruck oder die Fließeigenschaften des Blutes günstig zu beeinflussen.

Knoblauch

Um eine Wirkung zu erzielen, müssen täglich 2–3 frische Knoblauchzehen verzehrt werden. Frischer Knoblauch kann bei empfindlichen Personen Magenbeschwerden verursachen. Es sind auch zahlreiche Fertigpräparate erhältlich, lassen Sie sich in Ihrer Apotheke beraten.

Bärlauch

Bärlauch wird vorwiegend in der Volksmedizin wie Knoblauch angewendet. Die Wirkstoffe sind dem Knoblauch sehr ähnlich, aber in geringeren Mengen

vorhanden. Es können die Blätter, die Zwiebeln oder auch ein Saft aus den Zwiebeln verwendet werden.
Vorsicht ist geboten beim Selbersammeln der Blätter, sie sind den giftigen Maiglöckchen- und den tödlich giftigen Herbstzeitlosenblättern ähnlich (siehe Pflanzenbeschreibung „Bärlauch“ Seite 26)!

Zwiebel
Auch die Inhaltsstoffe der Zwiebel ähneln denen des Knoblauchs. Die günstige Wirkung der Zwiebel auf die Fließeigenschaften des Blutes sind eindeutig nachgewiesen. Vom frischen Presssaft wird empfohlen, täglich 50 g (ca. 3 Esslöffel) einzunehmen. Als Gewürz sollte die Zwiebel auf keinem Speisezettel fehlen.

Fertigpräparate mit weiteren Pflanzenwirkstoffen
In Apotheken werden zahlreiche rezeptfreie Fertigpräparate zur Senkung des Blutfettspiegels angeboten. Hier sind vor allem Ballaststoffpräparate wie Haferkleie, Ballaststoffe vom Typ der Pektine und in letzter Zeit auch das Guarmehl zu nennen. Weiters kommt es auch durch Präparate mit den Wirkstoffen der Artischocke zu einem Absinken der Blutfette und des Cholesterins. Auch Fischöle, die wertvolle Fettsäuren enthalten, sind in Form von Kapseln erhältlich. Lassen Sie sich über Wirkung, Dosierung und Art der Einnahme in Ihrer Apotheke beraten.

BLUTDRUCKSTÖRUNGEN

Niedriger Blutdruck

Niedriger Blutdruck tritt sehr häufig ohne zusätzliche Beschwerden auf, er ist meist Ausdruck einer allgemeinen Kreislaufschwäche. Die Symptome reichen von Blässe, Kopfschmerzen, Abgeschlagenheit, langer Anlaufzeit am Morgen, Wetterfühligkeit, Niedergeschlagenheit, Erschöpfungszuständen bis zu Schwindel bei Lageänderungen und Schwarzwerden vor den Augen. Die Ursache dieser Symptome muss genau abgeklärt werden. Liegt kein organisches Leiden vor, können Hausmittel und pflanzliche Zubereitungen eingesetzt werden.
Sportliche Betätigung, kochsalzreiche Ernährung und koffeinhaltige Getränke führen in manchen Fällen bereits zu einer Verbesserung. Daneben sind anregende Heilkräuter wie der Rosmarin in verschiedenen Zubereitungen sehr wirkungsvoll.
Rosmarinzubereitungen dürfen aber nicht in der Schwangerschaft angewendet werden.

Rosmarintee
1 gehäuften Teelöffel Rosmarinblätter mit $^1/_4$ l kochendem Wasser übergießen, 15 Minuten ziehen lassen, dann abseihen; morgens und mittags 1 Tasse trinken.

Rosmarinwein
5–10 Teelöffel Rosmarinblätter mit $^3/_4$ l Weißwein übergießen und 5 Tage stehen lassen; dann abseihen und kühl aufbewahren; 2-mal täglich 1 Gläschen trinken.

Rosmarinbad
50 g Rosmarinblätter mit 1 l Wasser versetzen, zum Sieden erhitzen, 30 Minuten

ziehen lassen, dann abseihen; diese Abkochung einem Vollbad zusetzen, das morgens angewendet wird.

Lavendelbad
50–60 g (ca. 10 Esslöffel) Lavendelblüten werden mit 1 l Wasser übergossen, zum Sieden erhitzt und nach 10 Minuten abgeseiht und einem Vollbad zugesetzt.
Ein Lavendelbad wirkt erfrischend und tut daher Menschen mit niedrigem Blutdruck sehr wohl.

Hoher Blutdruck

Auch hier ist es sinnvoll, zunächst eine Gewichtsnormalisierung und eine Ernährungsumstellung (siehe oben) vorzunehmen und Risikofaktoren wie Alkohol, Nikotin und Bewegungsmangel zu bekämpfen. Bei leicht überhöhtem Blutdruck, der keine Behandlung mit synthetischen Präparaten erfordert, können pflanzliche Mittel eingesetzt werden. Eine Blutdruckkontrolle ist aber unbedingt regelmäßig vorzunehmen.

Mistel
2 gehäufte Teelöffel Mistelkraut mit $^1/_4$ l kaltem Wasser übergießen, nach 10–12 Stunden abseihen; 2 Tassen täglich zur Unterstützung bei leicht erhöhtem Blutdruck trinken, die Wirkung des Misteltees darf aber nicht überschätzt werden.

Mistelpräparate
Mistelkraut ist auch in zahlreichen rezeptfreien Fertigpräparaten, allein oder in Kombination mit Weißdorn oder Knoblauch enthalten. Lassen Sie sich in Ihrer Apotheke beraten.

Knoblauch
Es gilt das gleiche wie im Kapitel „Arterioskleroseprophylaxe" auf Seite 135 beschrieben.

VENENERKRANKUNGEN, KRAMPFADERN

Zu den Erkrankungen des Venensystems gehören in erster Linie die Krampfadern (Varizen) der Beine. Sie sind ein sehr häufiges Leiden und können in verschiedenen Schweregraden auftreten. Leichte Formen können ohne Beschwerden einhergehen, viele Venenpatienten leiden aber unter Schweregefühl, Schmerzen oder Krämpfen in den Beinen. Auch schwere Formen mit Komplikationen wie Venenentzündung oder Unterschenkelgeschwüren (Ulcus cruris; siehe Kapitel „Hautkrankheiten" Seite 168) sind möglich. Ursache ist eine veranlagungsbedingte Venenschwäche, die Venen können ihre Aufgabe des Blutrücktransports (venöser Rückstrom) nur mehr unzureichend erfüllen und es kommt zu Überdehnungen und Stauungen in den Venen. Eine erhöhte Kapillardurchlässigkeit (Kapillare = feinstes Blutgefäß) hat Flüssigkeitsansammlungen im umliegenden Gewebe (Ödeme) zur Folge. Langes (berufsbedingtes) Stehen verstärkt die Beschwerden, auch schwangere Frauen leiden häufig darunter.
Betroffene sollten auf jeden Fall regelmäßig lange Spaziergänge unternehmen oder spezielle Gymnastik betreiben, um die Muskel-Venen-Pumpe zu aktivieren. Ein sehr wichtiger Faktor ist weiters das Tragen von Kompressionsverbän-

den (Stützstrümpfen). Es bewirkt eine Verbesserung der Venenklappenfunktion und erhöht den venösen Rückstrom.

PFLANZENZUBEREITUNGEN

Wirksame Heilpflanzen besitzen vorwiegend gefäßabdichtende, vor Flüssigkeitsansammlungen im Gewebe schützende (ödemprotektive), den Abtransport der Gewebsflüssigkeit beschleunigende (ödemausschwemmende), venenstärkende (venentonisierende), aber auch entzündungshemmende Wirkung. Sie ersetzen aber – zumindest in schwerwiegenderen Fällen – keineswegs physikalische Maßnahmen wie das Tragen von Stützstrümpfen.
Einige Venenmittel können auch bei Hämorrhoiden eingesetzt werden, weil diese Beschwerden zu einem Teil auch mit dem Venensystem verknüpft sind.

Rosskastaniensamen
Ein Tee aus den Rosskastaniensamen wird nicht verwendet, die Inhaltsstoffe der Rosskastanie decken aber das gesamte oben genannte Wirkungsspektrum ab und sind daher unverzichtbare Wirkstoffe zahlreicher Fertigpräparate. Eine Einnahme über längere Zeit ist sinnvoll, lassen Sie sich in Ihrer Apotheke beraten.

Steinklee
Steinklee wirkt ähnlich wie die Rosskastanie, kann aber als Tee angewendet werden. Zubereitung und Anwendung siehe Seite 119.

BEWÄHRTE HAUSMITTEL BEI HERZ- UND KREISLAUFBESCHWERDEN

Teezubereitungen

Herzgespanntee
Ein Tee aus dem Kraut soll bei Durchblutungsstörungen und Herzbeschwerden getrunken werden.

Rosskastanientee
Ein Tee aus den Blüten soll zur vorbeugenden und unterstützenden Behandlung von Venenerkrankungen getrunken werden.

Alkoholische Zubereitungen für die innerliche Anwendung

Herzwein mit Petersilie

Wein	1 l
Essig	1 Esslöffel
Petersilienkraut	12 Stück

Diese Mischung aufkochen, nach dem Auskühlen 30 dkg Honig einrühren; dieser Herzwein soll stamperlweise zur Herzstärkung getrunken werden.

Knoblauchwein
Knoblauch wird gequetscht und in Weingeist einige Tage bis Wochen stehen gelassen und filtriert; dieser Knoblauchwein soll tropfenweise dosiert und gegen Gefäßverkalkung, Fettablagerungen und zur Herzinfarktvorbeugung eingenommen werden.

Bärlauchschnaps
Ein Gefäß locker mit Blättern füllen, Kornschnaps dazugeben und 14 Tage in der Sonne stehen lassen; dieser Schnaps soll gegen Arterienverkalkung, bei hohem Cholesterinspiegel sowie bei Arterien- bzw. Venen-Kapillar-Verstopfung eingenommen werden.
Vorsicht beim Selbersammeln von Bärlauchblättern, es besteht Verwechslungsgefahr mit den giftigen Maiglöckchen- oder den tödlich giftigen Herbstzeitlosenblättern (siehe Pflanzenbeschreibung Seite 26)!

Weißdornwein
Es wird ein kalter alkoholischer Auszug aus Blüten und Früchten hergestellt; dieser soll bei Herz-, Kreislauf- und Durchblutungsstörungen vor allem alten Menschen helfen.

Zubereitungen mit Essig

Essigzubereitung für die innerliche Anwendung
Apfelessig soll mit Wasser und Honig gemischt gegen Arteriosklerose eingenommen werden. Auch Mostessig wird mit Honig gemischt und morgens eingenommen; dies soll den Kreislauf verbessern, außerdem sollen Durchblutungsstörungen verschwinden und auch die Verdauung soll funktionieren.

Umschläge

Umschlag mit Brennesseltee
Ein Tee aus den Blättern und Wurzeln soll für Umschläge bei schlechter Durchblutung angewendet werden.

Umschlag mit Gänsefingerkrauttee
Ein Umschlag mit einem Tee aus den Blättern soll bei Durchblutungsstörungen mit starken Schmerzen angewendet werden.

Essigumschlag
Ein Umschlag mit Mostessig in der Herzgegend soll bei Herzbeschwerden helfen.
Auch zur Beruhigung eines nervösen Herzens soll ein in Essig getauchtes Tuch für 10 Minuten (nicht länger) auf die Brust gelegt werden.

Essigumschlag mit Rosmarin
Aus Rosmarinblättern und Blüten wird ein warmer Essigauszug hergestellt; mit diesem sollen bei Herzbeschwerden Umschläge gemacht werden.

Bäder

Rosskastanienbad
Ein wässriger Auszug aus den Samen soll als Bad oder Waschung 2-mal täglich bei Krampfadern angewendet werden.

Brennesselbad
Brennesselwurzeln in Wasser aufkochen; bei Durchblutungsstörungen sollen im Sud die Füße gebadet werden.

Essigbad
Bei Kreislaufstörungen sollen 3-mal täglich 10 Minuten lang die Hände in Most-

essig gebadet und dann abgewaschen oder nur 1 Minute ohne nachfolgendem Abwaschen gebadet werden.

Wacholderbad

Wacholdertee aus den Trieben soll als durchblutungsfördernder Badezusatz verwendet werden.

Heublumenbad

Die Anwendung der Heublumen in der Volksheilkunde ist sehr beliebt. Im Kapitel „Bewährte Hausmittel bei Blasen- und Nierenleiden" Seite 133 haben wir bereits einige Anwendungsmöglichkeiten kennen gelernt. Es soll möglichst handgemähtes Heu verwendet werden, das als Bad oder Umschlag zur Durchblutungsförderung angewendet wird. Für Umschläge werden die Heublumen entweder trocken in ein Sackerl gefüllt oder zuerst mit kochendem Wasser benetzt und dann aufgelegt. Auch bei Venenetzündungen in der Schwangerschaft werden diese Umschläge als mild wirkendes, linderndes Mittel empfohlen.

Alkoholische Zubereitungen für die äußerliche Anwendung, Einreibungen

Kalmusspiritus

Der Kalmuswurzelstock wird in Spiritus angesetzt und soll bei Krampfadern und Durchblutungsstörungen angewendet werden.

Alkoholische Kastanieneinreibung

Halbierte Kastanien werden in Schnaps angesetzt und gut aufgeschüttelt; diese Einreibung wird bei Krampfadern gebraucht.

Arnikaschnaps (Arnikatinktur)

Dieser wirkt stark durchblutungsfördernd und wird in der Volksmedizin (in Gebirgsgegenden) sehr häufig als Einreibung bei verschiedenen Beschwerden verwendet.

Weitere Einreibungen, Pflanzenöle

Arnikaöl

Eine Hand voll Zungenblüten in einer Flasche voll Olivenöl 3 Wochen in die Sonne stellen; dieses Öl soll als durchblutungsförderndes Mittel gegen Arterienverkalkung fest eingerieben werden.

Johanniskrautöl, Ringelblumenöl

Herstellung wie Arnikaöl, Anwendung ebenfalls bei Krampfadern und Durchblutungsstörungen.

Rosmarinöl

wird als Massageöl zur Durchblutungsförderung verwendet.

Ölige Kastanieneinreibung

Die Kastanien werden geviertelt, in Olivenöl eingelegt und 14 Tage in der Sonne stehen gelassen; diese Einreibung soll bei Venenentzündung angewendet werden.

Leinöl, gepresst

Gepresstes Öl aus den Leinsamen soll gegen Juckreiz bei Krampfadern eingeschmiert werden.

Ringelblumensalbe
Blüten in Schweinefett ausbraten; diese Salbe bei Venenentzündung und Krampfadern einschmieren (Rezept siehe Seite 167).

Weitere Zubereitungen

Kohl (Wirsing)
Kohlblätter werden gewalkt oder geklopft bis der Saft austritt; dieser soll bei Krampfadern, Venenentzündung oder auch zur Vorbeugung einer Venenentzündung aufgelegt werden.

STÖRUNGEN UND KRANKHEITEN DES NERVENSYSTEMS

UNRUHEZUSTÄNDE UND SCHLAFSTÖRUNGEN

Pflanzliche Beruhigungsmittel (Sedativa) erreichen nie die Wirkungsstärke von synthetischen Mitteln, haben diesen gegenüber aber den Vorteil, nebenwirkungsfrei zu sein. Sie führen weder zu einer Abhängigkeit, noch beeinflussen sie die Schlafqualität. Einschlaffördernde Mittel führen stets zu einem natürlichen Schlaf, ohne diesen jedoch zu erzwingen. Anwendungsmöglichkeiten sind nervöse Unruhe und Angstzustände, Übererregbarkeit, nervös bedingte Einschlafstörungen, Spannungs- und Unruhezustände im Wechsel, Prüfungsangst, Stressbelastungen, aber auch nervös bedingte Magen-Darm-Störungen.

PFLANZENZUBEREITUNGEN

Wenn auch der Wirkmechanismus wie beim Baldrian – trotz eingehender Untersuchungen – noch nicht vollständig geklärt ist, ist die Wirksamkeit jedoch gesichert. Von den zugrundeliegenden Wirkstoffen kommen verschiedene Komponenten der ätherischen Öle, Bitterstoffe und andere in Frage.

Baldriantee
2 Teelöffel zerkleinerte Baldrianwurzel entweder mit $^1/_4$ l kaltem Wasser übergießen, 10–12 Stunden unter gelegentlichem Umrühren ziehen lassen, dann abseihen; es kann aber auch ein Aufguss hergestellt werden: 2 Teelöffel mit $^1/_2$ l kochendem Wasser übergießen, 10 Minuten zugedeckt ziehen lassen, dann abseihen; bei Bedarf oder auch regelmäßig 2–3-mal täglich 1 Tasse frisch zubereiteten Tee allgemein zur Beruhigung, als einschlafförderndes Mittel oder bei Prüfungsangst oder starker beruflicher Belastung trinken.

Baldriantropfen (Tinktur)
Die Zubereitung erfolgt wie die Kamillentinktur (Kapitel „Erkrankungen im Mund- und Rachenraum, Seite 99).
$^1/_2$–2 Teelöffel als Einzelgabe sind für eine Wirkung notwendig, bei Prüfungsangst $^1/_2$ Stunde vor der Prüfung 1 Teelöffel einnehmen, diese Gabe kann notfalls in kurzen Abständen 2–3-mal wiederholt werden; die Tinktur kann auch dem Baldriantee beigefügt werden.

Baldrianbad
Ein Aufguss von Baldrianwurzeln (100 g mit 2 l Wasser) wird einem Vollbad

zugefüg; es können auch fertige Baldrianbadeextrakte verwendet werden; bei Einschlafstörungen vor dem Schlafengehen baden.

Hopfenzapfentee
2 gehäufte Teelöffel Hopfenzapfen mit 1/4 l kochendem Wasser übergießen, 15 Minuten ziehen lassen, dann abseihen; bei nervöser Erregung und leichten Depressionen 2-mal täglich 1 Tasse, bei Einschlafstörungen 1 Tasse 1/2 Stunde vor dem Schlafengehen trinken.

(Hopfen)Schlafkissen
Eine sehr erfolgreiche Methode ist auch die Anwendung von Duft- oder Schlafkissen:
Ca. 1/2 kg Hopfenzapfen wird in ein Leinenkissen gefüllt, welches als Schlafunterlage dient oder neben den Kopfpolster gelegt wird. Die Hopfenblüten können auch mit Lavendelblüten oder Melissenblättern gemischt werden.

Melissentee
3 Teelöffel Melissenblätter mit 1/4 l kochendem Wasser übergießen, 10 Minuten zugedeckt ziehen lassen; allgemein zur Beruhigung und bei Einschlafstörungen 3 Tassen täglich mit Honig gesüßt trinken.

Kamillenblütentee
Zubereitung siehe Kapitel „Übelkeit, Erbrechen" Seite 109.
In südlichen Ländern ist der Gebrauch von Kamillentee zur Nervenberuhigung üblich, bei uns wird Kamillentee gerne unruhigen Kindern gegeben; mehrere Tassen täglich, eine Tasse kurz vor dem Schlafengehen trinken.

Lavendelblütentee
2 gehäufte Teelöffel mit 1/4 l kochendem Wasser übergießen, 5–10 Minuten ziehen lassen, dann abseihen und mit Honig süßen; zur Beruhigung und bei Einschlafstörungen, häufig auch mit anderen Pflanzen kombiniert.

Teemischungen bei Unruhezuständen und Einschlafstörungen

Teemischung 1

Baldrianwurzel	2 Teile
Kamillenblüten	2 Teile
Melissenblätter	2 Teile
Hopfenzapfen	1 Teil

2 gehäufte Teelöffel dieser Mischung mit 1/4 l kochendem Wasser übergießen, 5–10 Minuten ziehen lassen, dann abseihen; bei starker beruflicher Belastung und auch bei damit verbundenen Magenbeschwerden mehrmals täglich 1 Tasse warm und schluckweise trinken.

Teemischung 2

Melissenblätter	3 Teile
Hopfenzapfen	1 Teil
Baldrianwurzel	2 Teile
Weißdornblüten	3 Teile

1 Esslöffel dieser Mischung mit 1/4 l warmem Wasser übergießen und einige Stunden stehen lassen, gelegentlich umrühren, abseihen und mit Honig gesüßt vor dem Schlafengehen trinken; diese Mischung eignet sich insbesondere für ältere Menschen mit Schlafstörungen.

Teemischung 3

Pfefferminzblätter	2 Teile
Fenchelfrüchte, zerdrückt	2 Teile
Baldrianwurzel	2 Teile
Melissenblätter	3 Teile
Hopfenzapfen	1 Teil

2 Teelöffel dieser Mischung mit 1/4 l kochendem Wasser übergießen, 10 Minuten zugedeckt ziehen lassen, dann abseihen; bei Einschlafstörungen in Kombination mit Verdauungsbeschwerden vor dem Schlafengehen 1 Tasse ungesüßt, möglichst warm trinken.

LEICHTE DEPRESSIONEN

Unter Depression versteht man eine den Lebensumständen nicht entsprechende und damit unbegründbare psychische Verstimmung. Betroffene Menschen haben ein eingeschränktes Gefühlsempfinden, sie können weder Freude noch Trauer empfinden und können sich auch nicht selbst aus ihrem Zustand befreien. Depressionen können in unterschiedlichsten Formen auftreten und machen auch unterschiedliche Behandlungen notwendig. Die Ursachen können vielfältig sein.
Seelische Depressionen treten als überschießende Reaktion auf Trauer, Verlust oder nicht verarbeitete Ereignisse auf. Solche reaktiven Formen lassen sich oft durch eine Gesprächstherapie günstig beeinflussen. Winterdepressionen treten phasenweise regelmäßig im Herbst oder Winter auf, bilden sich im Frühjahr aber wieder zurück. Patienten zeigen oft ein gesteigertes Ess- und Schlafbedürfnis, durch eine Lichttherapie kommt es zu einem Rückgang der Beschwerden. Bei beiden Formen können auch pflanzliche Antidepressiva hilfreich sein.

Johanniskraut
2 gehäufte Teelöffel mit 1/4 l kaltem Wasser übergießen, zum Sieden erhitzen und nach wenigen Minuten abseihen; 2–3-mal täglich 1 Tasse bei depressiven Verstimmungszuständen, Angst und/oder nervöser Unruhe, auch bei nervöser Erschöpfung in Zusammenhang mit Wechselbeschwerden trinken. Es sind auch Fertigpärparate erhältlilch.

Kava-Kava
Die Kava-Kava-Wurzel stammt von einem auf den Inseln Melanesiens und Polynesiens kultivierten Baum und hat in jüngster Zeit auch bei uns große Bedeutung erlangt. Kava-Kava wirkt bei nervösen Angst-, Spannungs- und Unruhezuständen, gebräuchlich ist die Anwendung in Form von Fertigpräparaten. Lassen Sie sich in Ihrer Apotheke beraten (siehe auch Seite 131).

KOPFSCHMERZEN, MIGRÄNE, NEURALGIEN

Kopfschmerzen können vielerlei Ursachen haben: hoher oder niedriger Blutdruck, Wetterumschwung, Verspannungen, Verdauungsbeschwerden wie Verstopfung, Schlafmangel, Stress, sie können aber auch in Zusammenhang mit der Menstruation auftreten oder durch schwerwiegende Krankheiten hervorgerufen werden.

Bei häufig auftretenden Kopfschmerzen muss die Ursache natürlich geklärt werden, um das Grundleiden behandeln zu können. Doch in erster Linie ist eine symptomatische Hilfe notwendig.
Neuralgien sind Schmerzen, die auf das Ausbreitungsgebiet eines Nervs beschränkt sind. Hier können durchblutungsfördernde Einreibungen mit ätherischölhaltigen Pflanzenauszügen eine Linderung herbeiführen.
Aus dem Pflanzenreich bieten sich für die innerliche Anwendung bei schmerzhaften Zuständen im Wesentlichen zwei Drogen an, deren Wirkstoffe – Salicylsäureverbindungen – auch als Grundlage für die Herstellung synthetischer Schmerzmittel wie Aspirin dienten: Weidenrinde (lateinisch: Cortex Salicis) und Mädesüßblüten (Spierstaudenblüten, lateinisch früher: Flos Spiraeae). Von Flos Spiraeae hat auch das Aspirin seinen Namen bekommen.

Weidenrindentee
1–2 Teelöffel mit $^1/_4$ l kaltem Wasser ansetzen, zum Sieden erhitzen und ohne weiter zu erhitzen 5 Minuten ziehen lassen, 3 Tassen täglich trinken.
Schwangere Frauen dürfen keinen Weidenrindentee trinken.

Mädesüßblütentee (Spierstaudenblütentee)
1–2 Teelöffel mit $^1/_4$ l kochendem Wasser übergießen, 10 Minuten ziehen lassen, dann abseihen; 2-mal täglich 1 Tasse schluckweise trinken.
Vor allem in England wird eine weitere Pflanze als Vorbeugemittel gegen Migräne verwendet: Mutterkraut (Tanacetum parthenium) soll die Heftigkeit der Migräneanfälle lindern und die Häufigkiet ihres Auftretens verringern. Es kann jedoch nicht hundertprozentig empfohlen werden, da seine Anwendung mit Nebenwirkungen wie Aphthen (Bläschenbildungen im Mund) und dem Auftreten von Allergien verbunden ist.

aromatische Spiritusse
siehe auch Kapitel „Rheumatische Beschwerden, Heilpflanzen zur äußerlichen Anwendung" Seite 163.

Ätherisches Öl	10 Teile
Alkohol	90 Teile

Die beiden Komponenten mischen, auf diese Weise wird Pfefferminz-, Wacholder-, Rosmarin-, Kalmus- oder Melissenspiritus hergestell. Alle aromatischen Spiritusse können bei Neuralgien und anderen Schmerzzuständen äußerlich als Einreibung angewendet werden.

Heublumen
siehe Kapitel „Bewährte Hausmittel bei Herz- und Kreislaufstörungen" Seite 140.

Foto: Sirupe zur Behandlung von Husten
Wipferlsirup (links hinten) ist ein beliebtes Volksheilmittel, es werden schichtweise Fichtentriebe mit (oder ohne) Ringelblumenblüten und Kristallzucker in ein Glas gefüllt und einige Wochen in der Sonne stehen gelassen.
Auch die Eibischwurzel und Spitzwegerichblätter liefern wirksame Hustensirupe.

1
2
3
4
5
6

ERSCHÖPFUNGSZUSTÄNDE

Bei altersunabhängigen Schwäche- und Erschöpfungszuständen können im Rahmen der Selbstmedikation folgende pflanzliche Stärkungsmittel zum Einsatz kommen:

Bitterstoffdrogen

Bitterstoffe besitzen eine über den Magen hinausgehende anregende Wirkung, die bei allgemeinen Schwächezuständen – begleitet von Verdauungsstörungen und Appetitlosigkeit -genützt werden kann. Die volle Wirkung tritt nach längerem kurmäßigem Gebrauch ein.

Insbesondere bei Schwächezuständen nach Krankheiten oder als Ausdruck vegetativer Störungen oder bei Altersschwäche, die ebenfalls häufig mit Appetitlosigkeit einhergeht, haben Bittermittel einen günstigen Effekt. In manchen Fällen können sie ohne weitere Therapie zu einer Besserung des Allgemeinzustands führen. Sie dürfen aber nicht bei bestehender Magenübersäuerung angewendet werden.

Wermut, Enziantinktur, Kalmustinktur

Es sind dies die gleichen Drogen, deren Anwendung und Zubereitung bereits im Kapitel „Appetitlosigkeit" auf Seite 106 genannt wurde.

Weitere Drogen bei Erschöpfungszuständen

Ginsengzubereitungen

Die Ginsengwurzel kann bei erhöhter Stressbelastung, bei erhöhten Leistungsanforderungen sowie bei altersbedingten Funktionsstörungen eingesetzt werden. Ginseng zeigt zum Beispiel günstigen Einfluss auf das Auffassungstempo, das Merkgedächtnis oder auf Symptome wie innere Unruhe, Ein- und Durchschlafstörungen oder Nervosität.

Als Zubereitungsformen kommen Fertigpräparate, die Ginseng-Extrakte enthalten, in Frage. Lassen Sie sich in Ihrer Apotheke beraten.

Kaffee, schwarzer Tee

Koffein wird von vielen Menschen täglich als Genussmittel zugeführt. Es kann anregend auf Stimmung und Antrieb wirken, sowie kurzfristig zu einer Leistungssteigerung und zum Verschwinden von Ermüdungserscheinungen führen.

Um eine anregende Wirkung zu erreichen müssen kurzzeitig 1–2 Tassen Mokka-Kaffee, 2–4 Tassen schwarzer Tee oder 1/2–1 l Coca Cola getrunken werden. Koffeinhaltige Zubereitungen sollen aber weder bei erhöhtem Blutdruck, noch bei Magenschleimhautentzündungen oder Magengeschwüren eingenommen werden.

Sind Erschöpfungszustände nervös bedingt, kommen alle pflanzlichen Beruhigungsmittel, die im Kapitel „ Unruhezuständen und Schlafstörungen" auf Seite 141 genannt wurden in Frage. Ginsengpräparate sind hier ebenfalls wirksam.

Pflanzenabbildung:

1 Preiselbeere, 2 Quendel, 3 Ringelblume, 4 Rosmarin, 5 Salbei, 6 Schachtelhalm (Ackerschachtelhalm, Zinnkraut)
(Maßstab siehe Seite 17)

REISEKRANKHEIT

Ingwer
Gegen Reisekrankheit, die mit Übelkeit und kaltem Schweiß einhergeht, kann als vorbeugende Maßnahme Ingwerwurzel gekaut oder Ingwerpulver (als Einzelgabe 250 mg, ca. $^1/_4$ Teelöffel) eingenommen werden. In Apotheken gibt es auch standardisierte Fertigpräparate mit Ingwerpulver in Kapselform, die auch bezüglich der Dosierung einfacher handzuhaben sind.

BEWÄHRTE HAUSMITTEL BEI STÖRUNGEN UND KRANKHEITEN DES NERVENSYSTEMS

Teezubereitungen

Brennesseltee bei (chronischen)Kopfschmerzen
Bei Kopfschmerzen soll eine 2–3-wöchige Frühjahrskur mit Brennesselblättertee durchgeführt werden.

Salbeitee bei Depressionen
Bei Depressionen soll kurzfristig Salbeitee getrunken werden.

Bergnelkenwurz
Ein Tee aus der Wurzel soll bei Angstzuständen, Beklemmungen und Depressionen getrunken werden.

Nervenberuhigender Tee
Saathafer (Blätter)
Johanniskraut
Melissenblätter
Baldrianwurzel
Dieser Tee soll bei Herzbeschwerden und Nervosität gegtrunken werden.

Schlaftee
Frauenmantelkraut
Johanniskraut
Melissenblätter
Hirtentäschelkraut
Bei Schlafstörungen kurmäßig 2–3 Tassen täglich trinken.

Weitere Pflanzenzubereitungen zur innerlichen Anwendung

Zwiebelabkochung bei Schlafstörungen
Bei Schlafstörungen eine Zwiebel in Milch zum Kochen bringen, diese Zubereitung soll lauwarm und langsam kurz vor dem Schlafengehen getrunken werden.

Johanniskraut
Die Anwendung des Johanniskrauts bei Depressionen ist in der Volksmedizin sehr verbreitet. Es wird der Tee, manchesmal aber auch das Öl (täglich 1 Teelöffel), oder auch ein alkoholischer Ansatz innerlich angewendet. Auch Johanniskrautbäder sollen hier helfen.

Liebstöckel
Liebstöckelkraut soll den Speisen zugesetzt und mitgekocht werden; dies soll Frauen im Wechsel, die unter Depressionen leiden, helfen. Es kann aber auch ein Tee aus dem Kraut bereitet werden.

Rosmarinwein
Das Kraut wird in Wein angesetzt, davon soll 3-mal täglich 1 Stamperl bei Depressionen getrunken werden.

Pflanzenzubereitungen zur äußerlichen Anwendung

Johanniskrautöl
Bei Nervenentzündung sollen warme Wickel mit Johanniskrautöl, das aus dem blühenden Kraut hergestellt wird, aufgelegt werden.

(Fettes) Pfefferminzöl
Pfefferminzblätter werden in Olivenöl angesetzt, dieses Öl soll bei Nervenentzündung angewendet werden.

(Fettes) Rosmarinöl
Die Blätter werden in Olivenöl angesetzt und dieses soll als Massageöl bei schlechter Durchblutung angewendet werden.

Kartoffelbrei
Die Kartoffeln werden gekocht und dann mit Olivenöl verrührt; dieser Brei soll bei Nervenentzündung möglichst warm auf die schmerzende Stelle aufgetragen werden.

Ackerschachtelhalmbad
Bei Depressionen sollen Sitzbäder mit dem Ackerschachtelhalmkraut genommen werden.

Diverse Zubereitungen zur äußerlichen Anwendung

Essigbauscherl
Bei Kopfweh soll ein Tuch mit warmem Essig getränkt auf den Kopf gelegt werden.

Lavendelessig
Ein Essigauszug aus den Blüten soll bei Kopfschmerzen als Einreibung verwendet werden.

Eiumschlag
Bei Nervenschmerzen und Nervenentzündung soll ein frisches Ei aufgeschlagen und die Eihaut aufgelegt werden.

FRAUENLEIDEN

MENSTRUATIONSBESCHWERDEN

Die häufigsten Menstruationsbeschwerden sind Bauchkrämpfe und Schmerzen. Es kommen daher vorwiegend krampflösende und schmerzlindernde, aber auch adstringierende Heilpflanzen zum Einsatz.

PFLANZENZUBEREITUNGEN

Kamillentee
Zubereitung siehe Kapitel „Übelkeit, Erbrechen" Seite 109.

Heißer Bauchwickel mit Kamillentee
Zubereitung und Anwendung siehe Kapitel „Blähungen" Seite 112.

Schafgarbentee
Zubereitung und Anwendung siehe Kapitel „Blähungen" Seite 112.

Frauenmanteltee
1 Esslöffel Frauenmantelkraut mit $^1/_4$ l Wasser übergießen, zum Sieden erhitzen und 10–15 Minuten ziehen lassen, dann abseihen; 1–3 Tassen täglich trinken. Die Anwendung des Frauenmantels ist vorwiegend in der Volksheilkunde gebräuchlich.

Melissentee
Zubereitung und Anwendung siehe Kapitel „Übelkeit, Erbrechen" Seite 109
Aufgrund der beruhigenden Wirkung der Melisse kann sie auch zur Beruhigung von Magen-Darm-Krämpfen in Zusammenhang mit der Menstruation eingesetzt werden.

Gänsefingerkrauttee
Zubereitung und Anwendung wie im Kapitel „Durchfall" auf Seite 100 beschrieben.

Teemischungen bei Menstruationsbeschwerden

Teemischung 1
Kamillenblüten
Schafgarbenkraut zu gleichen Teilen
2 Teelöffel dieser Mischung mit $^1/_4$ l kochendem Wasser übergießen, 5–10 Minuten zugedeckt ziehen lassen, dann abseihen; bei den ersten Anzeichen der Beschwerden 1 Tasse warmen Tee schluckweise trinken, nach einer halben Stunde eine zweite Tasse zu sich nehmen; kann auch kurmäßig getrunken vorbeugend gegen Magen-Darm-Störungen im Rahmen von Menstruationsbeschwerden wirken.

Teemischung 2
Schafgarbenkraut
Kamillenblüten
Frauenmantelkraut zu gleichen Teilen
Zubereitung und Anwendung wie Teemischung 1.

Teemischung 3
Schafgarbenkraut
Kamillenblüten
Fenchelfrüchte
Melissenblätter zu gleichen Teilen
Zubereitung wie Teemischung 1; bei Krämpfen während der Menstruation, die bei Belastung und nervlicher Anspannung verstärkt auftreten.

WECHSELBESCHWERDEN

Bei Frauen kommt es meist nach dem 45. Lebensjahr zu einer Umstellung des körpereigenen Hormongleichgewichts, man spricht vom Wechsel oder Klimakterium. In dieser Zeit können Frauen unter einer Reihe von Beschwerden leiden, die häufigsten sind: Hitzewallungen, Schwitzen, Schwindel, Schlafstörungen, Störungen des Blutfettspiegels, Durchblutungsstörungen, Gewichtszunahme, Bluthochdruck, Depression, Antriebs- und Konzentrationsschwäche, emotionale Labilität.

PFLANZENZUBEREITUNGEN

Bei leichteren Beschwerden oder zur Unterstützung der ärztlichen Therapie kommen Heilpflanzen mit beruhigender, antidepressiver, krampflösender oder allgemein stärkender Wirkung in Frage.

Salbei

Salbeiblätter mit kochendem Wasser übergießen und nach 5 Minuten abseihen. Für eine Wirkung bei vermehrter Schweißproduktion muss der Tee meist stärker – bis zu 3 Teelöffel pro $^1/_4$ l – aufgebrüht werden, was aber von magenempfindlichen Menschen nur schlecht vertragen wird. Salbeitee ist innerlich nicht für einen Dauergebrauch zu empfehlen, kurmäßig können 2 Tassen täglich 2 Wochen lang getrunken werden.

Melisse

Zubereitung siehe Kapitel „Übelkeit, Erbrechen" Seite 109; bei Einschlafstörungen im Wechsel kurmäßig 3 Tassen Tee täglich trinken.

Baldrian, Lavendel, Johanniskraut, Kava-Kava, Ginseng

Die Zubereitungs- und Anwendungsformen dieser Pflanzen sind im Kapitel „Krankheiten und Störungen des Nervensystems" auf Seite 141 besprochen.

VEGETATIVE, KRAMPFARTIGE BESCHWERDEN IM UNTERLEIB

Viele Frauen leiden häufig unter unbestimmten krampfartigen Schmerzen im Unterleib, die ohne Vorliegen einer eigentlichen Krankheit auftreten. Man spricht auch von vegetativer Dystonie (Regulationsstörung des vegetativen Nervensystems) des kleinen Beckens. Darunter versteht man einen Symptomenkomplex, der außer den oft nicht lokalisierbaren Krämpfen auch Kreuzschmerzen, Fluor, Juckreiz in der Scheide oder Beschwerden während der Menstruation umfassen kann. Insbesondere sensible und vegetativ labile Frauen sind davon betroffen und leiden sehr stark darunter.

PFLANZENZUBEREITUNGEN

Sind keine organischen Ursachen für die genannten Symptome festzustellen, sind Heilpflanzen das Mittel der Wahl. Pflanzenzubereitungen mit krampflösender, entzündungshemmender oder allgemein stärkender Wirkung verschaffen hier Abhilfe. Allen voran ist die Schafgarbe zu nennen, sie umfasst alle diese Eigenschaften. Es können aber alle Heilkräuter, die bereits bei den Menstruationsbeschwerden genannt wurden, eingesetzt werden (siehe Seite 147).

Schafgarbentee

Zubereitung siehe Kapitel „Blähungen" Seite 112.

Es empfiehlt sich eine mehrwöchige Kur mit 2 Tassen Schafgarbentee täglich durchzuführen.

Schafgarbenbad
Parallel zur Teekur können auch Bäder mit Schafgarbentee genommen werden: 50–75 g Schafgarbenkraut mit 1 l kochendem Wasser übergießen, 20 Minuten ziehen lassen, dann abseihen; diese Flüssigkeit einem Vollbad zusetzen, für Sitzbäder den Aufguss entsprechend schwächer zubereiten.
Es sind auch fertige Badezusätze mit Schafgarbenextrakt im Handel erhältlich.

Ackerschachtelhalm (Zinnkraut)
Sowohl eine innerliche Teekur (2-mal täglich 1 Tasse) als auch ein Sitzbad mit einem Zinnkrautaufguss bewirken eine Stärkung und Kräftigung des Bindegewebes und wirken sich bei der vegetativen Dystonie positiv aus.
Zubereitung siehe Kapitel „Blasen-Nieren-Erkrankungen" Seite 124.

Kamille, Frauenmantel, Melisse
Diese drei Heilpflanzen wurden bereits im Kapitel „Menstruationsstörungen" auf Seite 148 besprochen.

Frauentee

Frauenmantelkraut	2 Teile
Melissenblätter	1 Teil
Schafgarbenkraut	1 Teil
Johanniskraut	1 Teil

1–2 Teelöffel dieser Mischung mit $^1/_4$ l kochendem Wasser übergießen, 10 Minuten zugedeckt ziehen lassen, dann abseihen; 1–2 Tassen täglich mehrere Wochen hindurch trinken.

DIVERSE BESCHWERDEN

Blutungen

Blutungen außerhalb der Menstruation sind meist organischer Natur und es können schwerwiegende Erkrankungen dahinter stecken. Eine sorgfältige, fachärztliche Diagnose ist unbedingt erforderlich. Erst wenn sichergestellt ist, dass es sich um eine harmlose Blutung handelt, können Heilpflanzen eingesetzt werden.

Hirtentäscheltee
Hirtentäschel besitzt zweifellos blutstillende Wirkung, die jedoch nicht stark und auch nicht konstant ist. Dies soll bei der Anwendung stets bedacht werden.
Der Tee wird durch eine kurze Abkochung von 1–2 Teelöffel der Droge mit $^1/_4$ l Wasser hergestellt; 2–4 Tassen täglich trinken.

Weißfluss (Fluor albus)

Auch hier muss zunächst eine schwerwiegende Krankheit ausgeschlossen werden, bevor ein pflanzliches Heilmittel angewendet wird.
Viele Formen des Fluor beruhen auf einer Besiedelung der Scheidenwand mit Keimen, für diese Fälle stehen sehr wirksame Antibiotika zur Verfügung. Kann keine eigentliche Ursache für den Weißfluss gefunden werden, kann man sich folgender Heilpflanzen bedienen:

Kamillenbad
Für ein Sitzbad wird eine Handvoll Kamillenblüten mit 1 l kochendem Wasser übergossen, 10 Minuten zugedeckt ziehen gelassen, dann abgeseiht und dem Badewasser zugesetzt. Das Sitzbad soll möglichst warm ungefähr 10 Minuten lang durchgeführt werden.
Das Kamillenbad kann auch als Dampfbad ausgeführt werden: es muss dafür gesorgt werden, dass mit dem Dampf die Wirkstoffe an die gewünschte Stelle gelangen. Die Badeflüssigkeit wird am besten in einen standfesten Eimer geleert, auf den man sich draufsetzt (Verbrennungsgefahr bei zu heißem Dampf!).

Malvensitzbad
4 Esslöffel Malvenblätter (Käsepappelblätter) mit 1 l heißem Wasser übergießen, 5–10 Minuten ziehen lassen, dann abseihen und die Flüssigkeit dem Badewasser zusetzen; es soll ebenfalls warm und 10 Minuten lang gebadet werden. Aufgrund des Schleimgehalts wirkt das Malvenbad entzündungshemmend.

Frauenmantelbad
Es wird mit 4 Esslöffeln Frauenmantelkraut 1 l Aufguss hergestellt, der dem Badewasser zugesetzt wird. Diese Anwendung des Frauenmantels ist vorwiegend in der Volksmedizin gebräuchlich.

Schafgarbentee, Ackerschachtelhalmtee
siehe Kapitel „Vegetative, krampfartige Beschwerden im Unterleib" Seite 149.

Teemischungen für Bäder bei Weißfluss

Teemischung 1
Kamillenblüten
Salbeiblätter — zu gleichen Teilen
2–3 Esslöffel mit 1 l kochendem Wasser übergießen, 10 Minuten zugedeckt ziehen lassen, dann abseihen und der Badeflüssigkeit zusetzen.

Teemischung 2
Lavendelblüten
Gänsefingerkraut
Kamillenblüten — zu gleichen Teilen
Zubereitung wie Teemischung 1

HEILKRÄUTER IN DER SCHWANGERSCHAFT

Venenleiden
In der Schwangerschaft müssen viele Frauen mit einer Verstärkung ihres Venenleidens rechnen. Die im Kapitel „Venenerkrankungen" (siehe Seite 137) besprochenen Maßnahmen können auch hier eingesetzt werden.

Schwangerschaftserbrechen
Hier kennt die Volksmedizin einige Mittel, die dafür geeignet sein sollen:

Berberitzenmarmelade
Vollreife Berberitzen mit wenig Wasser weichkochen, passieren und mit der gleichen Menge Zucker noch einmal aufkochen.

Kürbiskompott
Auch ein Kompott aus den Kürbisfrüchten soll bei Schwangerschaftserbrechen helfen, es wird wie ein Früchtekompott zubereitet.

Milchbildungstee
Anisfrüchte
Brennesselblätter
Fenchelfrüchte
Kümmelfrüchte zu gleichen Teilen
2–3 Teelöffel dieser Mischung mit $^1/_4$ l kochendem Wasser übergießen, 10 Minuten zugedeckt ziehen lassen, dann abseihen; einige Wochen vor der Geburt 1–2-mal täglich 1 Tasse trinken.

BEWÄHRTE HAUSMITTEL BEI FRAUENLEIDEN

Teezubereitungen

Schafgarbentee
zur Vorbeugung gegen Wechselbeschwerden soll eine 3-wöchige Teekur im Frühjahr und Herbst durchgeführt werden.

Wechseltee
Eibischblätter
Salbeiblätter
Dieser Tee soll bei Wallungen getrunken werden.

Frauentee
Ringelblume
Johanniskraut
Weiße Taubnesselblüten
Rosmarinkraut
Schlehdornblüten
Diese Teemischung soll gesund für Frauen sein.

Tees zur Geburtsvorbereitung

Kümmeltee
Mit 1 Teelöffel Kümmelfrüchte 1 Tasse Tee zubereiten, 3 Wochen vor der Geburt täglich 2 Tassen trinken.

Himbeerblättertee, Quendeltee, Alpenfrauenmanteltee
Diese Tees sollen jeweils einige Wochen vor dem Termin zur Erleichterung der Geburt getrunken werden. Frauenmanteltee soll auch noch einige Wochen nach der Geburt eingenommen werden.
Der Alpenfrauenmantel gilt in der Volksmedizin allgemein als heilkräftiger als der gewöhnliche Frauenmantel.

Teemischung 1
Weißes Taubnesselkraut
Frauenmantelkraut
Weißkleeblüten
Aus dieser Mischung einen Tee bereiten, er soll vor einer Entbindung getrunken werden.

Teemischung 2
Melissenblätter
Frauenmantelkraut
Gänsefingerkraut
Schwangere Frauen sollen täglich diesen Tee trinken.

Teemischung 3
Schafgarbenkraut
Alpenfrauenmantelkraut
Haferstroh
Birkenblätter
Zinnkraut (Ackerschachtelhalmkraut)
Johanniskraut
Alant
Krauseminzblätter
Brunnenkressenblätter
Goldnesselkraut
Gänsefingerkraut
Wiesenknopfkraut
Brennesselblätter
Baldrianwurzel
Diese Mischung kannn innerlich als Geburtshilfetee getrunken werden; es kann damit aber auch ein warmer Dunstwickel gemacht werden.

Pflanzenzubereitungen für die äußerliche Anwendung

Ringelblumensalbe
Während der Schwangerschaft soll der Bauch mit Ringelblumensalbe zur Lockerung des Gewebes eingeschmiert werden.
Diese Salbe wird auch bei Regelbeschwerden angewendet. Die Herstellung erfolgt meist durch Erhitzen der Blüten in Schweineschmalz (Rezept siehe Seite 167).

Umschlag mit Schweineschmalz
Bei harter Brust wird ein Umschlag mit Schweineschmalz empfohlen. Besonders stillenden Müttern tut die Brust weh. Man soll Schweineschmalz wärmen, die Brust damit einmassieren und ein warmes Tuch darüber geben. Diese Anwendung soll öfters wiederholt werden.

Bad für schwangere Frauen
Frauenmantelkraut
Weißes Taubnesselkraut
Es wird ein Aufguss mit dieser Mischung hergestellt, mit dem schwangere Frauen baden sollen.

KINDERKRANKHEITEN

Speziell im Kindesalter werden gerne pflanzliche Heilmittel angewendet, weil sie meistens frei von Nebenwirkungen sind. Die Anwendung unterscheidet sich nicht grundsätzlich von der bei Erwachsenen, aber der kindliche Organismus

reagiert anders. Für Dosierung und Behandlungszeiträume gelten oft andere Bestimmungen als für Erwachsene.
Im Folgenden werden Befindensstörungen besprochen, die im Kindesalter gehäuft auftreten oder die spezielle, kindgerechte Maßnahmen erfordern.

(FIEBRIGE) ERKÄLTUNGSKRANKHEITEN

Erkältungskrankheiten mit hohem Fieber sollten vom Arzt behandelt werden. Fieber darf aber nicht grundsätzlich als Krankheit angesehen werden, sondern als gesunde Reaktion des Körpers in der Auseinandersetzung mit Viren, Bakterien, Allergien oder Fremdkörpern. Temperaturen über 38,5 °C schränken die Lebensbedingungen von Bakterien und Viren erheblich ein und bringen die von ihnen abgesonderten Giftstoffe rascher zur Ausscheidung. Fieber sollte daher nicht voreilig durch Medikamente oder auch Wickel gesenkt werden, weil dadurch die natürlichen Abwehrprozesse gestört werden können. Starke fiebersenkende Maßnahmen von ärztlicher Seite sind meist nur in Extremsituationen notwendig. Zunächst können in Absprache mit dem Arzt kühlende Wickel oder Waschungen oder auch kühle Einläufe durchgeführt werden. Dabei ist zu beachten, dass das Fieber nicht zu rasch gesenkt wird, dies würde den Kreislauf zu sehr belasten.

PFLANZENZUBEREITUNGEN

Lindenblütentee

1 Teelöffel mit 1/4 l kochendem Wasser übergießen, 5 Minuten ziehen lassen, dann abseihen; mit Honig süßen, abkühlen lassen und lauwarm schluckweise trinken.

Teemischung 1

Lindenblüten	1 Teil
Holunderblüten	1 Teil
Hagebuttenfrüchte	3 Teile

1 gehäuften Teelöffel mit 1/4 l kochendem Wasser übergießen, 10 Minuten ziehen lassen, abseihen und mit Honig süßen; diese Teemischung eignet sich zur Vorbeugung von Erkältungskrankheiten in der nassen Jahreszeit, jeweils zum Frühstück und vor dem Schlafengehen soll 1 Tasse getrunken werden.

Teemischung 2

Hagebuttenfrüchte	3 Teile
Lindenblüten	1 Teil
Melissenblätter	1 Teil
Kamillenblüten	1 Teil

2 Teelöffel dieser Mischung mit 1/4 l kochendem Wasser übergießen, 15 Minuten ziehen lassen, dann abseihen und mit Honig süßen; mehrmals täglich lauwarm und schluckweise – auch gegen den Durst – geben.

WEITERE ZUBEREITUNGEN

Wadenwickel

Vor Beginn und nach Abschluss der gesamten Wickelanwendung muss die Körpertemperatur gemessen werden. Bei Kleinkindern kann das Fieber rasch

sinken, es sollte bereits nach 10 Minuten eine Temperaturkontrolle durchgeführt werden. Ist das Fieber um $^{1}/_{2}$–1 °C gesunken, werden die Wickeltücher entfernt. Voraussetzung für das Gelingen ist die richtige Durchführung:
Für einen Wadenwickel muss der Körper inklusive Hände und Füße völlig warm sein. Nur wenn die Blutzirkulation im gesamten Organismus ungestört funktioniert, kann der kühlende Wickel den gewünschten Effekt erzielen. Bei Patienten, die trotz Fieber kalte Füße oder Hände haben, müssen diese zunächst angewärmt werden.
Das Wasser zum Tränken der Wickeltücher kann zu Beginn etwas erwärmt werden, um die Patienten nicht allzusehr zu erschrecken; die Wassertemperatur sollte aber stets um einige Grade unter der Körpertemperatur liegen. Dann wird nach und nach bei jedem Auswaschen der Wickeltücher etwas kühleres Wasser verwendet. Ein Wasserzusatz von Essig oder Zitronensaft kann die kühlende Wirkung unterstützen, diese Maßnahme ist jedoch nicht unbedingt erforderlich.
Sind alle Vorbereitungen getroffen (inklusive Bettschutz), werden die beiden Innentücher (zum Beispiel Handtücher) mit Wasser getränkt, ausgewrungen und um die Beine gelegt. Wadenwickel werden stets an beiden Füßen angelegt und reichen vom Fußgelenk bis zur Kniekehle. Dann werden die Woll- oder Frottiertücher umgewickelt. Eine andere Möglichkeit besteht darin, als innerste Schicht nasse, aber ausgedrückte Socken anzuziehen und darüber ein Paar größerer – trockener – Socken überzustülpen. Die Beine sollen nur leicht bedeckt werden oder unbedeckt bleiben. Die nassen Innentücher müssen gewechselt werden, bevor sie warm werden (nach ungefähr 8–10 Minuten). Die gesamte Einwirkungsdauer beträgt $^{1}/_{2}$–1 Stunde. Die Innentücher sollen jedesmal in frischem Wasser ausgewaschen werden, da über die Haut auch Abbauprodukte ausgeschieden werden.
Falls sich das Fieber nach korrekter Ausführung der kühlenden Wadenwickel überhaupt nicht verändert oder sogar steigt, muss auf jeden Fall ein Arzt zu Rate gezogen werden.
Wenn die kalten Füße eines fiebernden Patienten nicht zu erwärmen sind, kann in gleicher Weise auch ein kalter Bauchwickel durchgeführt werden.

heißes Fußbad
Wenn Kinder durchfroren, durchnässt oder fröstelnd nach Hause kommen, über Halsschmerzen klagen und bereits Anzeichen von erhöhter Körpertemperatur zu bemerken sind, soll möglichst rasch ein heißes Fußbad genommen werden. Es soll so heiß angesetzt werden, wie es vertragen wird und ungefähr 5 Minuten lang durchgeführt werden. Dadurch wird die Durchblutung des ganzen Körpers verbessert. Gleichzeitig gibt man dem Kind einen nicht zu starken, warmen – nicht zu heißen – Lindenblütentee zu trinken. Auf diese Weise kann oft der Ausbruch einer Erkältungskrankheit verhindert werden.

OHRENENTZÜNDUNG

Die Mittelohrentzündung geht in der Regel mit starken Ohrenschmerzen und Fieber einher und muss mit Antibiotika behandelt werden. Bei unkomplizierteren Ohrenentzündungen oder als Begleitmaßnahme zu einer Antibiotikatherapie können folgende Umschläge aufgelegt werden:

Zwiebelumschlag 1
Dazu werden fein gehackte rohe Zwiebel auf ein Stück Verbandszellstoff gegeben und auf die Haut hinter dem Ohr gelegt und mit geeigneten Materialien befestigt (Kopfbedeckung). Die Einwirkdauer liegt je nach subjektivem Wohlbefinden bei $^1/_4$ Stunde bis $^1/_2$ Stunde.

Zwiebelumschlag 2
Zunächst wird die Kopfbedeckung, das Befestigungsmaterial für den Wickel, angewärmt. Dann werden die äußeren braunen Häute einer Zwiebel entfernt und die Zwiebel auf beiden (gegenüberliegenden) Seiten von oben nach unten leicht eingeritzt, sodass aus der äußersten Hülle zwei Teile entstehen. Diese werden nun vorsichtig abgelöst und mit der Innenseite nach unten auf ein dünnes Tüchlein gelegt und angewärmt. Inzwischen wird dem Kind die Kopfbedeckung aufgesetzt. Dann wird die Zwiebel mit den Händen gequetscht, damit der Saft austreten kann und das Päckchen unter die Kopfbedeckung geschoben. Es soll nicht nur das Ohr bedecken, sondern bis einige cm hinter das Ohr reichen. Bei Bedarf kann die Wirkung mit einer warmen Wärmeflasche gesteigert werden.

Heilerdeumschlag
Heilerdeumschläge werden mit kalt angeteigtem Heilerdebrei hergestellt und entsprechend befestigt. Nach dem Antrocknen wird ein neuer Umschlag aufgelegt.

Senfmehlumschläge
Frisches, stechend riechendes Senfmehl (aus der Apotheke) wird mit warmem Wasser zu einem Brei gerührt, auf ein kleines Tuch (Leinen) gebracht und für maximal 10–15 Minuten auf die Haut hinter dem Ohr gelegt und entsprechend befestigt. Da Senfmehl sehr stark hautreizend wirkt, ist die Anwendungsdauer unbedingt einzuhalten und auf Hautrötung und Brennschmerz zu achten und – wenn notwendig – der Umschlag vorzeitig abzunehmen. Die Anwendung darf nur 1-mal täglich, maximal 3 Tage hintereinander für 10–15 Minuten erfolgen.
Es empfiehlt sich, vor der Anwendung eine Hautverträglichkeitsprobe am Unterarm zu machen.

MAGEN-DARM-ERKRANKUNGEN

Appetitlosigkeit

Bitterstoffdrogen sind für die Behandlung von Appetitstörungen von Kindern sehr gut geeignet. Ihre Wirkungsweise und Anwendungsart wurde bereits im Kapitel „Magen-Darm-Erkrankungen" auf Seite 106 ausgeführt.
Kinder bevorzugen Bitterstoffdrogen, die zusätzlich ätherisches Öl enthalten oder Kombinationen von Bitterstoffdrogen mit Ätherischöl-Drogen. Die in Frage kommenden Zubereitungsformen sind Tinkturen, die tropfenweise vor den Mahlzeiten genommen oder Tees, die kalt getrunken werden.

Teemischung
Tausendguldenkraut
Schafgarbenkraut

Pfefferminzblätter zu gleichen Teilen

1 Teelöffel mit $^1/_4$ l kochendem Wasser übergießen, 10 Minuten ziehen lassen, dann abseihen; vor dem Essen kalt oder lauwarm trinken.

Pomeranzenschalentinktur

Tinktur aus der Apotheke besorgen und 3-mal täglich 20 Tropfen in etwas Wasser oder auf Würfelzucker verabreichen.

Kalmustinktur

Zubereitung siehe Seite 107; einige Tropfen täglich vor jeder Mahlzeit geben; von einem Dauergebrauch muss jedoch abgeraten werden, da eine Komponente des ätherischen Öls – das β-Asaron – bei langdauernder Anwendung schaden könnte.

Kondurangotinktur

Tinktur aus der Apotheke besorgen und 3-mal täglich 10–20 Tropfen in etwas Wasser oder auf Würfelzucker verabreichen.

Zusammengestzte Tinktur

Enziantinktur	1 Teil
Bitterorangentinktur	9 Teile
Kalmustinktur	10 Teile

Vor jeder Mahlzeit 10 Tropfen in $^1/_2$ Glas Wasser schluckweise trinken.

Durchfälle

Durchfälle im Säuglingsalter können aufgrund des Wasser- und Elektrolytverlusts sehr gefährlich werden. Heftige Durchfälle, die länger als 3–4 Tage andauern, und solche, die mit hohem Fieber oder Blut im Stuhl einhergehen, müssen auf jeden Fall in einer Klinik behandelt werden.
Bei unspezifischen, leichteren Durchfällen wie der Sommerdiarrhoe („Sommerdurchfall") können einfache Hausmittel oder pflanzliche Zubereitungen zur Anwendung kommen. Wichtig ist, dass genügend Flüssigkeit aufgenommen wird.

PFLANZENZUBEREITUNGEN

Im Folgenden werden einige Rezepte hervorgehoben, die speziell für Kinder geeignet sind.

Heidelbeeren , getrocknete

Die Heidelbeeren können pur gegessen werden, dabei gelangen jedoch auch die Schalen und vor allem die Kerne in den Darm und können bei empfindlichen Menschen die Schleimhäute reizen. Besser ist eine Abkochung aus den Früchten: dazu werden 3 gehäufte Esslöffel Droge mit ca. $^3/_8$–$^1/_2$ l kochendem Wasser übergossen und 10 Minuten ziehen gelassen; die gesamte Menge über den Tag verteilt trinken.

Heidelbeersaft

Ungesüßter Heidelbeersaft mit Magertopfen (Quark) gemischt hat einen angenehmen Geschmack und ist sehr wirksam.

Karottensuppe

Es ist schon lange bekannt, dass Karottensuppe eine gute Wirkung bei Durchfällen aufweist. Bereits zu Beginn dieses Jahrhunderts wurde sie von Dr. Moro

erfolgreich in einer Münchner Klinik zur Behandlung von Ernährungsstörungen von Säuglingen eingesetzt. Er beobachtete unter dem Einfluss der Karottensuppe eine Gewichtszunahme, eine Verbesserung des Allgemeinzustandes und einen Rückgang der Magen-Darm-Symptome – das Erbrechen hörte spontan auf.
Die Herstellung der Karottensuppe erfolgt am besten durch 1–1 $^1/_2$ stündiges Kochen von ca. $^1/_2$ kg Karotten in 1 l Wasser unter Zugabe von 1 Löffel Kochsalz; sobald die Karotten weich sind, werden sie püriert.

Reisschleim
Reis wird mit Wasser unter Beigabe einer Spur Salz gekocht, sodass eine breiartige Masse entsteht. Diese Kost dient als Nahrungsaufbau nach Durchfällen.

Blähungen

Diese Störung ist bei Kleinkindern und Säuglingen sehr häufig und kann gut mit blähungstreibenden Mitteln behandelt werden (Karminativa), die bereits weiter oben besprochen wurden. Bewährte Rezepturen bei Kindern sind folgende:

Fencheltee
Zubereitung siehe Seite 112; Fencheltee kann auch zum Verdünnen von Milch oder zum Anschütteln der Flaschennahrung anstelle von Wasser verwendet werden.

Kamillentee, Kamillenwickel
Teezubereitung siehe Kapitel „Übelkeit, Erbrechen" auf Seite 109, Zubereitung des Wickels siehe Kapitel „Blähungen" auf Seite 112.

Teemischung 1

Kümmelfrüchte	
Anisfrüchte	
Fenchelfrüchte	zu gleichen Teilen

Die Früchte etwas zerdrücken und mischen, 1 Teelöffel der Mischung mit $^1/_4$ l kochendem Wasser übergießen, 5–10 Minuten zugedeckt ziehen lassen, dann abseihen und für Säuglinge ins Fläschchen geben.

Teemischung 2

Kümmelfrüchte	
Kamillenblüten	zu gleichen Teilen

1–2 Teelöffel mit $^1/_4$ l kochendem Wasser übergießen, 10 Minuten zugedeckt ziehen lassen, dann abseihen; Anwendung wie Teemischung 1.

Teemischung 3

Kamillenblüten	3 Teile
Pfefferminzblätter	1 Teil
Kümmelfrüchte, zerdrückt	2 Teile
Fenchelfrüchte, zerdrückt	3 Teile

1–2 Teelöffel mit $^1/_4$ l kochendem Wasser übergießen, 10 Minuten zugedeckt ziehen lassen, dann abseihen; bei Bedarf 1 Tasse trinken, für Säuglinge wird der Tee ins Fläschchen gegeben.

Nervosität

Auch Kinder können unter Stress leiden. Sie bewältigen oft kaum die hohen Anforderungen, die die Schule an sie stellt, können nicht schlafen oder klagen über Beschwerden im Magen-Darm-Bereich. Pflanzliche Beruhigungs- und Entspannungsmittel sind für die Anwendung in der Kinderheilkunde geradezu prädestiniert. Es können alle im Kapitel „Unruhezustände und Schlafstörungen" (siehe Seite 141) besprochenen Heilkräuter eingesetzt werden.
Mit Pfefferminzblättern können unangenehm riechende Teemischungen im Geruch und Geschmack aufgebessert werden.

Hopfenkissen
Zubereitung siehe Kapitel „Unruhezustände und Schlafstörungen" Seite 142.

Lavendelsträußchen
Ähnlich wirkt auch ein in der Nähe des Kinderbettes aufgehängtes Lavendelsträußchen.

Baldriantinktur
Zubereitung siehe Kapitel „Unruhezustände und Schlafstörungen" Seite 141.
Baldriantinktur eignet sich für ältere Kinder bei allgemeinen Unruhezuständen, aber besonders auch bei Prüfungsangst; die wirksame Dosis ist 1 Teelöffel Tinktur, bei Bedarf kann die Gabe in kurzen Abständen 2–3-mal wiederholt werden. Kleinkinder lehnen meist den Geschmack des Baldrians ab.
Weiters haben sich folgende Teemischungen in der Kinderheilkunde bestens bewährt:

Teemischung 1

Melissenblätter	3 Teile
Lavendelblüten	3 Teile
Passionsblumenkraut (Apotheke)	3 Teile
Johanniskraut	1 Teil

1–2 Teelöffel mit $^1/_4$ l kochendem Wasser übergießen, 10 Minuten ziehen lassen, dann abseihen; kurmäßig 2–3 Wochen lang täglich 2–3 Tassen, eine Tasse vor dem Schlafengehen trinken.

Teemischung 2

Melissenblätter	3 Teile
Hopfenzapfen	1 Teil
Pfefferminzblätter	2 Teile

Zubereitung und Anwendung kann wie bei Teemischung1 erfolgen.

Teemischung 3

Melissenblätter	2 Teile
Hopfenzapfen	1 Teil
Orangenblüten (Apotheke)	1 Teil
Johanniskraut	1 Teil
Hagebuttenfrüchte	1 Teil

2 Teelöffel dieser Mischung mit $^1/_4$ l kochendem Wasser übergießen, 10–15 Minuten zugedeckt ziehen lassen, dann abseihen; 2-mal täglich 1 Tasse über einen Zeitraum von 4–6 Wochen trinken.

1
2
3
4
5
6

RHEUMATISCHE BESCHWERDEN UND VERSPANNUNGEN

Unter dem Begriff Rheuma werden verschiedene Krankheiten zusammengefasst, die eine chronische Stoffwechselstörung darstellen und mit entzündlichen oder degenerativen (mit Rückbildung verbundenen) Erkrankungen verschiedener Gelenke oder auch Weichteile einhergehen. Auch Gicht ist eine Stoffwechselstörung, die sich an den Gelenken äußert und zu den rheumatischen Erkrankungen im weitesten Sinn gehört.
Rheumatische Beschwerden sind häufig unbestimmt und was Stärke und Art betrifft einem großen Wechsel unterworfen. Die Therapie gestaltet sich oft äußerst schwierig. Auch pflanzliche Zubereitungen sind keine Wundermittel, die hundertprozentig zum Erfolg führen. Einige davon zeigen aber in bestimmten Fällen gute Wirksamkeit.

INNERLICH ANZUWENDENDE PFLANZENZUBEREITUNGEN

Entzündungshemmende, schmerzstillende Pflanzenzubereitungen

Allen voran besitzt die Weidenrinde sehr gute entzündungshemmende und schmerzstillende Wirkung, die auf Salicylsäureverbindungen zurückgeht.

Weidenrinde
Zubereitung und Anwendung siehe Kapitel „Grippe, grippale Infekte und Erkältungskrankheiten" Seite 95.

Mädesüß (Spierstaude)
Zubereitung und Anwendung siehe Kapitel „Grippe, grippale Infekte und Erkältungskrankheiten" Seite 95.

Drogenzubereitungen zur ausleitenden Therapie

Das (nicht vollständig akzeptierte) Prinzip dieser Drogen besteht darin, die Ausscheidung von Stoffwechselabbauprodukten zu fördern und damit Entzündungsprozesse nachhaltig zu beeinflussen. Dies wird durch die Verabreichung von Tees erreicht, die auch als Stoffwechseltees, Blutreinigungstees oder „Antidyskratika" bezeichnet werden und meist in Form von Teemischungen zur Anwendung kommen. Diese Mischungen enthalten im Wesentlichen bestimmte pflanzliche Diuretika (wasser- beziehungsweise harntreibende Mittel) mit Stoffwechselwirkung, weiters Abführmittel und Karminativa (blähungstreibende Mittel), die den bei der Anwendung starker Abführmittel häufig auftretenden Krämpfen entgegenwirken. Die Tees müssen kurmäßig 4–6 Wochen hindurch getrunken werden, bei einer weiteren Kur soll die Zusammensetzung der Mischung variiert werden.

Pflanzenabbildung:
1 Schafgarbe, 2 Schlehdorn, 3 Schlüsselblume (Primel), 4 Spitzwegerich, 5 Stiefmütterchen, 6 Tausendguldenkraut
(Maßstab siehe Seite 17)

Löwenzahn
Löwenzahn besitzt eine gute diuretische Wirkung, er steigert außerdem die Gallen- und Lebertätigkeit, hat also eine starke allgemeine Stoffwechselwirkung. Er ist das beste pflanzliche Mittel zur Behandlung der chronisch rheumatischen Leiden. Er kann in Form eines Tees (Zubereitung siehe Kapitel „Leber- und Gallenleiden" Seite 122) oder auch in Form des Pflanzensaftes (als Fertigpräparat erhältlich) angewendet werden. Wichtig ist dabei die kurmäßige Anwendung, es empfiehlt sich, 2 Tassen Tee oder 2 Esslöffel Saft 6 Wochen lang im Frühjahr einzunehmen.

Brennesseltee
Zubereitung siehe Kapitel „Blasen- und Nierenerkrankungen" Seite 127. Brennesseltee wirkt entwässernd und soll ebenfalls kurmäßig angewendet werden.

Birkenblättertee
Auch die Birkenblätter haben wir bereits bei den entwässernd wirkenden Tees im Kapitel „Blasen- und Nierenerkrankungen" Seite 126 kennen gelernt. Zur Unterstützung kann der Birkenblättertee auch bei Rheuma eingesetzt werden, er wird aber meistens einer Teemischung zugesetzt.

Teemischungen für Kuren bei Rheuma

Es empfiehlt sich, die Zusammensetzung dieser Mischungen bei einer erneuten Kur zu wechseln.

Teemischung 1
Löwenzahnwurzel mit Kraut
Wacholderfrüchte
Sennesblätter
Faulbaumrinde
Kümmelfrüchte zu gleichen Teilen
1 gehäuften Teelöffel dieser Mischung mit $^{1}/_{4}$ l kochendem Wasser übergießen; kurmäßig 2 Tassen täglich trinken.

Teemischung 2
Holunderblüten
Ackerschachtelhalmkraut
Brennesselblätter
Löwenzahnwurzel mit Kraut zu gleichen Teilen
Zubereitung und Anwendung wie Teemischung 1.

Teemischung 3
Schafgarbenkraut
Ackerschachtelhalmkraut
Weidenrinde
Birkenblätter
Löwenzahnwurzel mit Kraut zu gleichen Teilen
Zubereitung und Anwendung wie Teemischung 1.

Teemischung 4
Löwenzahnwurzel mit Kraut 4 Teile

Pfefferminzblätter	1 Teil
Hagebuttenfrüchte	1 Teil
Hibiscusblüten	1 Teil

Der Löwenzahn ist die wirksame Komponente, die anderen Drogen dienen hier der Geschmacksverbesserung. Zubereitung und Anwendung wie Teemischung 1.

ÄUSSERLICH ANZUWENDENDE PFLANZENZUBEREITUNGEN

Zubereitungen aus ätherischölhaltigen, entzündungshemmenden Pflanzen

siehe auch Kapitel „Kopfschmerzen, Migräne, Neuralgien" Seite 143.

Rosmarinspiritus

50 g Rosmarinblätter mit ca. 1/4 l 70%igem Alkohol ansetzen und 10 Tage stehen lassen oder einige Tropfen des ätherischen Rosmarinöls mit Alkohol mischen; zur Förderung der Durchblutung mehrmals täglich die schmerzenden Stellen einreiben.

Wacholderspiritus, Kalmusspiritus

Zubereitung und Anwendung siehe Kapitel „Kopfschmerzen, Migräne, Neuralgien" Seite 144.

Brennesselspiritus

Frische Brennesselblätter werden klein geschnitten und in Alkohol einige Tage angesetzt.

Dieser Spiritus wirkt ebenfalls durchblutungsfördernd und kann bei neuralgischen oder rheumatischen Beschwerden, beim Hexenschuss oder Entzündung des Ischiasnerven angewendet werden.

Kampferspiritus

Der Kampferbaum ist in Ostasien heimisch und liefert die Droge Kampfer, die sich aus dem ätherischen Öl abscheidet und eine kristalline Masse darstellt. Diese kann in Alkohol angesetzt und als Einreibung bei verschiedenen Schmerzzuständen verwendet werden.

HAUTREIZMITTEL

Paprikapflaster

In Apotheken sind Paprikapflaster erhältlich, die bei Kreuzschmerzen, Hexenschuss oder Rheuma angewendet werden können. Die Wirkung besteht in einer starken Durchblutungssteigerung, gleichzeitig kommt es zu einer starken Hautreizung. Die Anwendungsdauer derartiger Pflaster hängt von der Reaktion der Haut ab. Eine wiederholte Anwendung darf nur nach Abklingen der Hautrötung erfolgen.

Senfmehlauflage

Das Senfmehl wirkt wie die Scharfstoffe des Paprikas durchblutungsfördernd und stark hautreizend. Es ist in Apotheken erhältlich und kann in Form eines Umschlages angewendet werden:

Die Herstellung erfolgt wie im Kapitel „Kinderkrankheiten", Unterkapitel „Ohrenschmerzen" auf Seite 156 beschrieben. Die Anwendungsdauer hängt wieder von der Reaktion der Haut und dem Allgemeinbefinden ab. Die Hautreaktion soll bald nach dem Auflegen kontrolliert werden. Manche Menschen reagieren sofort mit einer Hautrötung, bei anderen kann diese erst nach einigen Minuten auftreten. Die Anwendung darf nur 1-mal täglich, maximal 3 Tage hintereinander für 10–15 Minuten erfolgen. Ist die Hautrötung nach einem Tag noch nicht abgeklungen, muss eine Anwendungspause eingelegt werden. Bei empfindlichen Menschen empfiehlt es sich, eine Hautprobe am Unterarm zu machen.

DIVERSE UMSCHLÄGE UND WICKEL

Nackenwickel mit Kartoffeln bei Verspannungen

4–6 gekochte Kartoffeln werden samt Schale gut in das Innentuch eingeschlagen und mit der Faust zerdrückt bis sie ganz weich sind. Die flache Kompresse wird dann mit Klebeband verschlossen. Als Innentuch kann auch Haushaltspapier verwendet werden, wodurch man sich die Reinigung der Tücher erspart. Nach sorgfältiger Prüfung der Wärmeverträglichkeit wird die Kompresse auf die schmerzende Stelle aufgelegt. Bewegt sich der Patient während des Wickels nicht, muss das Außentuch nicht rundherum gewickelt werden, sondern es genügt, damit die Schultern zu bedecken. Der Wickel muss gut abgeschlossen werden, damit er eng am Körper anliegt. Sobald er auskühlt, soll er abgenommen werden.

BEWÄHRTE HAUSMITTEL BEI RHEUMATISCHEN BESCHWERDEN UND VERSPANNUNGEN

Teezubereitungen

Teemischung 1

Holunderblätter (schwarze)
junge Brennesselblätter
Tee wie üblich zubereiten und kurmäßig (2–3 Wochen) trinken.

Teemischung 2

Birkenblätter
Brennesselkraut
Ackerschachtelhalmkraut
Dieser Tee soll 3 Wochen lang bei Gelenksbeschwerden sowie zum Entgiften getrunken werden; dann soll 8 Tage Pause gemacht werden; hernach ist es möglich wieder eine dreiwöchige Kur zu machen.

Einreibungen

Einreibung 1

Rosskastanien
Kampfer (in Apotheken erhältlich)
Ein alkoholischer Kaltauszug dieser Mischung wird bei Ischias und Rheuma angewendet.

Einreibung 2

Ameisenspiritus (Apotheke)
Kampferspiritus
Kranewittschnaps (Wacholderschnaps)

Man mischt diese Zutaten zu gleichen Teilen; diese Einreibung wird bei Ischias angewendet.

Farnkrautansatz in Weinessig
Die Wurzel 10–14 Tage in Weinessig lagern; dieser Essigauszug soll bei Gicht, Rheuma, Ischias und Hexenschuss zum Baden, Waschen oder Einreiben verwendet werden.

Weitere Mittel

Heublumen
Die Anwendung der Heublumen haben wir bereits mehrfach kennen gelernt (siehe Kapitel „Bewährte Hausmittel bei Blasen- und Nierenleiden" Seite 133 sowie Kapitel „Bewährte Hausmittel bei Herz- und Kreislauferkrankungen" Seite 140).
Auch Dampfbäder mit Heublumen werden bei Kreuzschmerzen, Rheuma und für Füße und Gelenke empfohlen; ebenso sind Heublumenumschläge bei Rheuma, Gicht, Ischias oder Durchblutungsstörungen beliebt.

Kreuzschmerzen-, Rheuma- und Venensalbe
Ringelblumenblüten
Rosskastaniensamen
Zwiebel
Kampfer
Die Ringelblumenblüten werden in Schweinefett und Zwiebel gebraten, in die entstandene Masse gibt man die geriebenen Rosskastanien und Kampfer; die Salbe soll einige Tage stehen gelassen und dann in Gefäße abgefüllt werden.

Bienenstiche
Bei Arthritis und chronischen Schmerzen sollen Bienenstiche in Form einer „Kur" regelmäßig über 2–3 Monate mit durchschnittlich 3 Stichen pro „Behandlung" angewendet werden (die Bienenstiche werden absichtlich herbeigeführt).

Brennesselpeitschung
Bei Rheuma und Gicht soll man die schmerzhaften Stellen mit frischem Brennesselkraut auspeitschen.

Dachsfett
Eine Einreibung mit Dachsfett soll bei chronischer Sehnenscheidenentzündung, bei Glieder- und Gelenksschmerzen, bei Schleimbeutelentzündung sowie auch bei einem Überbein angewendet werden.

Dachsfell
Das Dachsfell soll gegen Arthrosen um das Knie gewickelt oder in die Schuhe gelegt werden.

Lehm
Lehm als solches oder mit Essig vermischt soll zum Beispiel bei Gelenksentzündung, Kreuzschmerzen oder Rheuma, aber auch bei Krampfadern oder Venenleiden aufgelegt werden.

WUNDEN UND ANDERE VERLETZUNGEN

HAUTENTZÜNDUNGEN UND WUNDEN

Kleine Wunden heilen in einem gesunden Organismus innerhalb weniger Tage ohne Komplikationen ab. Es erfolgt ohne Zutun eine (minimale) Neubildung von Bindegewebe und von kleinen Blutgefäßen. Bei Wunden mit weiter auseinander liegenden Wundrändern oder bei Hinzukommen von Infektionen erfolgt eine verzögerte Wundheilung. Zur Auffüllung des Gewebedefekts wird ein Granulationsgewebe gebildet, das in späterer Folge zum Narbengewebe umgewandelt wird. Die Wundheilung wird durch die Epithelisierung, dem Überwachsen der Wunde mit Epithelzellen, abgeschlossen.
Komplikationen der Wundheilung können bei Bestehen von Stoffwechselkrankheiten wie Diabetes, bei Durchblutungsstörungen, bei Infektionen in Wundnähe, Blutergüssen oder bei Einnahme bestimmter Medikamente auftreten.
Für die Behandlung mit pflanzlichen Arzneimitteln sind Zubereitungen mit desinfizierenden, wundreinigenden, zusammenziehenden, granulations- und epithelbildungsfördernden sowie immunstimulierenden oder entzündungshemmenden Eigenschaften gefordert.

Zubereitungen aus flavonoidhaltigen Pflanzen

Arnikatinktur, Arnikatee

Zubereitungen siehe Kapitel „Erkrankungen im Mund- und Rachenraum" Seite 99.
1 Esslöffel Tinktur auf $^1/_2$ l Wasser geben und mit dieser Flüssigkeit Umschläge machen; Arnika ist ein vorzügliches Wundheilmittel und hilft auch bei schlecht heilenden, schmierigen Wunden. Es wirkt entzündungshemmend und regt die lokale Durchblutung an. Auch der Tee aus den Blüten kann für derartige Umschläge verwendet werden. Zu Beginn der Wundbehandlung sind feuchte Umschläge vorzuziehen, später können auch Wundsalben aufgetragen werden. Bei stockender Wundheilung empfiehlt es sich, zwischendurch immer wieder feuchte Arnikaumschläge anzuwenden.
Die Tinktur sowie Salbenzubereitungen können in Apotheken bezogen werden. Arnikazubereitungen können aber Allergien hervorrufen, bei bekannter Allergie auf Korbblütler sollen sie nicht verwendet werden.

Kamillentinktur, Kamillentee

Zubereitungen siehe Kapitel „Erkrankungen im Mund- und Rachenraum" Seite 99.
Auch die Kamille wirkt entzündungshemmend und fördert darüber hinaus auch die Bildung des Granultionsgewebes, wodurch es zu einer rascheren Wundheilung kommt.
Zu Beginn der Behandlung werden ebenfalls feuchte Umschläge mit der Tinktur oder auch der wässrigen Abkochung gemacht. Nach einigen Tagen kann auf Salbenzubereitungen umgestiegen werden. Diese wie auch die Tinktur und andere Zubereitungen sind auch in Apotheken erhältlich.

Ringelblume

1 Esslöffel Ringelblumenblüten werden mit $^1/_2$ l Wasser kurz aufgekocht und ebenfalls für feuchte Umschläge verwendet.

Auch die Ringelblumensalbe kann zur Wundbehandlung oder zur Pflege rissiger Haut eingesetzt werden. Ringelblume wirkt etwas schwächer als Arnika, wird aber meistens gut vertragen.

Ringelblumensalbe:
200 g Schweineschmalz in einem Topf bei niedriger Temperatur schmelzen, eine Hand voll Ringelblumen zufügen, gut durchrühren und erkalten lassen; nach 24 Stunden erneut schmelzen und durch ein Tuch sieben.

Zubereitungen aus ätherischölhaltigen Pflanzen

Perubalsam
Zubereitungen aus Perubalsam sind in Apotheken erhältlich, siehe Seite 119.

Harzsalben
Harzsalben sind vor allem in der Volksheilkunde ein beliebtes Wundheilmittel. Lärchenharz wird mit gleichen Teilen Vaseline (aus der Apotheke) vermischt und kann angewendet werden, wenn eine Wundinfektion droht, sich weiter auszubreiten.

Weitere Pflanzenzubereitungen

Johanniskrautöl
Bei kleinen Wunden kann Johanniskrautöl als Wundöl eingesetzt werden. Mullkompressen werden mit dem Öl getränkt und auf die Wunde aufgebracht; sie sollen öfters erneuert werden.

Sonnenhutpräparate
Sonnenhut haben wir bereits als ein Mittel kennen gelernt, das die Abwehrkraft des Körpers steigert und bei häufig auftretenden Infektionen innerlich angewendet wird. Aber auch bei schlecht heilenden oder infizierten Wunden ist der Sonnenhut angezeigt. In Apotheken sind auch Fertigpräparate zur äußerlichen Anwendung erhältlich.

Hamamelispräparate
In Apotheken ist Hamamelisextrakt erhältlich, das mit Wasser verdünnt für Umschläge angewendet werden kann. Es sind aber auch Fertigpräparate in Salbenform erhältlich, die bei allen Wunden, zur Hautpflege und auch bei Hämorrhoiden angewendet werden können.

Aloe
Aloe haben wir bereits bei den starken Abführmitteln kennen gelernt. Die abführenden Stoffe (Anthraverbindungen) befinden sich vorwiegend in der Randzone der Blätter (siehe Kapitel „Verstopfung" Seite 115). Im Inneren des Blattes sind hingegen Polysaccharide enthalten, die – zumindest teilweise – den Einsatz von Aloe in Hautpflegepräparaten erklären. Die industriell aus Aloe vera hergestellten Aloegele werden großteils als Kosmetika eingesetzt. Der frische Saft aus den Aloeblättern hat einen nachgewiesenen positiven Einfluss auf die Wundheilung.

VERSTAUCHUNGEN, ZERRUNGEN, QUETSCHUNGEN

Verstauchungen, Zerrungen oder Quetschungen können sehr schmerzhaft sein. Die erste Maßnahme besteht in einer Ruhigstellung der betroffenen Gliedmaßen und im Anlegen feuchter Verbände. Dazu eignen sich Pflanzenauszüge mit entzündungshemmender, schmerzstillender und durchblutungsfördernder Wirkung. Arnika nimmt hier – ebenso wie bei der Wundheilung – eine Vorrangstellung ein, weiters kommen andere ätherischölhaltige Zubereitungen zum Einsatz.

Arnikazubereitungen

siehe „Hautentzündungen und Wunden" Seite 166. Es werden wie bei den Wunden feuchte Umschläge mit der Tinktur gemacht, die häufig erneuert werden sollen. Arnika hat eine gute schmerzlindernde und heilende Wirkung, die besonders auch zur Behandlung von Blutergüssen geeignet ist.

Heublumenbäder oder -umschläge, aromatische Spiritusse, Kampferspiritus

Alle diese Zubereitungsformen haben wir bereits kennen gelernt (siehe Kapitel „Bewährte Hausmittel bei Herz- und Kreislaufstörungen" Seite 138 und Kapitel „Rheumatische Beschwerden" Seite 164 bzw. 165).

Sie wirken durchblutungsfördernd und haben daher einen günstigen Einfluss auf die oft lange anhaltenden Schmerzen nach Verstauchungen oder Prellungen. Sie können aber auch nach Knochenbrüchen oder Operationen an Gliedmaßen sowie bei Muskelkater nach Überanstrengung oder bei Überlastungsbeschwerden eingesetzt werden.

Beinwellwurzel

Das Wirkprinzip des Beinwells ist eine Substanz namens Allantoin. Neben der wundheilenden Eigenschaft wirkt es entzündungshemmend, desinfizierend und lokal durchblutungsfördernd. Es fördert außerdem die Kallusbildung nach Knochenbrüchen.

Beinwell enthält aber auch giftige Pyrrolizidinalkaloide mit lebertoxischer und krebsauslösender Wirkung. In Österreich ist aufgrund dessen ein Handel mit Beinwell oder beinwellhaltigen Zubereitungen verboten (siehe Pflanzenbeschreibung Seite 29).

In Deutschland darf die pro Tag verabreichte Menge einen bestimmten Grenzwert an Alkaloiden nicht überschreiten. Weiters gilt eine zeitliche Anwendungsbeschränkung von 4 Wochen jährlich. Es sollen daher ausschließlich Apothekenware oder Fertigpräparate verwendet werden, weil diese bezüglich der Alkaloid-Grenzwerte kontrolliert sind. Die Anwendung von beinwellhaltigen Zubereitungen darf nur auf intakter Haut erfolgen, die verletzte Haut nimmt die giftigen Alkaloide verstärkt auf. In der Schwangerschaft ist eine Anwendung generell abzulehnen.

HAUTKRANKHEITEN

Die Haut ist eines der größten und vielfältigsten Organe des menschlichen Körpers. Ihre Oberfläche beträgt etwa 2 m^2, ihr Gewicht ca. 4 kg. Die Haut dient dem physikalischen, chemischen und immunologischen Schutz, der Wärmeregulation und der Aufnahme von Sinnesreizen. Eine gesunde, reine Haut ist für das Wohlbefinden und Selbstwertgefühl eines Menschen von großer Bedeutung.

Die Ursachen vieler Hautkrankheiten sind unbekannt. Von einigen weiß man, dass sie immunologischer oder psychischer Natur sind, andere hängen mit Stoffwechselstörungen zusammen oder sind die Folge einer Unverträglichkeit bestimmter Substanzen (auch Arzneimittel).

Eine sehr wichtige Rolle bei der Behandlung von Hautkrankheiten kommt dem Arzneistoffträger zu; das heißt, es ist nicht gleichgültig, ob der Wirkstoff in Form einer fetten Salbe, einer wasserhaltigen Creme, in Form einer wässrigen Lösung oder einer Paste aufgetragen wird.

Bei akuten Erkrankungen werden eher wässrige, bei chronischen Krankheiten eher fetthaltige Zubereitungen empfohlen.

Der Effekt eines Arzneimittels hängt weiters vom Zustand der Haut und vom Hauttyp ab. Für die fette (seborrhoische) Haut werden fettfreie Grundlagen, für die trockene (sebostatische) Haut fettende Grundlagen bevorzugt.

Weiters ist zu bedenken, dass es in den meisten Fällen bei einer krankhaft veränderten Haut zu einer verstärkten Aufnahme des Wirkstoffs in den Blutkreislauf kommt, die Wirkung also nicht lokal beschränkt bleibt. Bei Kindern im ersten Lebenshalbjahr ist die Durchlässigkeit der Haut für Arzneistoffe um ein vielfaches höher als bei Erwachsenen.

EKZEM, DERMATITIS, NEURODERMITIS

Ekzeme sind flächenhafte, entzündliche Hautveränderungen, die mit Juckreiz einhergehehen. Sie haben verschiedenste Ursachen und können durch bestimmte Stoffe wie einige Arzneistoffe, Furanocumarine (in einigen Doldenblütlern enthalten), Lichtschutzmittel, Duftstoffe, Konservierungsmittel, Farbstoffe, Dauerwellflüssigkeiten, Metalle, aber auch durch Licht oder Stress ausgelöst werden. Sie spielen sich entweder vorwiegend an der obersten Hautschicht ab, wie dies bei einem allergischen Kontaktekzem, bei der Windeldermatitis oder der Neurodermitis (atopische Dermatitis) der Fall ist. Sie können aber auch eine tiefer liegende Hautschicht betreffen wie beim Nesselausschlag oder beim photoallergischen Kontaktekzem, das durch Lichteinwirkung („Mallorca Akne") ausgelöst wird.

Akute nässende Ekzeme dürfen nur mit lockeren, feuchten Umschlägen oder Bädern, chronische Ekzeme auch mit Salben oder Pasten behandelt werden.

Eichenrinde

1–2 Esslöffel klein geschnittene Eichenrinde mit $^1/_2$ l Wasser 15 Minuten lang kochen, dann abseihen, abkühlen lassen und unverdünnt verwenden. Überall wo Nässen und akute Entzündung vorliegen werden 3-mal täglich damit lockere Umschläge gemacht, die man 1–2 Stunden einwirken lässt und wechselt bevor sie eintrocknen.

Eichenrindenzubereitungen werden meistens sehr gut vertragen.

Kamille

Zubereitung siehe Kapitel „Übelkeit, Erbrechen" Seite 109.

Umschläge mit Kamillentee können bei hartnäckigen Entzündungen mit den Eichenrindenumschlägen abgewechselt werden.

Malve (Käsepappel)
Ein Aufguss mit Malvenblättern (4 Esslöffel auf 1 l Wasser) wird für Bäder oder Umschläge verwendet und wirkt aufgrund der enthaltenen Schleime beruhigend und entzündungshemmend.

Hamamelispräparate
siehe Kapitel „Hautverletzungen und Wunden“ Seite 167.

Teere
Teere entstehen bei der Destillation verschiedener Holzarten beziehungsweise von Steinkohle. Verwendung finden Birken-, Buchen-, Nadelholz-, Wacholder- oder Steinkohlenteer. Pflanzenteere werden gegenüber dem Steinkohlenteer bevorzugt, weil sie die Lichtempfindlichkeit der Haut nicht erhöhen. Die Wirkung geht vor allem auf phenolische Verbindungen zurück, die hautreizend und antiseptisch wirken. Sie hemmen außerdem die Aktivität der Talgdrüsen und wirken antimikrobiell und juckreizstillend. Von den Pflanzenteeren hat Nadelholzteer die stärkste Reizwirkung, Wacholder- und Birkenholzteer gelten als milder wirksam und werden besser vertragen.
Bei länger dauernder und großflächiger Anwendung kann es zu Nierenreizungen kommen. Empfehlenswert sind Zubereitungen in Salben- oder Pastenform, die am besten in Apotheken angefertigt werden sollen.
Bei Ekzemen kommen Teere erst zum Einsatz, wenn das Ekzem in die trockene, chronische Form übergegangen ist.

Nachtkerze
Die Nachtkerze wurde bei uns vor langer Zeit aus Amerika eingeschleppt. Ihre Samen enthalten ein Öl, das innerlich bei Ekzemen verwendet werden kann. Die Wirkung dürfte durch einen günstigen Einfluss auf Entzündungsvorgänge zustande kommen. Es bieten sich Fertigpräparate aus der Apotheke an, die das Öl in Kapselform enthalten. Lassen Sie sich in Ihrer Apotheke beraten.

FROSTBEULEN

Zur äußerlichen Behandlung eignen sich Gerbstoffe mit adstringierender (zusammenziehender) Wirkung.

Eichenrindenbad
200 g Droge werden mit 2 l kaltem Wasser übergossen, zum Sieden erhitzt und 3–5 Minuten gekocht; die Abkochung wird unverdünnt für Fuß- und Handbäder verwendet.

Blutwurz(Tormentill)bad
Die Zubereitung kann wie beim Eichenrindenbad erfolgen. Auch die Blutwurz zeichnet sich durch einen hohen Gerbstoffanteil aus und zeigt günstige Wirkung bei Frostbeulen und Erfrierungen.

Ackerschachtelhalmkraut (Zinnkraut)
Für ein Teilbad werden 20 g Droge mit 2 l kaltem Wasser übergossen, zum

Sieden erhitzt und 10–15 Minuten ohne weiter zu erhitzen ziehen gelassen; die Abkochung wird wie bei den Eichenrindenbädern unverdünnt verwendet; Zinnkraut regt den Hautstoffwechsel an und fördert damit die Durchblutung.

Perubalsam
siehe Seite 119.

WARZEN, SCHWIELEN

Warzen werden heute als Viruserkrankungen betrachtet. Die Behandlung erfolgt durch lokal ätzende Verfahren, wobei die umliegenden Hautpartien durch eine Fettsalbe geschützt werden müssen.

Thujatinktur
Das ätherische Öl des Thujabaumes (Lebensbaum) besitzt starke Hautreizwirkung, in hohen Dosen ist es giftig. Die Anwendung erfolgt in Form der Thujatinktur, die in Apotheken erhältlich ist. Die Warzen werden einige Wochen hindurch, täglich morgens und abends mit dieser Tinktur bepinselt. Die Behandlung ist nur bei kleinen Warzen erfolgreich, bei großen derben Warzen reicht sie meistens nicht aus.

Knoblauch
Empfohlen wird das Auflegen von Knoblauchscheiben, vor allem bei Warzen an den Händen. Die Anwendung muss regelmäßig über längere Zeit erolgen. Diese Behandlung ist auf jeden Fall nebenwirkungsfrei und einfach durchzuführen.

Schöllkrautmilchsaft
In der Volksmedizin werden Warzen nach wie vor gerne mit dem frischen gelben Milchsaft des Schöllkrauts behandelt. Dieses beinhaltet verschiedene Alkaloide und gilt als Giftpflanze, der Wirkungsmechanismus gegen Warzen ist nicht ausreichend geklärt. Alkaloide, die im frischen Milchsaft in größeren Mengen vorliegen, und eventuell auch Enzyme könnten für die Virushemmung eine wesentliche Rolle spielen. Bei manchen Menschen verschwinden Warzen, die mehrmals täglich mit dem frischen Milchsaft betupft werden schon nach wenigen Tagen, bei anderen zeigt diese Anwendung keinerlei Erfolge. Worauf dieses Phänomen zurückzuführen ist, ist nicht geklärt.
Auch der weiße Milchsaft der Wolfsmilch wird seit langem als Warzenmittel propagiert. Der Milchsaft ist reich an hautreizenden Substanzen, enthält aber außerdem Stoffe, die eine krebsauslösende Wirkung anderer Substanzen verstärken können. Aufgrund dieser Tatsache kann er nicht uneingeschränkt zur Behandlung von Warzen empfohlen werden, zumal eine derartige Behandlung über einen längeren Zeitraum erfolgen müsste.

SCHUPPENFLECHTE (PSORIASIS)

Die Schuppenflechte geht mit einer erhöhten Zellteilungsrate der Epidermis (oberste Hautschicht) und entzündlichen Reaktionen einher. Schubweise treten rote Flecken auf, die mit weißlichen Schuppen bedeckt sind. Besonders häufig sind die Ellbogen, die Streckseiten der Knie, der behaarte Kopf sowie die Nägel befallen. In den meisten Fällen liegt eine erbliche Veranlagung zu dieser Krankheit vor, sie wird aber auch von Umweltfaktoren wesentlich beeinflusst. Für die Auslösung eines Schubes kommen verschiedene psychische, physikalische und chemische (medikamentöse) Faktoren in Betracht. Eine Behandlung besteht nur in der Bekämpfung der Symptome.

Leinöl

Leinöl, das fette Öl aus den Leinsamen, ist in Apotheken erhältlich. Die Herde der Schuppenflechte werden damit eingerieben, es wirkt lindernd und kann das Abheilen unterstützen.
Sehr wirkungsvoll ist auch Leinöl, dem etwas Johanniskrautöl zugesetzt wird (1–2 %).

Teere

siehe Kapitel „Ekzem, Dermatitis, Neurodermatitis" Seite 169.
Sie wirken der erhöhten Zellteilungsrate entgegen, hemmen auch die Aktivität von Talgdrüsen, wirken juckreizstillend und antimikrobiell. Sie dürfen nicht großflächig angewendet werden, da es zu einer Nierenschädigung kommen kann. Bei entzündlichen und nässenden Hautkrankheiten dürfen sie nicht angewendet werden. Empfehlenswert sind Präparate, die in Apotheken zubereitet werden können.

Bruchkrauttee

Eine innerliche Behandlung der Schuppenflechte kann mit dem Bruchkrauttee versucht werden (Zubereitung siehe Kapitel „Blasen- und Nierenleiden" Seite 126). Das Bruchkraut ist Bestandteil so genannter Umstimmungsmittel oder „Blutreinigungstees", deren Wirkung durch eine Stoffwechselanregung -in diesem Fall durch eine Anregung der Nierentätigkeit – erklärt werden kann (siehe auch Kapitel „Akne, unreine Haut" Seite 174 und Kapitel „Heilkräuter zur Frühjahrs- und Herbstkur" Seite 180).

FURUNKEL

Furunkel sind akute, eitrige Entzündungen von Haarbälgen und der dazugehörigen Talgdrüsen, sie werden durch Bakterien verursacht. Treten sie an mehreren Stellen im Körper auf, spricht man von Furunkulose. Neigung zu dieser Hauterkrankung besteht bei geschwächter Abwehrlage des Organismus (zum Beispiel durch chronische Krankheiten) oder auch bei gleichzeitigem Vorliegen von Ekzemen. Bei schweren Hautinfektionen ist meistens eine Therapie mit Antibiotika erforderlich.
Als pflanzliche Heilmittel zur äußerlichen Behandlung stehen vorwiegend Pflanzen mit ätherischem Öl oder Gerbstoffen zur Verfügung. Innerlich kann man eine hartnäckige Furunkulose mit einem Stoffwechseltee (Blutreinigungstee, siehe Seite 174), der vorwiegend mild abführend wirkt, zu beeinflussen suchen.

Kamille

Es empfiehlt sich, Dampfbäder oder heiße Dampfkomressen mit Kamillentee anzuwenden. Bei den Dampfbädern muss dafür gesorgt werden, dass der Dampf an die richtige Stelle gelangt. Für die Dampfkompresse werden Kamillenblüten in ein Leinentüchlein gefüllt und mit heißem Wasser übergossen. Dieses Leinenpäckchen wird auf das Furunkel aufgelegt. Die Zubereitung des Tees erfolgt wie im Kapitel „Übelkeit, Erbrechen" Seite 109 angegeben.

Heiße Leinsamenumschläge
Zubereitung und Anwendung siehe Kapitel „Grippe, grippale Infekte und Erkältungskrankheiten" Seite 96.

Heublumen
Auch Umschläge mit heißen Heublumenpäckchen (Zubereitung siehe Kapitel „Bewährte Hausmittel bei Herz- und Kreislaufstörungen" Seite 140) zeigen einen günstigen Einfluss auf Furunkel.

Arnikatinktur
Bei stärkerer Entzündung sind kühle Umschläge mit Arnikatinktur hilfreich (Zubereitung siehe Kapitel „Hautverletzungen und Wunden" Seite 166).

Sonnenhut
Fertigpräparate mit Sonnenhutextrakten können sowohl äußerlich, als auch innerlich bei allen infektiösen Hauterkrankungen zur Steigerung der Abwehrkräft eingesetzt werden – auch zusätzlich zu einer Antibiotikatherapie. Lassen Sie sich bezüglich der Anwendung und Dosierung dieser Präparate von Ihrem Apotheker beraten.

FIEBERBLASEN

Fieberblasen werden durch Herpes Viren hervorgerufen. In der Melisse zeigten einige Inhaltsstoffe eine Wirkung gegen diese Viren. In Apotheken sind Fertigpräparate in Cremeform erhältlich, die ein Melissenextrakt enthalten. Lassen Sie sich in Ihrer Apotheke beraten.

AKNE, UNREINE HAUT

Akne basiert auf einem gesteigerten Talgfluss, der sich in einer fettigen Haut äußert (Seborrhoe). Es kommt zu Verhornungsstörungen der Haarfollikel (Haarbälge) und in Folge zur Bildung von Mitessern (Komedonen). Auch Entzündungsreaktionen spielen eine Rolle. Die Ursachen sind noch nicht vollständig geklärt, dürften jedoch mit einem veränderten Hormonstoffwechsel zusammenhängen. Darüber hinaus gibt es auch noch rein chemisch oder physikalisch ausgelöste Akneformen (zum Beispiel Jod- oder Medikamenten-Akne).

Stiefmütterchentee
2 Teelöffel Stiefmütterchenkraut mit $^1/_4$ l kochendem Wasser übergießen, 10 Minuten ziehen lassen, dann abseihen; einige Wochen hindurch morgens und abends 1 Tasse trinken. Der Tee kann gleichzeitig äußerlich für Umschläge verwendet werden.

Gänseblümchen
Ca. 100 frisch gepflückte Blütenköpfchen des Gänseblümchens werden in 100 ml 40%igem Alkohol angesetzt und 3–4 Wochen in einem geschlossenen Glas an einem sonnigen Platz stehen gelassen. Die Lösung wird ohne zu verdünnen aufgetragen und wirkt ähnlich wie die Kamillentinktur entzündungshemmend.

„BLUTREINIGUNG"

In der Pflanzenheilkunde werden zur innerlichen Behandlung immer wieder Teemischungen eingesetzt, die als Umstimmungsmittel oder Antidyskratika bezeichnet werden, besser bekannt sind sie unter den Namen Blutreinigungs-, Hautreinigungs- oder Stoffwechseltees. Wie im Kapitel „Rheumatische Beschwerden" (siehe Seite 161) bereits besprochen, beruht die Wirkung dieser Teemischungen auf einer Anregung des gesamten Stoffwechsels, also der Magen-, Darm-, der Leber- und Galle- sowie der Nierentätigkeit. Durch die vermehrte Ausscheidung von Stoffwechselabbauprodukten wird ein günstiger Effekt auf Soffwechselkrankheiten wie Rheuma oder Gicht und auf chronische Hautkrankheiten erwartet. Der Begriff „Blutreinigung" ist also nicht wörtlich zu verstehen, es kommt zu keiner Reinigung im Sinne einer Blutwäsche (siehe auch Kapitel Heilkräuter zur Frühjahrs- und Herbstkur, Seite 180).

UNTERSCHENKELGESCHWÜR (ULCUS CRURIS)

Das Unterschenkelgeschwür tritt meistens in Folge örtlicher Durchblutungsstörungen in Zusammenhang mit einer chronischen Venenerkrankung auf. Einige Heilpflanzen vermögen diesen Geschwüren entgegenzuwirken, man spricht von einer antiulzerogenen Wirkung. Aber auch Heilpflanzen mit desinfizierenden oder entzündungshemmenden Eigenschaften kommen zum Einsatz.
Für Krampfaderbeschwerden, die zur Bildung eines Unterschenkelgeschwürs neigen, gelten alle Maßnahmen, die im Kapitel „Venenerkrankungen" auf Seite 137 empfohlen wurden. Insbesondere die innerliche und äußerliche Anwendung von Rosskastanienpräparaten ist angezeigt.

Johanniskrautöl
Zur Vorbeugung von Unterschenkelgeschwüren sollen Krampfadern häufig mit Johanniskrautöl eingerieben werden.

Perubalsam
siehe Seite 119.

Kamille, Ringelblume
Zubereitung siehe Kapitel „Hautverletzungen und Wunden" Seite 166.
Es werden jeweils Umschläge mit wässrigen Aufgüssen auf das Unterschenkelgeschwür aufgelegt.

Hamamelispräparate
Siehe Seite 167.

ÜBERMÄSSIGE SCHWEISSPRODUKTION

Übermäßige Schweißproduktion, die ohne weitere Krankheitszeichen einhergeht, kann innerlich oder äußerlich mit Heilpflanzen behandelt werden.

Salbeitee
Zubereitung und Anwendung siehe Kapitel „Wechselbeschwerden" Seite 149.

Eichenrinde
Zubereitung siehe Kapitel „Frostbeulen" Seite 170.
Bäder mit Eichenrinde sind bei vermehrter Bildung von Fußschweiß wirksam, aufgrund der Gerbstoffe kommt es zu einem mechanischen Verschluss der Schweißdrüsen. Das Fußbad soll regelmäßig morgens und abends durchgeführt werden.

BEWÄHRTE HAUSMITTEL BEI HAUTKRANKHEITEN

Zubereitungen für die innerliche Anwendung

Birkenblättertee
5 Birkenblätter pro Tasse; täglich 2 Tassen ungesüßt trinken, eine morgens nüchtern, eine abends; 4 Wochen lang kurmäßig trinken; diese Kur soll gut gegen Schuppenflechte sein.

Wundkleetee
Sowohl in Form eines Tees, als auch in Form der Tinktur wird der Wundklee sowohl zur innerlichen, als auch äußerlichen Anwendung als Wundheilmittel empfohlen.

Johanniskraut
Johanniskraut wird als Tee getrunken, aber häufiger noch in Form des Öls oder einer Salbe oder einer alkoholischen Zubereitung äußerlich angewendet.

Zubereitungen für die äußerliche Anwendung

Neben Arnika-, Ringelblumen-, Johanniskraut- und Kamillenzubereitungen, die bereits ausführlich besprochen wurden, werden noch folgende Volksheilmittel erwähnt:

Efeu
Aus den Blättern wird ein warmer Essigauszug hergestellt. Dieser soll bei Hühneraugen aufgetragen, aber auch gegen Krätze und andere Hautkrankheiten wirken.

Zwiebel
Zwiebelscheiben sollen in Essig gekocht und bei Hühneraugen aufgelegt werden.

Umschlag bei Abszess
Leinsamen
Käsepappelkraut
Mit einer wässrigen Abkochung dieser Mischung soll bei Geschwüren und Entzündungen ein Umschlag damit gemacht werden.

1
2
3
4
5

Kamillenwasser, Fenchelwasser
Dies sind aromatische Wässer, die in Apotheken bezogen werden können. Es kann jedes für sich oder eine Kombination beider Wässer für Augenumschläge bei überanstrengten Augen angewendet werden.

Eichenrindentee
Bei akuten, entzündlichen Erkrankungen der Augen wirken sich feuchte Umschläge mit dem zusammenziehend wirkenden Eichenrindentee günstig aus. Die Herstellung erfolgt durch Übergießen von 1–2 Teelöffel geschnittener Eichenrinde mit $^1/_4$ l Wasser, der Ansatz wird zum Sieden erhitzt, etwa 35 Minuten gekocht und dann abgeseiht; diese Abkochung wird mit der gleichen Menge an abgekochtem Wasser verdünnt.

BEWÄHRTE HAUSMITTEL BEI AUGENKRANKHEITEN

Innerlich anzuwendende Pflanzenzubereitungen

Augentrosttee
Dieser wird vor allem äußerlich, hie und da aber auch innerlich bei Augenrinnen oder Augenentzündung getrunken.

Heidelbeeren
Der Genuss frischer oder getrockneter Heidelbeeren soll die Sehkraft der Augen stärken.

Karotten
Trinken von Karottensaft stärkt die Sehkraft der Augen; auch Karottensalat wird bei Augenschwäche empfohlen.

Äußerlich anzuwendende Pflanzenzubereitungen

Eibischtee
Eibischtee soll für eine Spülung bei entzündeten Augen verwendet werden.

Arnikaumschlag
Ein mit Arnikablütentee getränktes Tuch soll in der Nacht bei Augenkatarrh über die Augen gelegt werden.

Ringelblumentee, Kamillentee
Ein Tee aus den Ringelblumenblüten oder auch aus dem Kraut soll als Umschlag bei entzündeten Augen sowie zum Waschen des verletzten oder verschmutzten Auges verwendet werden.
Kamillentee wird genauso verwendet.

Augentrosttee
Verschiedene Arten des Augentrosts werden für Augenbäder, Waschungen oder Umschläge bei Augenentzündungen, geröteten und übermüdeten Augen, beim Brennen der Augen oder auch bei Sehschwäche, Augenkrätze oder Grauem Star verwendet.

Pflanzenabbildung:
1 Thymian, 2 Wacholder, 3 Weidenröschen, 4 Weißdorn, 5 Wermut
(Maßstab siehe Seite 17)

Wurmfarn
Frische Farnblätter – auf Stirn und Augen gebunden – sollen die Augen klar machen und das Flimmern vertreiben.

Weinreben
Eine Rebe wird geschnitten und der auslaufende Saft gesammelt; dieser soll zur Erfrischung des Lides auf das Auge aufgebracht werden.

Zwiebelumschlag
Klein geschnittene Zwiebeln sollen in einem Tuch über Nacht bei Augenentzündungen aufgelegt werden.

Kartoffelscheiben
Bei Augenschmerzen oder entzündeten Augen sollen rohe Kartoffelscheiben aufgelegt werden.

WEITERE ZUBEREITUNGEN

Speichel
Ein Gerstenkorn soll mehrmals täglich mit Speichel bestrichen werden.

Staubzucker
Bei einem Fremdkörper im Auge bläst man Staubzucker ein; die durch die Reizung vermehrt gebildete Tränenflüssigkeit soll den Fremdkörper ausschwemmen.

Topfen (Quark)
Auf das geschlossene Lid aufgelegt soll Quark Verunreinigungen aus dem Auge ziehen.

Ziegenmilch
Ein Umschlag mit warmer Ziegenmilch soll bei Augenentzündung angewendet werden.

HEILKRÄUTER ZUR STEIGERUNG DER KÖRPEREIGENEN ABWEHR

Ursachen für Abwehrschwächen können vielfältiger Natur sein: neben einer Fehlernährung, Alkohol- oder Nikotinmissbrauch, bestimmten Umwelteinflüssen, verschiedenen Krankheiten kommen auch psychische Faktoren wie Stress oder Depressionen in Frage. Die Folgen sind immer wiederkehrende Infekte vorwiegend im Bereich des Rachens, der Atemwege, aber auch der Harnwege, des Genitaltrakts oder der Haut.

Sonnenhut
Der Sonnenhut spielt unter den pflanzlichen Mitteln zur Abwehrsteigerung wohl die größte Rolle. Für die Anwendung kommen Fertigpräparate in Frage, die die Wirkstoffe des Sonnenhuts meist in Form von Extrakten oder Presssäften enthalten und rezeptfrei in Apotheken bezogen werden können. Sie kommen zum Beispiel bei Atemwegserkrankungen, grippalen Infekten, Harnweginfektionen oder auch Hauterkrankungen zum Einsatz.
Die Wirkung dieser Präparate hängt von der richtigen Dosierung, vom richtigen

Zeitpunkt und von der Art der Anwendung ab. Lassen Sie sich in Ihrer Apotheke beraten.

Wermuttee
Von manchen Autoren wird berichtet, dass Wermut aufgund seiner allgemein stärkenden Wirkung auch einen günstigen Einfluss auf die körpereigenen Abwehrmechanismen ausübt. Das Wohlbefinden von Grippekranken soll unter dem Einfluss von Wermuttee steigen.

Kamille, Ringelblume, Arnika
Auch in diesen drei vielseitig verwendbaren Pflanzen wurden abwehrsteigernde Komponenten gefunden. Die Wirkungen und Anwendungsmöglichkeiten der Pflanzenzubereitungen wurden bereits in den vorangegangenen Kapiteln besprochen.

BEWÄHRTE HAUSMITTEL ZUR STEIGERUNG DER KÖRPEREIGENEN ABWEHR

Innerlich anzuwendende Pflanzenzubereitungen

Brennessseltee
Wird der Brennesseltee täglich getrunken soll man keine Krankheiten bekommen.

Weißdorntee
Ein Tee aus den Früchten soll über längere Zeit zur Vorbeugung oder Nachbehandlung von Herzleiden getrunken werden.

Salbeitee, Sonnenhuttee
Ein Tee aus den Blüten, den Blättern (vor der Blüte ernten) und der Wurzel (im Herbst ernten) des Sonnenhuts sowie ein Tee aus den Salbeiblättern wird empfohlen zur Stärkung der Abwehrkräfte zu trinken.

Teemischung
Schafgarbe
Johanniskraut
Dieser Wintertee soll die Abwehrkräfte erhöhen.

Wacholderfrüchte
täglich 1 Beere kauen, soll Husten vorbeugen und die Abwehrkraft steigern.

Große Bibernelle
Die Wurzel soll zur Stärkung der Abwehrkräfte gekaut werden.

Berberitzenfrüchtesirup
2 kg Früchte zerstampfen oder durch den Fleischwolf treiben, mit 1 l Wasser und 3 dkg Zitronensäure mischen, 24 Stunden stehen lassen, abseihen; 1 kg Zucker pro Liter Saft zusetzen, gut umrühren, 24 Stunden stehen lassen; reich an Vitamin C, soll zur Vorbeugung gegen Krankheiten eingenommen werden.

Abwehrkräftehonig
Tannentriebe
Spitzwegerichblätter
Löwenzahnblüten
Die Pflanzenteile jeweils frisch ernten, mischen, in Wasser aufkochen und über

Nacht stehen lassen; durchdrücken und mit Kandiszucker zu einem zähen Sirup kochen; dieser Sirup soll bei Husten eingenommen werden.

Schwarzwurzel
Die Blätter der Garten-Schwarzwurzel sollen – frisch zerhackt wie Schnittlauch – als Würzmittel zur Stärkung der Abwehrkräfte verwendet werden

Weitere innerlich anzuwendende Zubereitungen

Murmeltieröl
zur Stärkung der Abwehrkräfte soll täglich 1 Esslöffel eingenommen werden.

Propolistinktur
Propolis in Weingeist möglichst konzentriert ansetzen, möglichst lange stehen lassen (1–2 Jahre); diese Zubereitung soll für die körpereigene Abwehr, gegen Bakterien, Pilze, Viren eingenommen werden.

Äußerlich anzuwendende Pflanzenzubereitungen

Wacholderzweige
Ein Ausräuchern mit Wacholderzweigen soll zur Vorbeugung von Krankheiten in Haus und Stall durchgeführt werden.

Ringelblumen
Blüten in Olivenöl ansetzen; zur Vorbeugung gegen Brusterkrankungen soll damit täglich 1-mal nach kaltem Duschen massiert werden.

HEILKRÄUTER ZUR FRÜHJAHRS- UND HERBSTKUR (BLUTREINIGUNGSKUR)

Im Frühjahr und Herbst werden gerne so genannte Blutreinigungskuren durchgeführt (siehe Kapitel „Rheumatische Beschwerden“ Seite 161 und „Akne, unreine Haut“ Seite 174). Ihre Wirkung besteht in einer Anregung des gesamten Stoffwechsels, also der Magen-, Darm-, Leber- und Gallen- sowie der Nierentätigkeit. Magenstärkende, abführende und entwässernde Pflanzen sowie Leber- und Gallenmittel stellen die Hauptbestandteile dieser Teemischungen dar, sie können durch wohlschmeckende oder schönende Zusätze ergänzt werden. Sie führen zu einer Anregung und Stärkung aller Körperorgane, erhöhen die Widerstandskraft und Leistungsfähigkeit und führen zu einer verstärkten Durchblutung, wodurch auch Haut und Haare wieder ein gesundes, schönes Aussehen bekommen. In Kombination mit einer Diät, können sie auch zum Abbau von Übergewicht beitragen.

Teemischung 1

Löwenzahnwurzel mit Kraut	4 Teile
Brennesselblätter	2 Teile
Ackerschachtelhalmkraut	2 Teile
Birkenblätter	1 Teil
Hagebuttenfrüchte	1 Teil

2 gehäufte Teelöffel dieser Mischung mit $^1/_4$ l kochendem Wasser übergießen, 15 Minuten ziehen lassen, dann abseihen; 3 Tassen Tee täglich über 6 Wochen; vor allem für Rheumatiker und Gichtpatienten und bei Nieren- und Gallensteinleiden.

Teemischung 2

Birkenblätter	6 Teile
Faulbaumrinde	4 Teile
Malvenblüten	1 Teil
Ackerschachtelhalmkraut	2 Teile
Kümmelfrüchte, zerdrückt	3 Teile
Stiefmütterchenkraut	6 Teile

Diese Teemischung soll bei unreiner Haut und Akne kurmäßig getrunken werden; Zubereitung und Anwendung wie Teemischung 1.

Teemischung 3

Birkenblätter	2 Teile
Ackerschachtelhalmkraut	2 Teile
Brennesselblätter	1 Teil
Faulbaumrinde	1 Teil
Hagebuttenfrüchte	1 Teil
Hauhechelwurzel	1 Teil
Löwenzahnwurzel mit Kraut	1 Teil

Diese Mischung ist besonders als Schlankheitstee zu empfehlen; Zubereitung wie Teemischung 1, kurmäßig 3 TassenTee täglich 4 Wochen lang trinken.

WOHLSCHMECKENDE KRÄUTERZUBEREITUNGEN

Es empfiehlt sich, nicht ständig den gleichen Haustee zu trinken, sondern die Zusammensetzung zu variieren.

Schwarzteeersatz

frische, junge Himbeerblätter	1 Teil
frische, junge Brombeerblätter	2 Teile

Die frischen Blätter mischen, etwas anwelken lassen, dann mit einem Nudelwalker zerdrücken, mit wenig Wasser bespritzen und in ein Leinentuch einwickeln; dieses an einem warmen Ort 2–3 Tage zur Fermentierung der Blätter hängen lassen, dann rasch trocknen und in ein gut schließendes Gefäß geben. Dieser Tee kann ohne weitere Zusätze als Schwarzteeersatz getrunken, er kann aber auch als Grundlage für Hausteemischungen verwendet werden.

Haustee 1

Himbeerblätter
Erdbeerblätter
Brombeerblätter
Malvenblüten
Melissenblätter
Hagebuttenfrüchte
Pfefferminzblätter — zu gleichen Teilen

Himbeer- und Brombeerblätter können wie oben beschrieben zubereitet oder auch nur einfach getrocknet werden. 1 gehäuften Esslöffel dieser Mischung mit $^1/_4$ l kochendem Wasser übergießen, 10 Minuten zugedeckt ziehen lassen, dann abseihen.

Haustee 2

Melissenblätter	4 Teile
Kamillenblüten	4 Teile
Hagebuttenfrüchte	2 Teile
Brennesselblätter	2 Teile
Schafgarbenkraut	4 Teile
Himbeerblätter	4 Teile
Erdbeerblätter	4 Teile
Brombeerblätter	4 Teile
Ringelblumenblüten	1 Teil
Malvenblüten	1 Teil

Zubereitung wie Haustee 1

Haustee 3

Schafgarbenkraut
Johanniskraut
Lindenblüten
Frauenmantelkraut
Zubereitung wie Haustee 1

Haustee 4 speziell für Kinder

Melissenblätter	8 Teile
Kamillenblüten	6 Teile
Hagebuttenfrüchte	3 Teile
Fenchelfrüchte	3 Teile
Pfefferminzblätter	2 Teile
Lindenblüten	3 Teile

Dieser Tee ist ein gut schmeckender Durstlöscher. Zubereitung wie Haustee 1.

Wintertee

Pfefferminzblätter
Brombeerblätter
Himbeerblätter
Erdbeerblätter
Zubereitung wie Haustee 1.

Frühstückstee

Himbeerblätter
Erdbeerblätter
Blätter der schwarzen Johannisbeere
Heidelbeeren, getrocknete
Zubereitung wie Haustee 1.

Holundersekt

Holunderblüten	10 Dolden
Zucker	$^1/_2$ kg
Saft von 2 Zitronen	
Wasser	5 l

Holundersekt mit (Mineral)Wasser verdünnt, ergibt ein durstlöschendes und gesundes Getränk. Dieses Rezept ist nur als Beispiel angeführt, in der Volksheilkunde sind viele ähnliche Rezepturen bekannt.

GLOSSAR

adstringierend	zusammenziehend
Ähre	einfacher, verlängerter Blütenstand mit sitzenden Blüten
ätherisches Öl	siehe Seite 14
Alkaloide	siehe Seite 18
Anthraverbindungen, Anthraderivate	siehe Seite 17
Antidyskratika	Umstimmungsmittel, bewirken eine Anregung aller Ausscheidungen (Darm, Niere, Leber); auch Blutreinigungsmittel sind Antidyskratika
antimikrobiell	gegen Mikroben (Bakterien, Pilze, Viren) gerichtete Wirkung
antiseptisch	gegen Wundinfektion wirkend
Arzneibuch	Gesetzeswerk mit verbindlichem Charakter für jeden, der Arzneimittel herstellt oder verkauft; enthält unter anderem Qualitätsvorschriften für Arzneipflanzen und deren Zubereitungen; siehe Seite 11
Arzneimittel	enthält Arzneistoff(e) und Hilfsstoff(e), im Falle von Heilkräutern die Wirkstoffe und Begleitstoffe
Arzneistoff	wirksames Prinzip eines Arzneimittels
Ausläufer	ober- oder unterirdisch kriechende Seitentriebe, die an der Spitze neue Pflanzen bilden
auswurffördernd	das Abhusten von (zähem) Schleim erleichternd
Bitterstoffe	siehe Seite 16
Blatt, einfach	siehe Blattspreite
Blatt, gefiedert	siehe Fiederblatt
Blatt, unzerteilt	siehe unzerteiltes Blatt
Blatt, zerteilt	siehe zerteiltes Blatt
Blatt, zusammengesetzt	siehe Fiederblatt
Blatt, mehrfach gefiedert	siehe Fiederblatt
Blattachsel	Winkel zwischen Blatt und Stängel
Blattscheide	verbreiteter, unterer Teil des Blattes, den Stängel röhrig oder bauchig umschließend; häufig bei Doldenblütlern
Blattspreite	eigentliches Blatt ohne Blattstiel; einfach (aus einer ununterbrochenen Fläche bestehend) oder zusammengesetzt (siehe Fiederblatt)
Derivat	Abkömmling einer chemischen Verbindung, ähnliche chemische Struktur
Diuretika	Arzneimittel, die eine vermehrte Ausscheidung von Wasser und Elektrolyten über die Nieren bewirken; pflanzliche Diuretika führen vorwiegend zu einer vermehrten Wasserausscheidung
Dolde	schirmförmiger Blütenstand, bei dem die Blütenstiele

	strahlig angeordnet sind und in einem Punkt am Stängelende entspringen
Doppeldolde	zusammengesetzte Dolde; an den Enden der Doldenstrahlen stehen noch einmal kleine Dolden (= Döldchen) zum Beispiel Blütenstand von Kümmel oder Fenchel
Droge	getrocknete Pflanze oder getrockneter Pflanzenteil
eilanzettliches Blatt	wie lanzettliches Blatt, aber unter der Mitte am breitesten
Elektrolyte	Verbindungen (Säuren, Basen, Salze), die in wässriger Lösung in Ionen (elektrisch geladene Teilchen) zerfallen
Elektrolythaushalt	der durch Aufnahme und Ausscheidung geregelte Bestand an Elektrolyten im Organismus und dessen Regulation; steht in engem Zusammenhang mit dem Wasserhaushalt
Elektrolytlösungen	Salzlösungen, die Elektrolyte des Blutes in entsprechender Konzentration enthalten; angewandt bei Elektrolytverlusten, z. B. bei Blutungen, Verbrennungen, Durchfällen oder anhaltendem Erbrechen; auch nach körperlicher Hochleistung in Form von Elektrolyte enthaltenden Getränken
Epithelisierung	Abschluss der Wundheilung durch Überwachsen der Wunde mit Epithelzellen im Bereich der Wundränder
Fettwiese	nährstoffreiche Wiese mit vielen Pflanzenarten, die aber bei Überdüngung verarmen und dann nur mehr aus wenigen Arten bestehen (Löwenzahn)
Fiederblatt	zusammengesetztes Blatt, das aus mehreren getrennten Blättchen = Fiedern (Fiederblättchen) besteht (zum Beispiel: Erbse, Bohne); beim mehrfach zusammengesetzten (gefiederten) Blatt sind die einzelnen Blättchen (= Fiedern) ebenfalls zusammengesetzt (Schafgarbe, Kamille, Fenchel, Anis)
Flavonoide	siehe Seite 16
Furanocumarine	Verbindungen, die die Haut gegen Sonnenlicht empfindlich machen; durch Berühren kann es zu starken Hautreizungen kommen
gegenständige Beblätterung	2 Blätter stehen sich an jedem Knoten des Stängels gegenüber
Gerbstoffe	siehe Seite 16
Glykoside	siehe Seite 15
Granulation	Bildung von Granulationsgewebe im Rahmen der Wundheilung; das Granulationsgewebe stellt nach Hautverletzungen einen Schutz oberflächlicher Wunden vor dem Eindringen von Mikroorganismen dar und füllt Gewebedefekte wieder auf; durch Umwandlung des Granulationsgewebes entsteht die endgültige Narbe
Haarfollikel	Haarbalg, die Haarwurzel umgebende, bindegewebige äußere Scheide

Hochstaudenflur naturnahe, nährstoffreiche Staudenfluren der Gebirge; Vertreter: Baldrian, große Bibernelle, gelber Enzian

Homöopathie vom Arzt Hahnemann begründetes Behandlungsverfahren; zu den wesentlichen Grundlagen gehört die Vorstellung, dass Gleiches durch Gleiches geheilt werden soll (Ähnlichkeitsregel Simile-Prinzip). Zur Behandlung von Erkrankungen sind jene homöopathische Arzneimittel in niedriger Dosierung am besten geeignet, die in höherer Dosierung beim Gesunden ein ähnliches Krankheitsbild hervorrufen. Die Verabreichung der Arzneimittel erfolgt in starken Verdünnungen (Potenzen). Homöopathische Arzneien werden in diesem Buch nicht besprochen.

Hülle, Hüllchen siehe Hüllblätter

Hüllblätter (bei den Samenpflanzen) die Blütenstände umgebenden Hochblätter; bilden zum Beispiel bei den Doldenblütlern die Hülle um die Blütendolde und die Hüllchen um die Blütendöldchen, bei den Korbblütlern den Hüllkelch um die Blütenkörbchen

Hüllkelch siehe Hüllblätter

Hybrid Bastard, Produkt einer Kreuzung; prominentestes Beispiel im Pflanzenreich: Pfefferminze; Vermehrung ist nur durch Wurzelstockteilung möglich

Immunologie Wissenschaft, die sich mit den biologischen und chemischen Grundlagen der Immunantwort, d. h. der Reaktion des Organismus auf das Eindringen körperfremder Substanzen, befasst

Karminativum blähungstreibendes Mittel

Kataplasma heißer Breiumschlag

Knoten, Stängelknoten Blattansatzstelle

Komedo Mitesser; erweiterte, mit Keratin (Hornstoff der Haare, Nägel und der obersten Hautschicht) und Talg gefüllte Haarfollikel (Haarbalg)

Körbchen Blütenstand der Korbblütler, von Hüllblättern (Hüllkelchblättern) umgeben; meist innen Röhrenblüten und außen Zungenblüten; auch nur Röhren- oder nur Zungenblüten möglich

lanzettliches Blatt Blatt, das in der Mitte am breitesten und nach beiden Enden hin verschmälert ist, die Enden sind spitz

lineallanzettliches Blatt Blatt, dessen Form eine Kombination von lanzettlich und linealisch darstellt

linealisches Blatt schmales Blatt mit annähernd parallelen Rändern

Pappus Haare oder Borsten an den Früchten vieler Korbblütler, hervorgegangen aus dem Blütenkelch, dienen als Flugorgan zur Verbreitung der Früchte

Pharmakognosie oder Pharmazeutische Biologie ist unter anderem die Lehre von der Kenntnis der Arzneipflanzen, ihrer Inhaltsstoffe, Wirkungen und Anwendungsmöglichkeiten

Phytotherapie	oder Pflanzenheilkunde ist die Wissenschaft, die sich mit der Anwendung pflanzlicher Heilmittel beim kranken Menschen befasst (ist nicht gleichbedeutend mit Homöopathie)
Polysaccharide	Verbindungen, die aus vielen Molekülen Zucker bestehen; die Art der Zuckerverknüpfung entscheidet über die Eigenschaften des Polysaccharids (z. B. Stärke, Zellulose, Schleime, Pektine, . . .)
Proteine	allgemeine Bezeichnung für Eiweiße, Eiweißstoffe
quirlige Beblätterung (quirlständige Blätter)	an jedem Knoten des Stängels mehr als 2 Blätter stehend
radiäre Blüte	vielsymmetrische Blüte (zum Beispiel Rosenblüten)
Rhizom	Wurzelstock, kriechender, unterirdischer Teil der Sprossachse, der jedes Jahr neu austreibt
Rispe	verzweigter Blütenstand mit gestielten Blüten
Ruderalstandorte	vom Menschen stark beeinflusste Standorte wie Wegränder, Müll- und Schuttplätze, Industrie- und Verkehrsanlagen
Saponine	siehe Seite 15
Scheinfrucht	fleischige Frucht, an deren Bildung außer dem Fruchtknoten noch andere Organe der Blüte beteiligt sind (zum Beispiel: Apfel, Hagebutte, Heidelbeere, Wacholder)
Schleimstoffe	siehe Seite 15
Schulmedizin	allgemein anerkannte, an den Hochschulen gelehrte Lehren und Praktiken der Heilkunde
Spross	= Stängel; in Nodien (= Knoten, Blattansatzstellen) und Internodien gegliedert
Staude	mehrjährige, nicht verholzte (krautige) Pflanze
Strauch	mehrjährige, verholzte Pflanze
Traube	wie Ähre verlängerter Blütenstand, aber Blüten gestielt
unzerteiltes Blatt	einfaches Blatt ohne tiefere Einschnitte, höchstens am Rand gesägt oder gezähnt (zum Beispiel Pfefferminz- oder Melissenblatt)
vegetatives Nervensystem	alle Anteile des Nervensystems, die Brust- und Bauchorgane, Drüsen und Gefäße versorgen
Vegetationsperiode	der Zeitraum, in dem das Pflanzenwachstum stattfindet und die Pflanzen blühen, fruchten und reifen.
wechselständige Beblätterung	an jedem Stängelknoten 1 Blatt, Blätter nach verschiedenen Richtungen zeigend
zerteiltes Blatt	einfaches Blatt, das durch mehr oder weniger tiefreichende Einschnitte gegliedert ist (zum Beispiel Eichenblatt)
Zwiebel	unterirdisches Organ aus dicht gestellten, fleischigen Schuppen
zygomorphe Blüte	einfach symmetrische Blüte (zum Beispiel Lippenblüte oder Schmetterlingsblüte)

REGISTER

QUELLENNACHWEIS

Dr. Paul Seitz, Die Gartenapotheke, Franckh-Kosmos Verlags-GmbH & Co, Stuttgart 1992

Hans E. und Helga Laux: Alfred Tode, Gewürzpflanzen: anbauen, ernten, verwenden; Franckh-Kosmos Verlags-GmhH & Co, Stuttgart 1993

Wolfgang Holzner, Das kritische Heilpflanzenbuch; Orac, Wien 1985

Apotheker M. Pahlow, Das große Buch der Heilpflanzen; überarbeitete Neuausgabe, 2. Auflage, Gräfe und Unzer Verlag GmbH, München 1994

Apotheker M. Pahlow, Meine Heilpflanzentees: Wirksame Teemischungen für die häufigsten Alltagsbeschwerden und Erkrankungen, Neuausgabe, Gräfe und Unzer GmbH, München 1984

Max Wichtl, Teedrogen und Phytopharmaka, 3. Auflage, Wissenschaftliche Verlagsgesellschaft mbH, Stuttgart 1997

H. Wagner/M. Wiesenauer, Phytotherapie: Phytopharmaka und pflanzliche Homöopathika, Gustav Fischer Verlag, Stuttgart, Jena, New York 1995

R. F. Weiß, V. Fintelmann. Lehrbuch der Phytotherapie, 8., vollständig neu bearbeitete Auflage, Hippokrates-Verlag, Stuttgart 1997

Maya Thüler, Wohltuende Wickel, 5., durchgesehene Auflage, Maya Thühler Verlag, 1993 (Schmitteplatz 18, CH-3076 Worb)
(Buchversand für Deutschland: Annegret Sonn, Felsenstraße 16, D-7419 Sonnenbühl 2; Buchversand für Österreich: Rosanna Pavlik, Eichenweg 17, A-6973 Höchst-Brugg)